复杂背景下路面病害智能检测与评价方法研究

张在岩　李程程／著

中国矿业大学出版社
·徐州·

内容提要

本书利用深度学习技术和数字图像处理技术，从数据集构建、算法设计与优化、模型性能验证及路面状况评价体系设计等方面展开了系统研究。依托构建的 ISTD-PDD8 和 ISTD-PDS7，提出了适用于复杂场景下路面病害检测算法(ISTD-YOLO 算法)和路面病害二类语义分割算法(ISTD-Disnet 算法)，实现了高精度路面病害检测与多尺度像素级图像提取，发展了基于 ISTD-YOLO 算法与 ISTD-Disnet 算法的 PCI 计算模型。

本书适合交通、安全等相关专业研究人员、工程技术人员、高校师生参考使用。

图书在版编目(CIP)数据

复杂背景下路面病害智能检测与评价方法研究 / 张在岩，李程程著. — 徐州 ：中国矿业大学出版社，2025. 6. — ISBN 978-7-5646-6865-5

Ⅰ. U416.2

中国国家版本馆 CIP 数据核字第 2025R5A412 号

书　　名　复杂背景下路面病害智能检测与评价方法研究
著　　者　张在岩　李程程
责任编辑　于世连
出版发行　中国矿业大学出版社有限责任公司
(江苏省徐州市解放南路　邮编 221008)
营销热线　(0516)83885370　83884103
出版服务　(0516)83995789　83884920
网　　址　http://www.cumtp.com　**E-mail**:cumtpvip@cumtp.com
印　　刷　徐州中矿大印发科技有限公司
开　　本　787 mm×1092 mm　1/16　**印张** 9.25　**字数** 237 千字
版次印次　2025 年 6 月第 1 版　2025 年 6 月第 1 次印刷
定　　价　35.00 元

前　言

随着我国公路网络的迅速扩张和里程的不断增加，公路养护问题日益凸显其重要性。传统的公路养护方式（即“抢修时代”）已经无法满足当前的需求，公路养护已经进入“全面养护时代”。在此背景下，路面病害检测及损坏状况的精确评价成为制定公路科学养护决策的关键。然而，传统基于人工目视判别的路面病害检测与评价方法存在诸多局限，如检测周期长、花费高、主观性强等问题，难以满足快速、大范围路面技术状况的自动检测与评价需求。因此，探索新的路面病害检测与评价方法显得尤为重要。

依托深度学习技术和数字图像处理技术，作者对复杂场景下路面病害智能检测与评价方法进行了深入研究。作者构建了大规模、多场景、多类型的路面病害训练数据集（ISTD-PDD8 和 ISTD-PDS7），解决了深度学习模型在复杂场景下泛化能力弱的问题；提出了多类型病害目标检测算法（ISTD-YOLO）和用于复杂场景中路面病害二类语义分割算法（ISTD-Disnet），实现了在复杂场景下对多种类型的路面病害的鲁棒性分类和定位；提出了融合 ISTD-YOLO 算法检测结果与 ISTD-Disnet 算法语义分割结果的 PCI 计算模型，实现了路面损坏状况的自动评价和分级。相关研究成果对公路养护部门及时掌握大范围路面的健康状态，制定科学的路面养护方案具有重要意义。

本书由黑龙江科技大学张在岩和李程程撰写。本书的文前，正文第 1 章至第 4 章、第 7 章、参考文献由张在岩撰写，共计 16.5 万字；本书正文第 5 章和第 6 章由李程程撰写，共计 7.2 万字。全书统稿工作由张在岩负责。

本书的顺利出版得到了多方的支持与帮助。辽宁工程技术大学宋伟东教授主审了全书，提出了许多宝贵的意见，显著提升了本书的学术水平，在此表示衷心的感谢。国家自然科学基金项目（项目编号 420713）、黑龙江省省属高等学校基本科研业务费-高层次科技成果培育计划项目（项目编号 2024-KYYWF-1047）资助了本书的出版，在此表示感谢。在本书相关内容研究过程中，单位领导给予了极大的支持和关心，单位同事协助了部分科研工作，在此表示衷心的感谢。中国矿业大学出版社王美柱编审通读了全书，提出了许多专业修改意见，提高了书稿质量，在此表示衷心的感谢。

尽管本书在路面病害智能检测与评价方法方面取得了一定的研究成果，但由于时间和条件的限制，仍存在一些不足之处，请读者批评指正。在未来的研究工作中，将继续探索和完善路面病害智能检测理论和方法，为公路养护工作提供更加精准、高效的智能化解决方法。

目　录

1 绪　论

1.1 研究背景及意义

公路是促进区域市场资源配置，推动地方经济高效发展的交通运输保障；是支撑服务我国脱贫攻坚、乡村振兴和建设现代化经济体系的客观要求；是推动交通运输高质量发展、建设交通强国的必要要求。随着我国公路迅猛发展，特别是近十年公路基础设施建设的整体有序推进，我国公路路网结构更趋优化，运输体系日臻完整，运输能力显著增强。如图 1-1 和图 1-2 所示，截至 2023 年年末，我国公路总里程达 543.68 万千米，比上年增加 8.2 万千米，公路养护总里程为 543.21 万千米，占公路总里程的 99.9%。到 2023 年年底，覆盖全国的公路网络基本形成，道路工程重点转向道路养护与管理。由此可见，随着我国公路网络扩张和里程增加，公路养护问题日益紧迫。目前，我国道路工程的重点由公路建设转向道路养护与管理[1]。依据《"十四五"公路养护管理发展纲要》，为适应新的形势要求，加强基于人工智能的自动化检测研究，进而研发路面养护评价、预测、决策等分析算法与模型，将成为我国养护部门及科研机构的关键工作内容；实现包括工程公路在内的路面状况自动化检测全覆盖，按年度开展国家公路网技术状况监测，强化各类检测监测数据的决策分析，形成数据驱动型养护科学决策工作机制。

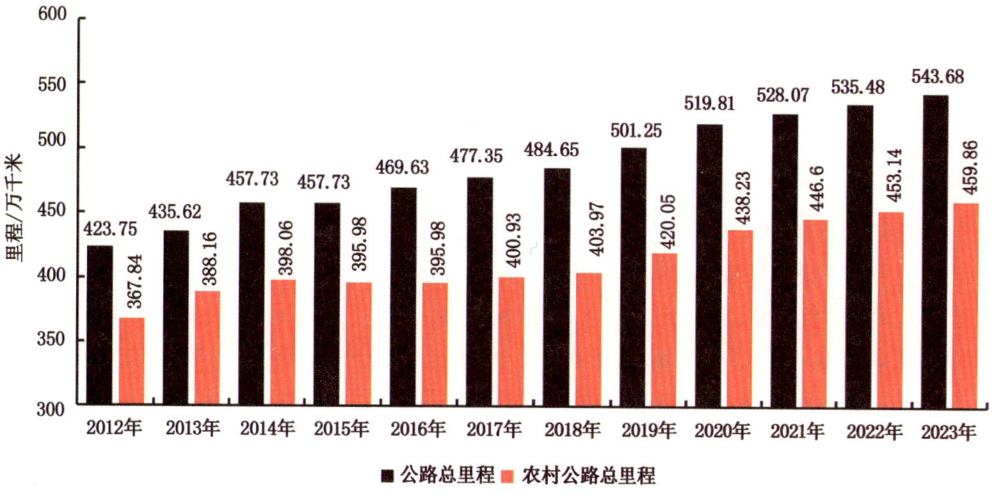

图 1-1　2012 年至 2022 年中国公路总里程及农村公路里程变化情况

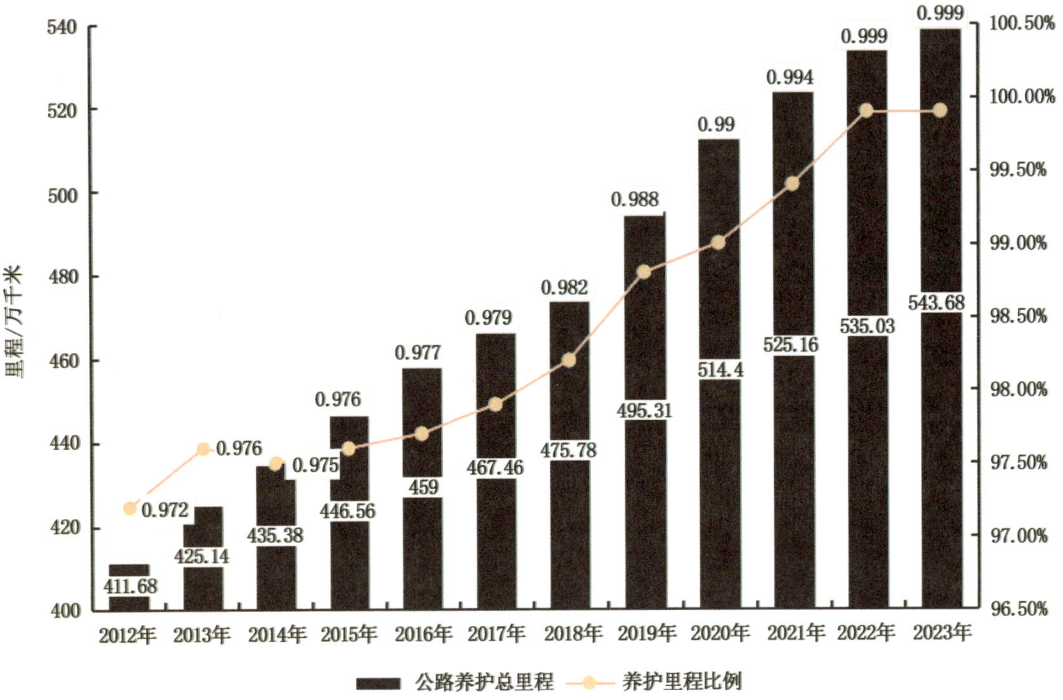

图 1-2　全国公路养护里程及占公路总里程比例变化

然而，无论是水泥路面还是沥青路面，在实际运营过程中，受交通量、荷载、温度、水分、风化等综合影响会陆续出现单向裂缝、网状裂缝、破碎板、坑槽（洞）等损害，统称为路面病害[2]。路面破损加速路面老化、大幅度降低行车舒适感、增大汽车磨损，并可能增加导致碰撞的避让动作，对道路和驾驶安全构成潜在威胁[3]。及时有效的路面破损检测便于制定有效的修补方案，提升公路使用寿命。根据《公路技术状况评定标准》(JTG 5210—2018)，在公路养护评价体系中，路面损坏状况指数(pavement surface condition index，PCI)是最普遍的路面状况指数。PCI 指标综合反映道路表面破损和损伤（如裂缝、坑槽和修补的面积、严重程度和分布情况），是公路系统制定科学养护决策方案的重要依据。

传统的路面破损调查高度依赖评估人员的技术水准，且花费高、危险系数大。面对我国道路检测里程长、频率高的现实问题，人工检查的作业模式已不再是路面病害检测的首选。近年来，移动测量系统的广泛应用极大地提升了路面检测数据的自动化获取效率。利用搭载电荷耦合器件(charge coupled device，CCD)相机的检测车获取高分辨率路面图像，通过对路面使用性能的影响程度进行加权累计计算，进而获得各个评价单元（千米或百米）的 PCI 指数，这是目前广泛采用的方法。相较于原始的现场量测，利用搭载 CCD 相机的工程检测车获取高分辨率路面图像的方法工作效率提升明显，但是需要内业的专业人员进行人工目视判别路面病害种类，这导致人工成本很高。近年来，交通流量特别是重载交通量日益增长，公路养护任务变得更加艰巨。如何快速、高效地完成路面病害智能检测和 PCI 自动计算，是最终实现公路智能养护的关键技术问题。

自动检测路面病害是实现复杂交通网络维护和监测系统的基础条件，也是实现公路可持续发展的必要途径[4-5]。CCD 图像中的路面裂缝、坑槽和修补通常显示为具有形状变化的线性、面状结构。路面病害检测可视为计算机视觉中的线性和面状物体检测任务。早期的研究多集中于基于数字图像处理和机器学习算法的裂缝检测[6-8]。在理想情况下[图 1-3(a)]，如果拍摄场景单一，病害具有较好的连续性和较高的对比度，那么基于低层次特征的早期方法可以获得较高的病害检测精确度。然而，在实际路面图像采集过程中，受环境、行车荷载和养护条件等因素的影响，传统的检测方法虽然可快速获得路面病害的部分信息，但是难以顾及带有纹理相似性的多源噪声影响，识别的完整性、准确性和效率不佳。值得注意的是，实际应用场景多数是复杂场景。因此，让路面病害检测从简单场景下过渡至复杂场景下是实现工程级应用的必然趋势。在开展研究之前，对于后续实验和讨论中的复杂场景[图 1-3(b)]定义如下：① 场景中包含多类路面病害，且拓扑结构复杂；② 场景中存在斑点噪声强的路面背景且复杂多变，目标信噪比低，目标像素的空间连续性差；③ 场景中可能存在阴影遮挡、光照强度、路面干扰物等因素变化，存在与路面病害具有纹理相似性的噪声[9]。通过路面图像进行路面病害自动检测，仍然是路面研究人员和计算机视觉界所面临的一个具有挑战性的问题[10]。

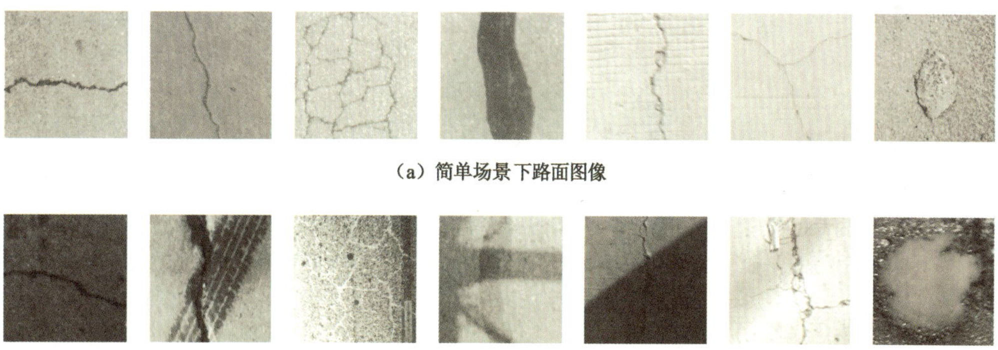

(a) 简单场景下路面图像

(b) 复杂场景下路面图像

图 1-3 多类型路面病害自动检测的挑战

为了克服上述挑战，深度学习技术的计算机视觉算法成为传统图像处理技术的替代方案。深度卷积神经网络(deep convolution neural network，DCNN)通过许多隐藏层的深度架构来提供频繁的抽象级别特征，进而从低级原语构建高级特征[11-14]。对于目标几何形状的缩放、倾斜，DCNN 具备高度的鲁棒性。基于深度学习技术的路面破损检测方法和其他应用中已成为目前国际交通学术界一个研究热点。必须注意的是，深度学习时代的图像目标检测、分割等任务与数据集密切相关。一些密集检测任务甚至直接建立在数据集上。但到目前为止，全球还没有公开的、带类别标签的、用于实测道路病害图像检测的数据集[15]。我国的道路病害检测要求与发达国家还有着显著的差异。尽早建立符合《公路技术状况评定标准》检测要求的道路病害数据集，才能为进一步的道路病害检测模型训练、优化和 PCI 定量评价奠定坚实的基础。在开放场景下获取的路面图像受制于各种复杂环境(如不良天气、复杂背景和相互遮挡的对象等[16])，导致现有路面病害检测算法在准确性、实时性和一致性等方面尚未达到满意的结果，平衡智能检测精确度和运行速度的稳健算法仍需要做进一步研究。

公路建设是发展，公路养护管理也是发展，而且是可持续发展。依据这个理念，以满足新时期我国公路路面病害智能检测及路面技术状况评价的工程级应用需求为驱动，针对公路技术状况检测领域存在的技术瓶颈，收集国内路面高分辨率图像数据，建立满足复杂场景下路面病害智能检测基准数据集，研究多类型路面病害检测算法的推理速度、分类精确度、分割完整性及鲁棒性等，探究基于智能检测结果的路面技术状况自动评价体系的构建方法。相关研究成果可为公路智能养护提供理论和技术支撑，进一步推动路面病害智能化检测的工程化应用，提升我国公路养护科学决策水平。

1.2 研究现状

近年来，国际学术界和相关应用部门从不同的侧面对路面状况自动化检测进行了深入研究。2022 年，由美国电子和电气工程师协会主办的“Crowdsensing-based Road Damage Detection Challenge(CRDDC2022)”大数据杯，收集了来自全球 6 个国家的 55 000 张路面病害图像，并提供了纵向裂缝、横向裂缝、龟网裂和坑槽的标注文件，旨在实现低成本的路面状况自动检测[17]。2023 年，中国公路学会养护与管理分会召开的“第五届大数据与公路智能养护管理技术论坛”也针对公路养护数字化、智慧化发展进行了研究探索。近些年来，在测绘、交通、计算机视觉和其他相关领域的主要国际学术期刊和会议上，使用 DCNN 的路面病害目标检测和语义分割的研究论文和报告明显增多。但涉及复杂场景下公路路面多类型病害自动检测及破损状况指标评价一体化解决方案的研究成果相对较少。自动路面检测技术的研究主要聚焦于两大方面：① 准确快速获取实时路面信息；② 基于获取的路面数据提取病害特征信息，并计算路面状况评估指标，为路面养护决策提供数据支撑。

1.2.1 路面损坏信息采集系统

无论在国内还是国外，大规模的公路路网建设逐步完善之后，大规模的养护问题便随之而来。科学养护时，首先确定路面的破损情况，然后针对性定位需要养护的路段，最后依据各路段的损坏程度合理调整养护顺序和优化资金配置。准确、高效的路面真实信息获取在路面病害自动化检测及技术状况评估任务中尤为关键。国内外道路路面检测技术的总体发展过程经历了 3 个阶段：从传统的人工检测[18]到半自动化检测，进而发展到无损自动检测。传统的人工检测方法和半自动化检测方法对检测技术人员的专业经验要求较高。采用这两种检测方法时，工作环境恶劣，检测人员人身安全难以得到保证，检测和记录的方法存在效率低、工作量大、主观性强等问题，难以满足快速、大范围路面技术状况自动检测与评价的需求。得益于计算机、摄像头、传感器等硬件设备制造技术及数字图像处理技术的进步，科研人员对路面智能检测系统进行了广泛的研究与开发[19-22]。目前，道路路面检测以高速化、自动化和智能化的无损自动检测为主。集成多需求模块的多功能道路检测车能够同时检测路面损坏、平整度、车辙、抗滑性能（构造深度）和结构强度（弯沉），甚至能够检测道路线形和沿线设施等[23]。

1.2.1.1 国外路面病害采集系统

1974 年，法国道路管理部门开发了摄影车系统[24]。该系统的研制成功，对公路养护历史来说具有划时代的意义。自此，国外路面病害采集系统经过五十多年的发展和更新换代。许多成熟的采集系统被应用于大范围的路面技术状况评估任务中。

(1) 基于面阵 CCD 相机的路面病害检测系统

搭载面阵 CCD 相机的路面检测系统，出现于 20 世纪 90 年代中期。该系统具有以下优点：采用面阵 CCD 传感器对路面图像进行捕获，通过专用总线接口（CameraLink、PCIE 与千兆网等接口）直接将图像存储到计算机硬盘中；实时压缩图像数据以降低硬盘存储开销；采用全球导航卫星系统（global navigation satellite system，GNSS）和惯性定位系统（inertial positioning system，IPS）对路线几何线形及横纵坡数据进行采集；在后期数据处理过程中，采用路面图像预处理技术，提高了图像数据的处理速度和精确度[23]。比较具有代表性的商业产品有：ARAN 系统、Hawkeye 2000 系统和 PAVUE 系统。

① ARAN 系统在 KOMATSU 系统的基础上，配置了高强度的闪光灯。该系统使用双摄像头采集设备，可以在最高时速为 80 km/h 的行驶场景中，获取 1.5 m×4 m 且非重叠的路面病害图像，并且满足小于 2 mm 宽的裂缝分析需求。该系统后处理阶段的 WiseCrax 裂缝识别软件，可自动输出裂缝图像和报表。结合了具有 5 m 精确度的 GNSS，该系统能够提供病害位置坐标。尽管 WiseCrax 软件可显示不同类型的裂缝（横向裂缝、纵向裂缝等），但仍就依赖软件使用者以手动方式对路面缺陷进行分类和参数调整。

② Hawkeye 2000 系统包括 6 个子系统。其中图像采集系统可用于采集和处理道路资产和路面病害信息。在 110 km/h 的检测速度下，GNSS 图像定位误差小于 1 m。该系统可获取 1 280×960 像素的路面破损图像，满足实际宽度为 2.5 mm 的裂缝分析需求，提高路面病害检测的准确性和工作效率[25]。遗憾的是该系统仍然采用多数量的常规光源照明，图像质量的稳定性不足。

③ PAVUE 系统集成了 4 部摄像机。12 个不同的 VME 芯片构成了图像处理系统的核心。PAVUE 处理系统包括 80 个微处理器/板。图像处理软件固化在硬件中以提高处理速度。高性能的硬件使得 PAVUE 系统能在 88 km/h 的速度下以高解像素处理路面图像。PAVUE 系统的不足是破损图像以模拟格式存储在录像磁带上。需要注意的是，尽管数码相机的采集速率较高，成像曝光时间短，但是需要增加人工照明光源（高速闪光灯或者 LED 恒光源），才能获得较好的拍照效果[26]。

(2) 基于线阵 CCD 相机的路面病害检测系统

自 2000 年以来，研究人员在路面损伤检测系统方面取得了重大突破。其中，集成高速线阵 CCD 相机和激光照明系统表现出色，图像质量稳定性明显提高。作为第四代路面损坏检测系统的代表，激光道路成像系统（laser road imaging system，LRIS）[27]和多功能道路状况检测系统[28]在大范围路面病害检测任务中表现最为出色。

① LRIS 采用两个高功率线激光器和两个高速、高分辨率线阵相机同步采集路面图像。在时速高达 100 km/h 行驶场景下，LRIS 采集的路面图像具有高达 0.5 mm 的空间分辨率。双镜头可同时捕获 4 m 宽的路面图像。LRIS 的优点在于可以随时进行路面病害采集，并且在很大程度上消除了路面阴影的影响。

② 多功能道路状况检测系统采用两个 CCD 线扫描相机和两个红外激光器。相机分辨率为 4 096 像素，像素块大小为 7 μm×7 μm；激光器最大出光功率为 10 W，激光波长为 800～850 nm。两组相机和激光照明器被安装在检测车后上方的横梁上，相距 2 m。其中，左侧的红外激光照明器与右侧的 CCD 相机处在同一水平线上，右侧的红外激光发射器与左侧的 CCD 相机处在同一水平线上。当开始检测时，左侧的激光照明器为右侧的相机提供光源，右侧的激光照明器为左侧的相机提供光源。线扫描相机在激光器提供光源的情况下，对路面进行实时拍照，拍照频率为 40 MHz。图像采集该系统与测距仪相关联，每 6 m 即可形成一张照片，空间分辨率为 1 mm。采集的图像数据再经过图像数据采集卡传给计算机，计算机通过图像快速压缩软件将图像压缩并保存在硬盘中[28]。第四代路面检测系统在数据采集方面已经技术成熟，而图像数据的信息获取方面有待进一步加强。特别是路面病害图像的自动化识别技术，已然成为发达国家的研究重点。

(3) 基于 3D 激光扫描技术的路面病害检测系统

1997 年，采用 3D 图像进行路面监控的报道首次出现。种类繁多的三维扫描方法在随后的二十多年来逐步涌现[29]。该类系统主要采用三维结构光扫描技术、激光(雷达)扫描仪技术和双目视觉立体成像技术。

① 三维结构光扫描相机用于捕获感兴趣区域，对变形光条图像进行分析，获得被测路面轮廓，从而提取破损信息[30]。

② 三维激光扫描仪采用非接触式主动测量方式，利用脉冲测距法计算点的三维坐标，以点云的形式获得复杂物体表面的三维高程数据。

③ 基于视差原理，双目视觉立体成像相机实现从不同的位置获取被测物体的两幅图像，而目标的三维信息则通过计算两幅图像同名点的位置偏差来获取。相较于二维成像相机，此类相机的可靠性仍需加强，且检测数据量仍需进一步压缩。但此类相机采集信息的丰富性，势必代表未来路面检测系统的发展方向。

国外现有的其他的车载路面检测系统，如数字式高速公路多功能检测车(digital highway data vehicle, DHDV)[31]、裂缝面积(crack scope)检测系统[32]、路面损坏自动检测系统[33]，能够在不干扰公路运营状态的前提下，快速获取高分辨率的路面信息。

1.2.1.2 国内路面病害采集系统

国内路面病害检测系统的研究始于 20 世纪 90 年代中期。刚开始阶段，国内主要依靠引进国外路面病害检测系统。相对于传统的人工现场检测，这些系统大幅提高了检测效率。然而，进口系统与我国路面的实际情况和评价标准不相符合，且价格普遍较高。庞大的路面养护需求为我国公路养护器械的发展提供了重要机遇。通过校企合作进行自主开发的路面病害自动检测设备得到了稳步发展。

2002 年，南京理工大学、南京路达基础工程新技术研究所和江苏省宁沪高速公路股份有限公司，共同研制推出了国内首辆 N-1 型公路路面智能检测车。该检测车集成了路面平整度检测仪、路面车辙检测仪、前视路况数字视频采集系统、通信协调系统、基于全球的定位系统和病害数字图像采集系统[34]。该检测车可在时速 70 km/h 的情况下，快速获取路面车辙、破损情况和平整度数据。上述三类数据的精确度分别为 1 mm、3～5 mm 和 0.1 mm。尽管该检测车在数据采集质量上取得了长足进步，但在路面病害定位和信息传输方面仍存在一些不足。随后,作为升级版的“JG-1 型激光三维路面状况智能检测系统”研制成功。该系统能以每秒 10 帧的速度采集路面信息。该系统路面裂缝、坑槽、错台的测量精确度分别为 1 mm、5 mm、2 mm。该系统配套的软件能够生成符合《公路技术状况评定标准》要求的路面病害破损面积和 PCI 报表[28]。

2004 年,武汉武大卓越科技有限公司着手研发集自动采集和智能化检测于一体的路面病害检测系统(ZOYOM-RTM)。在 100 km/h 的速度下,ZOYOM-RTM 能够检测路面平整度、路面车辙、路面破损、沿线道路设施和几何线形等。ZOYOM-RTM 可满足实际宽度为 1 mm 的裂缝分析需求,且采用传统图像处理算法,实现了有病害和不含病害图像的自动分离,并且能够以 95%的识别精确度检测纹理特征较为明显的横向、纵向裂缝。但对于较为复杂的裂缝类型(如龟裂、网裂等),尚需人工目视判别[35]。经过不断技术更新,ZOYOM-RTM 在国内交通养护部门中得到广泛的应用。

中公高科养护科技股份有限公司于 2006 年成功研制出配置线阵 CCD 相机的路况快速检测系统(cracking image collection system,CiCS)。CiCS 在保持车流速度的状态下可快速、准确地采集前方景观、路面损坏、路面车辙、路面纹理深度图像及平整度数据。与之配套的路面裂缝识别系统(cracking image analysis system,CiAS),可以在满足《公路技术状况评定标准》要求的前提下,以 90%～95%的检测精确度识别多铺装类型的路面裂缝,并将检测结果同步传至路面管理系统,用于路况评价和养护分析。CiCS 具备与国际上其他路况检测系统同等的能力,在我国高速公路及国省干线的路况检测中发挥了重要作用,但在大范围农村公路路面病害检测任务中应用较少。

2021 年,辽宁工程技术大学交通时空大数据研究中心自主研发的车载式道路养护智能检测系统是一个集摄像、通信、检测、互联网和人工智能等技术于一体的综合系统,见图 1-4。

图 1-4 车载式道路养护智能检测系统

除了上述代表性的路面检测系统外，国内高校（如东南大学[36]、长安大学[37]、武汉理工大学[38]、哈尔滨工业大学[39-41]）亦在检测设备研发方面做出了突出贡献。

通过对国内外的路面病害检测系统的分析可知，现有的路面自动检测系统多数采用现场检测、离线分析处理的方式。经过三十多年的发展，现场检测技术和功能已相当成熟和完备。但在后期数据处理，尤其是路面破损图像自动识别方面，现有的路面自动检测系统尚未达到满意的结果。在复杂场景下，实现路面病害图像的全自动检测并确保检测的高精确度和高效率，同时实现对路面技术状况的自动评价，是当前该领域急需攻克的技术难题。

1.2.2 路面病害自动检测方法

路面数字化采集技术日臻成熟，为大范围路面病害自动化识别研究奠定了坚实的基础。图像分割的经典方法是检测图像中的直线和曲线等边界，从图像背景中提取感兴趣的像素区域。目标检测技术是一种与图像处理和计算机视觉相关的技术，用于检测特定类别的语义目标，如视频和图像中的人类、建筑物或汽车。采用目标检测技术能够准确检测路面病害的类别和位置信息，但没有顾及关乎损坏严重程度的特征信息（如裂缝的宽度），因此不利于精细化的路面损坏状况评估[42-43]。诚然，像素级的分割结果可满足路面病害的严重程度的检测，但现有部分路面病害检测系统仅可实现理想条件下的裂缝提取，其高背景噪声下的分割效果难以满足实际应用需求。

基于车载电荷耦合器件传感器获取的数字图像，研究者从计算机视觉的角度广泛研究了路面病害自动化检测方法。早期的研究主要集中在利用数字图像处理技术和机器学习算法进行裂缝检测。随着深度学习技术迅速发展，基于 DCNN 的路面病害自动检测方法逐渐成为主流研究方向。

1.2.2.1 基于传统数字图像处理算法的病害检测

(1) 图像增强处理技术

由于路面长期暴露在自然环境中，受雨水、阴影、污渍等干扰因素影响，所以成像传感器获取的图像通常包含大量的干扰噪声。因此，难以直接从原始影像中进行病害特征提取。传统的数字图像处理算法检测模式需要首先对原始影像进行必要的预处理，以达到增强病害目标信息的目的。路面影像的预处理主要包括光照不均匀处理、去噪和增强。

① 光照不均匀处理

涉及光照不均匀校正的主要研究成果包括：直方图均衡化[44]、基于 Retinex 理论的光照不均匀校正[45]、基于模糊理论的亮度分区处理[46]、基于光照反射成像模型的自适应校正处理[47]。

李清泉等[48]提出一种基于图像自动匀光的路面裂缝图像分析方法。该方法首先分析了现有 CCD 传感器采集图像的实际问题，提出了采用图像自动匀光技术解决不同光照条件下图像一致性输入问题；进而采用自动电子印相机原理设计了一种路面图像快速匀光算法，并且给出了裂缝图像处理策略及流程。李清泉等所做的测试实验结果表明，基于图像自动匀光的路面裂缝图像分析技术具有合理性和实用性。

② 降噪

为降低路面采集过程中的多种干扰噪声对后续路面病害分割的影响，突出具有高频特征的路面病害目标，国内外研究人员主要从空域滤波[49-50]、频域滤波[51-53]和图像模糊技术[54]方面进行降噪处理。

(a) 邹(Zou)等提出将小波包引入到路面图像降噪中的方法[53]；将路面图像分解后，在每一级尺度上进行降噪处理。

(b) 唐磊等将 Perona-Malik 方程、冲击滤波器和相干增强扩散 3 种基本模型进行融合，分析了相干增强扩散中扩散速度与局部结构一致性强弱的对应关系，并在假设图像不含噪声的基础上，设计了以梯度和局部结构一致性强弱作为参数的权函数(用来对 3 种基本模型进行加权融合)；根据路面图像中的噪声及裂缝信息的特点，通过对基本模型和权函数的改进推广了无噪模型，详细讨论了模型中涉及的一些主要参数[55]。其理论分析和试验结果表明，该算法在路面图像的去噪、裂缝边缘锐化和增强裂缝的流式结构等方面均可取得良好的效果，但其中的几个重要参数无法适应各种路面条件，在通用性方面难以适合实际场景下公路路面裂缝检测。

(c) 王兴建等整合灰度、空间滤波、裂缝特征去噪模型与几何特征去噪模型，提出一种用于路面裂缝检测的多级去噪模型；其实验结果表明，新模型在路面图像去噪和裂缝提取等方面有良好的改进，可新模型的参数不具有通用性[56]。

③ 增强

在图像信息增强方面，传统的基于直方图均衡化(histogram equalization，HE)算法[57]未考虑局部信息，细节保持效果不理想；之后，基于亮度保持和对比度限制的 HE 算法[58]被提出，但难以兼顾细节增强和自然性保持之间的平衡。

(a) 马常霞通过分数阶微分掩模运算，使路面图像中的裂缝信息尤其是处于平滑区域的细小裂缝病害信息有效加强[50]。

(b) 张(Zhang)等将多尺度几何分析技术用于路面损坏图像的增强，提出了一种自动脊波图像增强算法，即：首先对图像进行脊波变换，然后采用模糊熵和模糊散度对变换后的高频系数进行拉伸，最后通过脊波逆变换得到增强后的图像[59]。

值得注意的是，图像预处理的目标是完成图像中背景噪声的去除和病害特征信息的增强，是基于传统图像处理算法的路面病害识别的必要条件。因此可将去除背景噪声和增强信息视为一个整体。

(2) 阈值分割方法

在早期路面图像病害自动检测研究中，基于阈值的分割方法具有简单易用的特点，被广泛应用于路面破损自动检测系统中。然而，该方法在阈值的设定和对实际路面场景图像的适用性方面仍存在许多问题[60]。

(a) 程(Cheng)等提出了一种基于模糊集理论的路面裂缝图像阈值分割算法，即：首先采用一个钝化掩模算子对原始图像进行模糊化，得到一幅低通滤波图像；然后用原始图像减去掩模图像得到一幅差分图像；最后通过模糊集理论得到一个全局阈值，并将差分图像进行二值化。但是该方法还不能分割细微裂缝，且图像处理时间较长[61]。Cheng 等在分析分割阈值与像素灰度的均值和方差具有高度相关性的基础上，提出了一种基于减少样本空间和插值的快速分割算法。其核心思想是通过去掉已建巨大的样本空间中的相似样本，以提升病害识别的效率。但其阈值确定的方式过于简单，未考虑路面裂缝的真实空间分布特性，在实际应用中会出现较高的漏检率和误检率[62]。

(b) 为了解决阴影和光照变化对阈值分割造成的困难，李(Li)和刘(Liu)采用邻域差分直方图方法，使用全局优化阈值对裂缝图像进行分割[63]。然而，基于直方图的处理方法，没有考虑路面图像中裂缝的光度和几何特征。

(c) 奥克利维拉(Ocliveira)利用形态学滤波器对图像进行预处理，以减小像素强度的变化，然后采用非重叠图像块的动态局部阈值法识别图像中的裂缝[64]。

尽管阈值分割方法在各种图像分割任务中有效，但其缺乏对图像的全局信息整体描述，对噪声敏感，并且阈值的自动选择仍存在问题。实测路面图像中的多类型病害拓扑结构复杂，同时路面上的附着物(如油斑、杂草、污渍和垃圾等)往往与路面病害具有高度的纹理相似性，这些因素增加了裂缝分割的难度。此外，曝光不足或过度曝光等成像条件会降低图像中背景与裂缝的像素对比度，进一步增加裂缝分割的困难度。

(3) 边缘检测算法

在过去的几十年里，国内外学者已提出了许多有用的边缘检测算法，如 LOG 算子、Sobel 算子、Roberts 算子和 Prewitt 算子[65]等。Canny 算子[66]具有最好的边缘检测效果；该算子先对图像做高斯滤波，再对图像做卷积操作，最后通过两个高低阈值来实现非极大值抑制，完成边缘的连接和提取，但是经常检测出伪边缘。大多数边缘检测算子仅描述了边缘检测的空间尺度。由于路面图像在不同尺度上的细节不同，这给路面病害处理带来极大的挑战性。近十年来，基于小波变换的多尺度边缘检测成为路面图像处理领域的研究热点，主要包括脊波、曲线波、子束波、轮廓波、方向波与剪切波等[67]。

王刚等在脊波分析的框架下，提出了一种结合二进小波变换的局部脊波变换提取图像中的局部线性特征的新型算法；该算法应用在含有线性裂缝的高速路面，通过寻找奇异点来得到裂缝的位置及宽度，且具有较高的几何逼近程度及信噪比，仍然存在算法复杂、通用性低等问题[68]。

(4) 其他方法

其他具有代表性的裂缝提取算法有：基于渗流模型的裂缝提取算法[69]、采用分数阶微分掩模算子来增强弱裂纹算法[70]、多算法综合应用[71]和基于低级特征的 CrackTree 算法[72]。

贾迪等提出一种针对线阵列 CCD 道路影像的裂缝识别模式，即：首先对病害影像进行分块，降低光照不均匀的影响，采用改进的主动轮廓模型自动地将分块影像分为灰度较高影像和灰度较低影像进行预处理，获得初步的二分类结果，进而采用 4 种约束机制进行道路裂缝检测；由裂缝分割结果、干扰物过滤与检测准确性的分析结果可知，他们提出的方法降低了路面病害图像中干扰物对于裂缝提取的影响，但仍存在道路裂缝假阳性提取的问题[73]。

综上所述，传统方法多集中于路面裂缝的提取，忽略了坑槽和修补等大尺度病害的研究。

1.2.2.2 基于机器学习方法的病害检测

随着计算机视觉技术的快速发展，机器学习方法在图像处理、自然语言处理等多个领域展现出强大的分类能力[74-75]。因此，基于机器学习的裂缝检测方法研究随之流行起来，如支持向量机(support vector machine,SVM)[76-78]、浅层神经网络(shallow neural network,SNN)[79]和卷积神经网络(convolution neural network,CNN)[80-82]。

(a) 林(Lin)提出一种基于高斯核支持向量机的路面坑洞识别算法,该算法对于坑洞病害具有较高的识别率。尽管支持向量机的路面坑洞识别算法的性能明显优于传统的图像处理方法的,但对多类数据集分类的局限性限制了支持向量机的推广[83]。

(b) 石(Shi)等通过人工筛选路面裂缝的特征,构建了基于随机森林算法的裂缝提取模型(CrackForest)。该模型可以在提升检测效率和准确度的同时,抑制背景噪声干扰,但依然难以满足工程级的裂缝提取要求[84]。

(c) 李(Lee)等研究了基于神经网络的路面裂缝自动分类,提出了 3 种路面裂缝自动分类算法,即基于图像灰度、基于直方图与基于近邻点的神经网络算法;其研究结果显示,基于近邻点的神经网络算法对常见的路面病害类型的分类效果最好[85]。

基于机器学习的病害提取算法对领域专家提取的中级特征质量依赖较强,即人工选择的颜色或纹理特征是算法能有效提取路面病害的关键。因此,特征选择的局限性会降低算法的普适性,不能满足所有情况下路面病害的检测要求。

1.2.2.3 深度学习技术在视觉路面病害检测中的应用

近年来,深度学习技术在众多计算机视觉任务上有了突破性进展[86-90]。深度学习技术可以通过许多隐藏层的深度架构来提供频繁的抽象级别特征,进而从低级原语构建高级特征。从图 1-5 可以看出,这些 DCNN 的架构可以通过对感官输入进行层次卷积,从低级原语构建高级特征。研究人员使用 DCNN 和深度学习技术进行了一系列的路面病害检测[87,91]。基于深度学习技术的路面破损检测方法可分为三大类,即纯图像分类方法、基于目标检测的方法和基于语义分割的方法。

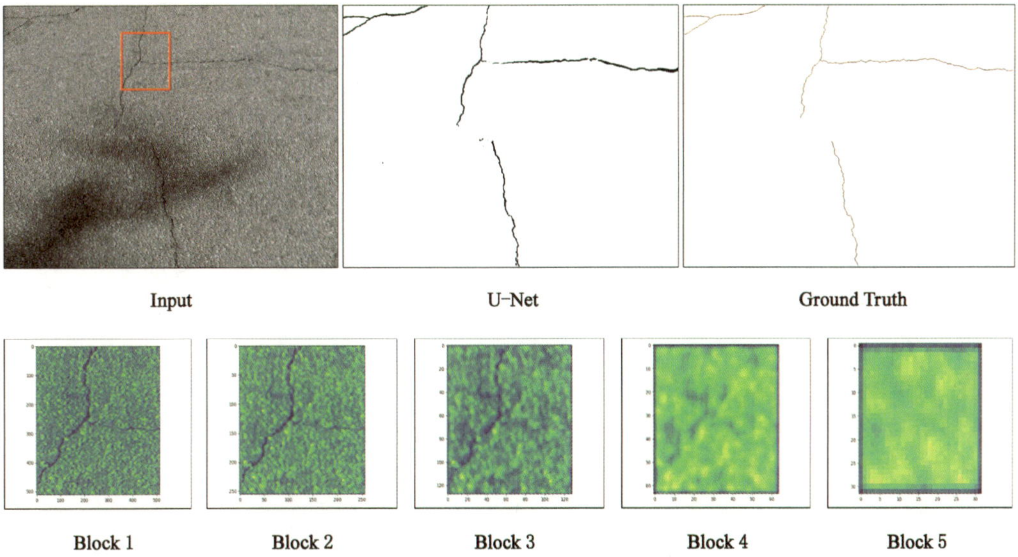

第二行为原图标记框内在不同深度处的特征图

图 1-5 基于 U-Net 的路面病害分割样例

(1) 图像分类

在纯图像分类中,将输入图像划分为重叠块,然后将分块图像分为若干类,进而通过一个 DCNN 决定哪些图像块包含缺陷。

(a) 张(Zhang)等使用智能手机收集了 500 张分辨率为 3 264×2 448 像素的图像,然后将图像划分为大小为 99×99×3 像素的小块,并将块图像分为非裂缝和裂缝两类,之后使用 CNN 将路面图像缩小为较小的斑块大小,并根据输出概率将这些斑块分为裂缝和无裂缝;其研究结果表明,CNN 优于 SVM 分类器;F1-Score 分别为 0.89 和 0.73[92]。

(b) 查(Cha)等应用滑动窗口将图像分割成块,进而采用 CNN 识别输入图像中是否包含裂缝,并检测裂缝的类别,证明了 CNN 应用于裂缝分类的准确性[93]。当检测不同类别的裂纹时,多类别分类通常很方便。

(c) 李(Li)等[94]使用 DCNN 利用 3D 图像对路面裂缝进行分类,训练集包括非裂缝、横向裂缝、纵向裂缝、龟裂和块状裂缝,总共部署了 4 个不同感受野的 CNN 进行分类,尽管有不同的感受野大小,但对总体几乎没有影响,在 3D 数据集上的分类精确度达到了 94%。然而,未讨论其他路面损坏类别,如修补和坑洞。

图像分类的方法可以将不同路面病害图像分为不同的组,虽然难以对路面病害进行定量评价,但有利于以通过剔除无损图像的方式来提高下一步路面技术状况评估的效率。

(2) 目标检测

同样,基于目标检测的方法通常使用 CNN 从图像中提取不同病害特征,然后生成感兴趣区域(region of interest,RoI),最后通过边界框坐标检测对象。

(a) 沙爱民等[10]提出了基于 YOLO(you only look once)算法[95]的单阶段检测方法,可以快速检测不同类别的裂缝。

(b) 李(Li)等[96]部署了 Faster R-CNN [97],以检测多种裂缝类型,包括坑洞和龟裂。需要注意的一点是,Faster R-CNN 是一个两阶段检测器。在第一阶段,它生成 RoI,并在第二阶段进一步传递对象分类和边界框回归的区域建议。这种两级检测方法使 R-CNN 可获得更高的检测准确度,但与单阶段检测器相比,整个过程仍然较慢。

(c) 在全球道路损坏检测挑战赛(Global Road Damage Detection Challenge,GRDDC)中,曼达尔(Mandal)等[98]利用智能手机收集日本、捷克和印度三个国家的城市和乡村街道路面图像。数据集涵盖横向裂缝、纵向裂缝、龟网裂和坑洞四种常见病害类别,分别使用 YOLO、CenterNet 和 EfficientDet 等算法检测路面病害,但由于数据主要病害类型的不均衡,导致最佳模型在检测龟网裂和坑洞时总体表现良好,但在检测横向裂纹方面存在困难。

以上算法可实现单个图像中的所有病害对象的空间定位和类别标记,但无法提供如裂缝宽度、长度等反应破损严重程度的特征。

(3) 语义分割

语义分割指为图像中的每个像素指定一个标签或分数。

(a) 詹金斯(Jenkins)等[99]用 U-Net[89]作为基本的编解码网络结构,提出了一种基于 U-Net 的道路裂缝语义分割算法。该网络结构的编码器主要实现图像的特征映射,解码器用于在分割过程中融合多尺度语义特征,进而生成每个像素的概率分布。

(b) 佟(Tong)等[100]提出了路面裂缝检测的两步方法:利用K-means 聚类分析对可能含有裂缝的图像进行初步筛选,利用选定的图像应用 DCNN 进行训练和测试。

(c) 邹(Zou)等[101]使用基于编码器-解码器的架构,提出了一种端到端的可训练的DeepCrack来检测裂缝,将路面图像像素区分为裂缝和非裂缝背景形式。

(d) 宋(Song)等[102]提出了一种新颖高效的裂纹检测网络来分割路面图像中的裂缝,进而基于分割结果实现4类裂缝病害的分类,其中横向和纵向裂纹的分类精确度高于95%,块状裂缝和龟裂的分类精确度在86%以上。

(e) 埃斯卡洛纳(Escalona)等[103]实施了三种不同的U-Net模型来分割路面图像中的裂缝,并分别在CFD和AigleRN上做了分割性能测试。

(f) 刘(Lau)等[104]建议使用基于预先训练的ResNet34体系结构的U-Net,该方法在CFD数据集上F1分值为96%,在Crack500数据集上F1分值为73%。

虽然上述研究多数集中于裂缝类病害的分割,没能将其划分为不同的组,但病害的严重程度及几何特征是可检测的。

然而路面并非只有裂缝一类病害,每种病害类型都具有独有的特征和表现形式,CNN很难基于有限的感受野,学习多尺度病害特征,进而实现高精确度的像素级分割。最近已有少数研究者开始将研究重心转到多类型路面病害语义分割上面。

(a) 陆(Luk)等[105]应用了具有不同上下文分辨率级别的类似U-Net的网络架构,以集成更多上下文信息。作者考虑了不同类型的路面病害,但仅提取了不同病害的面状区域。

(b) 张(Zhang)等[106]收集了蒙特利尔城市道路路面图像,制作了用于坑槽,修补,车道线,线性裂缝和网状裂缝的语义分割数据集,提出和评估一种使用CNN和低成本视频数据对路面病害类型进行自动检测和分类的方法,模型的检出率和分类精确度均达到83.8%。

在多类型病害的语义分割中,像素分类的精确度依赖于摄像机视角、图像质量和分割精确度等因素。直到最近,针对路面多类型病害语义分割的研究依然很少,且未见基于复杂场景下实测路面图像多类型病害的语义分割研究。

必须注意的是,尽管深度学习模型取得了巨大的成就,其最新网络模型及算法的引入,极大地提高了路面病害分类方法的鲁棒性,但由于阴影、光照差和低对比度的情况存在,使路面研究人员在开发一个完整的自动路面病害检测模型时,仍然面临巨大的挑战;此外,深度学习时代的路面病害检测任务与数据集密切相关,大规模、多场景标注的数据集有效提高模型的泛化性能,但上述研究均未提出基于综合数据集的模型,该数据集涵盖自然场景下不同条件路段的所有路面病害类型[10]。最后,由于缺乏复杂场景下的正射实测图像作为测试集,病害分割结果难以进行几何特征量测和严重程度评价。

1.2.3 路面病害公开数据集

大规模、多场景的基准数据集是面对专业领域和定制化场景深度学习的重要组成部分。尽管到目前为止已经提出了许多不同的路面病害检测方法,但是仍然缺乏足够大且以标准化方式采集标注的公共数据集。

1.2.3.1 服务于语义分割模型的路面病害检测数据集

艾森巴顿(Eisenbach)等基于德国沥青公路的实测路面图像,首次开源了一个路面病害分割数据集(GAPs[81])。GAPs包括1 969个灰度图像(每个图像大小为8 B)。这些灰度图像分为1 418个训练图像、51个验证图像和500个测试图像。图像分辨率为1 920×1 080像素。每像素分辨率为 1.2 mm×1.2 mm。病害类型包括单向裂缝、龟裂和修补。遗憾的是，图像中的病害采用包围框标注的方式对于像素级分割任务不太友好。

杨(Yang)等[107]从 GAPs 数据集中手动选择 384 个裂纹图像，并进行像素注释，创建只包含裂缝病害的 GAPs384 数据集。该数据集来源于三条不同德国联邦道路的路面，仅适用于路况较好的城市道路和高速公路路面病害分割提取研究。

Crack500 数据集[107]由 500 张 2 000×1 500 像素的裂缝图像组成。CFD 数据集[84]由 118 张 480×320 像素的裂缝图像组成。CrackTree200 数据集[72]由 206 张 800×600 像素的路面裂缝图像组成。ALE 数据集[108]包含 38 幅法国人行道路面上的预处理灰度图像。ALE 数据集 50%的图像分辨率为 991×462 像素，其他 50%的图像分辨率为 311×462 像素。ALE 数据集包含训练集(24 幅图像)和测试集(14 幅图像)。

由上述分析可以看出，由于标准病害图像收集与标注是较为复杂且昂贵的，所以迄今为止发布的病害分割数据集通常包含不到 500 幅图像，且存在病害类别单一、规模小和场景少等问题。

1.2.3.2 服务于目标检测模型的路面病害检测数据集

前田(Maeda)等与日本政府合作，使用智能手机收集了 7 个地方的 16 364 张道路景观图像，进而开源了一个用于路面病害目标检测任务的数据集。该数据集的训练数据集包括 9 053 张图像，涉及 8 类路面病害[109]。

2020 年，美国电子和电气工程师协会主办的全球道路损伤检测挑战赛组委会在 Maeda 的工作基础上进行数据集扩充，形成了一个覆盖捷克、日本、印度的大规模路面病害目标检测数据集(RDD)。RDD 由 1 个训练集和 2 个测试集构成，包括横向裂缝、纵向裂缝、龟网裂缝和坑槽 4 大类病害在内的 26 336 张路面病害前方景观图像及其标签文件。由于数据来自全球不同地区，包括发达国家和发展中国家，路面病害的类内多样性较高，类间差异性较低，极大增加了路面病害检测和分类的挑战性。

苏(Su)等[110]提出了一套沥青路面典型病害样本数据集(China road damage detection，CNRDD)。CNRDD 包含 4 319 张分辨率为 1 600×1 200 像素的图片，其中包括 4 295 张路面病害图片，24 张不包含任何道路损坏的图片。训练集有 3 022 张图片，测试集有 1 273 张图片。

刘(Liu)等[111]提出了一个新的大型沥青路面多标签疾病数据集(CQU-BPMDD)。CQU-BPDD 包含 60 059 张沥青路面裂缝图像，包括 7 种路面病害。训练集有 49 919 张图像，测试集有 10 140 张图像。每张路面图像对应一个 2 m×3 m 的高速公路路面斑块。图像分辨率为 1 200×900 像素。

梅吉迪法德(Majidifard)等[112]提出了一个宽视图组数据集。7 237 张图像被手动注释并分为 9 类。图像收集时使用了谷歌应用程序编程接口，并基于 Python 的二次开发完成街景图像的提取。

必须注意的是，上述基于未经几何校正的前方景观图像构建的病害检测数据集，仅可用于路面病害巡检，无法根据提取结果进行 PCI 定量计算。

1.2.4 路面技术状况评定

路面养护维修的关键在于对路面可用性能进行准确测量和评估[113]。完成路面病害检测之后，最终需要将计算结果转化为病害的详细类型和几何参数，进而计算出路面状况指数。目前国内外用于表征路面状况的指数主要包括：路面损坏状况指数 PCI、现有路况功能指标（present serviceability index，PSI）、现在可服务性评级（present serviceability rating，PSR）和路面等级评定（pavement surface evaluation and rating，PASER）。

① PCI 是最普遍的路面状况评价指数。在美国，PCI 被用于美国公路路面修复与养护管理的系统。路面损坏类别主要包括裂缝、坑槽、修补等。使用 PCI 计算评价单元减分值时，综合考虑了路面病害类型、损坏长度、面积和严重程度（低、中、高）。PCI 取值范围为 0～100，其中 100 为全新路面，0 为最差情况路面。亦可按不同取值区间从优、良、中、次、差五个等级对路面状况进行评价。

② PASER 系统由美国威斯康星大学麦迪逊交通信息中心开发。路面状况从 1～10 分为 10 个等级。计算 PASER 时不需要参照路面病害的类型，因此无法按路面病害类型对 PASER 评级进行分类。

在路面状况指数自动评价研究方面，由于传统方法（如 PCI、PASER、PSI 等）存在局限性，一些研究人员提出了开发路面状况指数的新方法。

① 埃尔丁（Eldin）和塞努奇（Senouci）基于神经网络算法，利用美国俄勒冈州交通部提供的数据来预测路面状况[114]。

② 法蒂（Fathi）等[115]采用混合机器学习方法，结合随机森林和人工神经网络（artificial neural network，ANN）来预测龟网裂的恶化指数。

③ 皮里奥内西（Piryonesi）和艾迪拉比（El-Diraby）利用 LTPP 数据库中的历史路面病害数据开发了基于决策树的算法来预测沥青道路的 PCI[116]。他们开发了一个 Python 程序，根据相关方法从病害数据中生成 PCI。为达到这个目的，所有的扣除值图和校正曲线都进行了数字化和数学指定。

④ 沙赫纳扎里（Shahnazari）等使用 ANN 和遗传规划算法（genetic programming，GP）来计算 PCI。他们建立的模型基于伊朗公路路网采集的大数据 PCI，该模型可以代替 Micropaver 软件计算 PCI[117]。

上述路面状况评价方法的局限性在于：依赖人工检查病害。检查人员需要计算路面破损的面积、长度和严重程度。检查人员的计算结果作为上述方法的输入，以计算路面状况指数。

部分研究者在现有语义分割结果的基础上设计分类器，进而计算路面技术状况指数。

① 唐磊等首先细化处理了模型输出的二值图像，进而计算裂缝像素的面积和周长等特征，设计基于反向传播神经网络的模式分类器实现对裂缝的精确分类[118]。

② 樊瑶和李刚等以输出结果的裂缝像素密度、区域像素数量与坐标轴的投影向量为区分特征，实现了纵向、横向裂缝的后分类，但龟裂与块状裂缝的分类效果一般[37,119]。

③ 库贝罗-费尔南德斯（Cubero-Fernandez）等综合采用对数变换、双边滤波、Canny 算子和形态学滤波算法完成突出裂缝的提取，进而采用决策树启发式算法对裂缝进行分类；其实验结果表明，所采用方法能够达到 88％的裂缝检测正确率，分类正确率达到 80％，但不能对图像中的单个裂缝目标进行分类，也未能顾及裂缝的损坏程度[120]。

现有路面病害自动分类与养护评价研究，多数仅针对路面裂缝的特征提取和分类，缺乏统一的多类型的病害分类和评价标准，难以为准确评定路面损坏状况提供数据支撑。另外，在解决同一图像多种病害类型共存的特征提取和分类方面，也有待进一步研究。

1.3 现有研究存在的问题

路面病害检测既是一项传统道路运维管理的基础性工作，又是一项以目标识别为典型任务、人工参与程度较高的工作。2D道路图像因采集便利、数据易存储、处理算法成熟，目前仍是路面病害检测的研究重点。近年来，国内外研究者基于计算机视觉分别从图像处理技术、机器学习和深度学习三个主流方向开展了大规模研究工作，并取得了令人兴奋的成绩。然而，公路路面病害具有类型多、拓扑结构复杂、病害像素空间连续性差、拍摄场景多变、对比度低等现实特点。除了采集工具不同而导致的图片自身的质量和标准的差异较大以外，道路上的光照条件、车道线、旁车、油污、水渍、阴影、路标线、减速带、车辙印、树叶、杂物、道路路灯等不可控因素也增大了基于图像路面病害识别难度。路面病害自动化检测任务仍然面临着巨大的挑战。基于深度学习的路面病害自动识别存在三个需要解决的问题。

(1) 缺乏以应用为驱动的大规模、多类型及可量测的训练数据集

深度学习时代的目标检测与语义分割任务与数据集密切相关。某些任务甚至直接建立在数据集上。不同的路面病害具有复杂的拓扑结构、不同的尺度及相似的灰度，标注专家们在对路面病害类别的准确划分上通常会存在分歧。然而，大多数路面数据采集系统较为复杂，且病害筛选、标注的成本非常昂贵。目前开源的路面病害分割数据集通常不超过500张图片，且标注类型仅包含路面裂缝。尽管已开源的目标检测数据集(RDD、CNRDD和CQU-BPMDD)具备较大的数据规模，且具有较高的类内多样性和较低的类间差异性，但是上述基于未经几何校正的前方景观图像构建的病害检测数据集，仅可用于路面病害巡检，无法根据路面病害提取结果进行PCI的定量计算。急需构建一个符合《公路技术状况评定标准》要求的大规模、多类型的路面病害检测基准数据集，支撑路面病害智能检测与评价方法研究结果的评估和改进。

(2) 缺乏复杂场景下平衡推理速度和检测精确度的多尺度路面病害特征提取算法

自然场景下拍摄的公路路面图像中病害种类繁多，背景噪声难于去除。目前未发现适应多种铺装路面、多病害类型的准确、快速检测方法。尽管相较于人工目视检测，传统数字图像处理技术和机器学习技术虽然取得了较好的特征提取效果，但这类算法主要依赖于根据先验知识建立的特征，检测准确性和效率受背景噪声的干扰较大。基于YOLO系列算法的病害自动检测方法在检测效率上有明显的优势，但采用YOLO系列算法时，不同路面病害在整幅图像中面积占比不均会导致多尺度和小目标病害的定位和分类精度不够，并且无法兼顾多种复杂路面情况，路面病害检测精度有待提升。基于语义分割技术对路面病害进行像素级提取，可以获得更加精确的病害形状轮廓，进而对裂缝类病害进行类别判定，但像素级的语义分割算法往往需要调用大量训练参数来提高路面病害的检测精确度，牺牲了检测速度；多数分割实验大多在不同的实验环境下对相应小规模的数据集进行评价，难以满足大范围公路病害检测的应用场景。尽管上述基于DCNN的算法取得了良好的路面病害分割性能，但CNN在提取长距离上下文信息方面的表现仍不理想，而这对于算法理解路面图像中具有复杂拓扑特征的病害至关重要。

（3）缺乏综合检测结果和现行标准的路面损坏状况自动评价算法

路面技术状况的定量评估对于有效制定养护方案至关重要。在完成路面病害检测后，必须将检测结果转换为详细的病害类型和几何参数，以计算路面状况指数。值得注意的是，与路面病害目标检测和语义分割研究相比，针对算法推理结果的定量研究相对较少。少数裂缝量化方法虽然能够计算裂缝的宽度、长度等特征值，但是计算耗时较长且受复杂场景影响较大，鲁棒性一般。由于路面检测结果与当前标准中关于路面损坏状况指标评价的不一致性，目前尚未发现一个统一的、基于智能检测特征提取结果和路面损坏状况的集成方法。

1.4 研究内容

围绕复杂场景下多类型路面病害智能检测涉及的若干问题，进行以下研究内容。

（1）构建用于复杂场景下公路路面病害智能检测与评估的基准数据集

目前，用于路面病害智能检测研究的公开数据集仍存在规模小、场景少、类别单一的问题，且其结果已经饱和，这在很大程度上限制了路面病害自动检测算法的发展。以多年份实测公路路面 CCD 图像库为基础，构建具有足够规模、标注精确度和场景多样性的路面病害目标检测基准数据集（ISTD-PDD8）及二类语义分割基准数据集（ISTD-PDS7）。新数据集涵盖沥青横向裂缝、沥青纵向裂缝、水泥裂缝、龟网裂、破碎板、修补、沥青坑槽和水泥坑 8 类常见病害及带有不同干扰噪声的负样本。新数据集提供精细的手工标注框和高精确度的二值分割掩码。对比分析所构建的基准数据集与现有公开数据集的性能，为后续该领域算法研究和路面损坏状况评价提供科学的数据支撑。

（2）改进 YOLOv5 的多类型路面病害目标检测算法

首先结合具体任务场景，改进基于欧式距离的 K-means 锚框聚类算法，引入交并比来计算样本间距，并使用遗传算法优化得到最优初始锚框，以提高路面病害检测的性能；然后在特征增强网络中，研究设计注意力机制模块，捕捉对路面病害至关重要的空间位置之间的长期依赖关系，进而提高算法对路面病害特征信息的关注度；最后引入轻量级特征上采样模块（content-aware reassembly of features，CARAFE）取代原有的最近邻上采样，以顾及输入内容和获取较大感受野，实现复杂背景噪声下路面病害高鲁棒性检测。

以 ISTD-PDD8 为基础实验数据，采用消融实验探讨不同改进措施对模型预测性能的影响；通过与不同结构检测模型对比，验证 ISTD-YOLO 算法在复杂场景中多类型路面病害检测中的优势。

（3）自适应训练框架的路面病害二类语义分割算法

首先，对现有语义分割框架进行对比、分析和选择，进而确定基准分割网络；其次，在基准分割网络的解码部分，通过引入通道-空间注意力机制模块，以增强复杂背景中路面病害检测目标的显著度，优化病害特征表达；接着，针对基准网络分割结果细粒度不足的问题，设计具有学习能力的转置卷积上采样模块替换原有的双线性差值上采样模块，来提升模型对细节的还原能力；最后，针对路面病害分割数据集存在病害目标像素占比小的问题，提出一个自适应调整参数平衡训练过程中精确度和召回率，设计出基于该参数的训练数据的采样策略和损失函数，形成顾及正负样本不平衡的循环自适应训练框架。

以 ISTD-PDS7 为基础实验数据，采用消融实验探讨不同改进措施对模型预测性能的影响；通过与不同网络结构的前沿语义分割模型的定量、定性对比，验证提出的病害分割算法（ISTD-Disnet）的适用性和可靠性。

（4）研究基于智能检测结果的路面损坏状况自动评价方法

为了基于 ISTD-YOLO 算法与 ISTD-Disnet 算法智能检测结果，构建一个符合我国公路技术状况的路面损坏状况自动化评价方法。在分析路面损坏状况评价指标的计算和分级规则的基础上，集成 ISTD-YOLO 算法和 ISTD-Disnet 算法，研究与 PCI 指数高度相关的病害特征输出方法，分析 ISTD-YOLO 算法与 ISTD-Disnet 算法检测结果与 PCI 的内在关联性；筛选辽宁省不同路面条件的百米评价单元路段图像，并完成基于人工目视判别法的评价结果输出；以人工 PCI 真值和智能检测结果为实验数据，分别研究基于 ISTD-YOLO 算法输出结果、基于 ISTD-Disnet 算法输出结果、基于融合结果的 PCI 自动计算模型的构建方法。将开发的模型部署在用于验证的百米评价单元路段上进行测试，从多个角度分析网络模型自动识别准确性和效率，评估和分析三种不同 PCI 计算算法准确性和适应性场景。以湖北省 115 个百米评价单元路段数据，从差值绝对值和评价等级一致性两个方面，进一步验证所提出的 PCI 计算算法的泛化能力。

研究所采用的技术路线如图 1-6 所示。

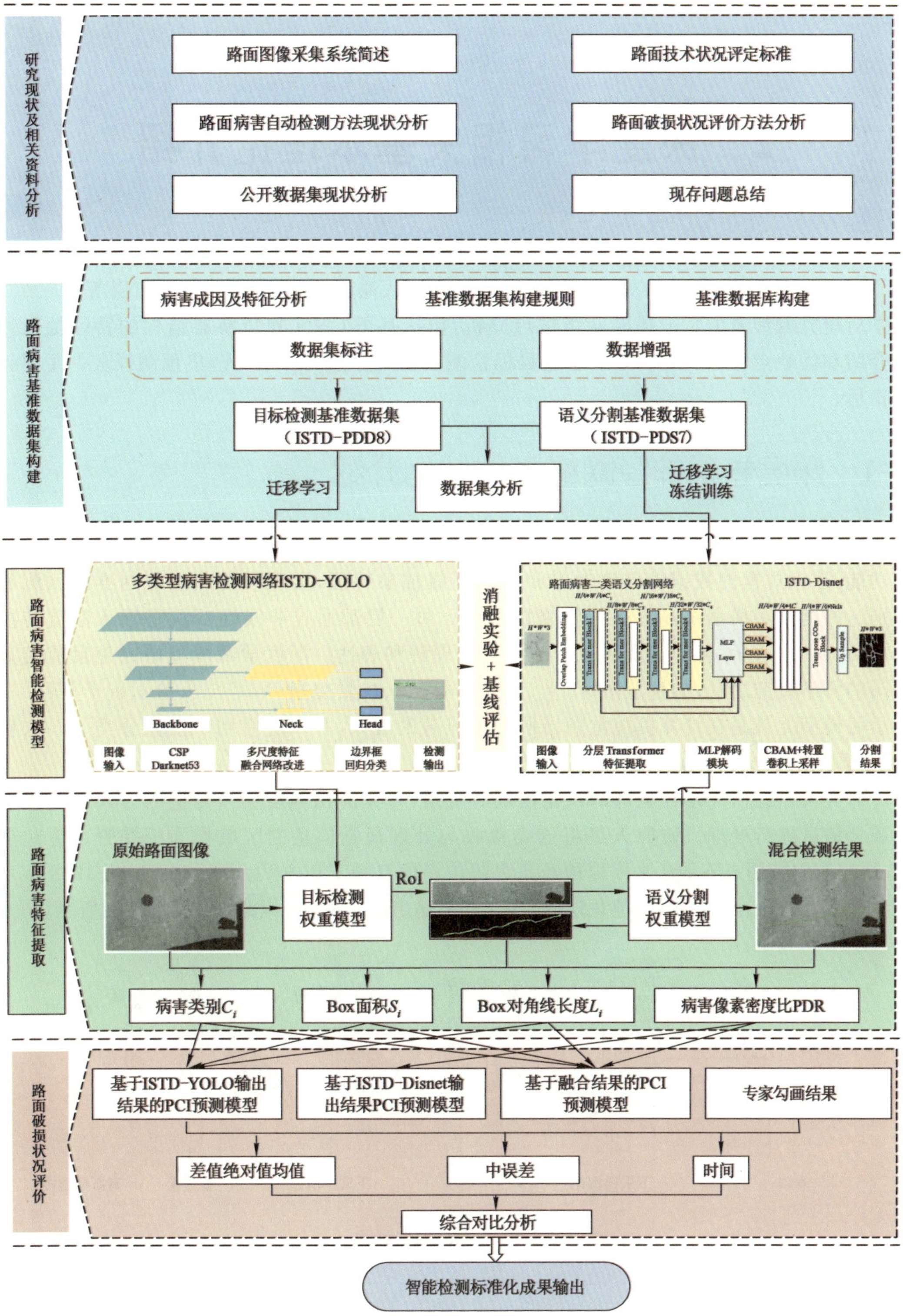

研究现状及相关资料分析
路面图像采集系统简述
路面技术状况评定标准
路面病害自动检测方法现状分析
路面破损状况评价方法分析
公开数据集现状分析
现存问题总结
路面病害基准数据集构建
病害成因及特征分析
基准数据集构建规则
基准数据库构建
数据集标注
数据增强
目标检测基准数据集（ISTD-PDD8）
语义分割基准数据集（ISTD-PDS7）
迁移学习
数据集分析
迁移学习
冻结训练
路面病害智能检测模型
多类型病害检测网络ISTD-YOLO
Backbone
Neck
Head
图像输入
CSP Darknet53
多尺度特征融合网络改进
边界框回归分类
检测输出
消融实验+基线评估
路面病害二类语义分割网络
ISTD-Disnet
图像输入
分层 Transformer 特征提取
MLP解码模块
CBAM+转置卷积上采样
分割结果
路面病害特征提取
原始路面图像
目标检测权重模型
RoI
语义分割权重模型
混合检测结果
病害类别C_i
Box面积S_i
Box对角线长度L_i
病害像素密度比PDR
路面破损状况评价
基于ISTD-YOLO输出结果的PCI预测模型
基于ISTD-Disnet输出结果PCI预测模型
基于融合结果的PCI预测模型
专家勾画结果
差值绝对值均值
中误差
时间
综合对比分析
智能检测标准化成果输出

图 1-6　研究技术路线

2 深度学习相关基本理论介绍

基于深度学习的路面病害检测方法已然成为目前该领域的研究热点。在 2.1 节中介绍 DCNN 的基础结构,包括输入层、卷积层和激活函数、池化层、全连接层及输出层等。在 2.2 节中对研究所涉及的特征提取网络进行分析,包括基于 CNN 和转换器结构的特征提取原理介绍和优缺点分析。在 2.3 节总述目标检测及语义分割两种不同密集预测任务的主要评估指标。

2.1 深度卷积神经网络基础结构介绍

DCNN 是计算机视觉领域中的核心技术之一,旨在通过模拟人类大脑神经网络的结构和功能,从大规模的数据中自动学习和提取高级抽象特征,实现对复杂任务的准确预测和识别。深度学习模型由多层神经网络层组成。每一层都通过非线性变换将输入数据转换为更高级别的表示,从而实现对数据的层次化理解和表达。深度学习模型研究是目前较为热门的科学研究之一,如智慧医疗[121]、无人驾驶[122]、智慧交通[123-124]与人脸识别[125]等。深度学习模型尤其是在计算机视觉领域取得了显著的成果,并广泛应用于图像分类[126-127]、目标识别[128-129]、语义分割[87]等任务中。

研究人员在研究动物脑部的视觉皮层时发现,相关的视觉皮层以分层的方式对接收到的视觉信息进行处理。研究人员将这类接收与处理视觉信息的区域称为感受野。受此启发,研究者们使用矩阵乘法来模拟神经元之间传递信息的工作方式。首个 CNN 于 1998 年发布,主要包括输入层、卷积层、池化层、全连接层和输出层。LeNet 网络架构如图 2-1 所示。

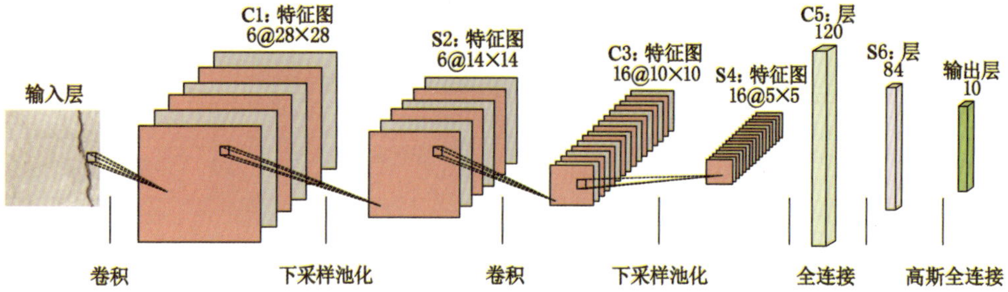

图 2-1　LeNet 网络结构

2.1.1 输入层

输入层为整个 CNN 图像。每个图像有若干像素点。每个像素点都对应着像素值。因此图像可看成像素值矩阵。CNN 的输入图像一般有两种形式：彩色图像和灰度图像。彩色图像包含 R、G、B 三个通道，可表示为一个三维矩阵。彩色图像尺寸为矩阵的长、宽；彩色图像的色彩通道为矩阵的深度。灰度图像中的每个像素对应一个灰度值，即一个灰度图像对应一个像素值矩阵。输入层通常需要对图像进行去均值、归一化与白化等标准化处理，以解决网络本身对值域的问题，并且统一输入图像模式和大小，使训练数据统一映射为正态分布。输入标准化处理可以有效去除特征之间的相关性，起到简化模型训练过程、提升模型预测能力的作用。面对有限的训练样本，DCNN 的输入层常采用模糊、随机裁剪、对比度增强、平移变换等数据增强方法，以达到丰富输入样本信息，提高模型特征表现性能的目的。例如，优秀目标检测网络的输入层在训练时加入马赛克数据增强、自适应锚框计算、自适应图片缩放操作，以提升模型的训练速度和提高小目标检测的精确度。

2.1.2　卷积层

卷积层通过局部感知和参数共享的原理有效地减少神经元之间的连接范围。这意味着只有相邻层之间的一部分神经元相互连接，从而只需对这些局部连接的神经元进行线性和非线性操作。作为 DCNN 的核心组件，卷积层通常包含多个可学习的卷积核(滤波器组)。上一层的特征图与卷积核进行卷积操作，即输入与卷积核之间进行点积运算。不同的卷积核可以探测特定的形状、颜色、对比度等。将结果通过激活函数提取数据的大部分特征。单个输出特征图可能聚集多组合卷积的输入特征信息。如图 2-2 所示，对于卷积层 Ⅰ 的第 j 卷积单元的输出值为 o_j^l。F_j^l 代表选择的输入特征图的集合，k 为卷积核。o_j^l 的计算公式为：

$$o_j^l = f(b_j^l + \sum_{i \in F_j^l} o_i^{l-1} * k_{ij}^l) \tag{2-1}$$

式中，b 为偏置参数；$f(\cdot)$为激活函数，帮助网络实现特征的稀疏性和选择性，对输入进行非线性映射，使得网络可以学习和表示更加复杂的函数关系，以增强网络的表达能力。

图 2-2 所示是一个典型 2D 卷积层案例。该案例中的卷积核 k 类似于一个滑动窗口，卷积核通常以步长 s 向前滑动。输出图像大小与输入图像大小满足式(2-2)。案例中的输入图像尺寸为 4×4，即 $F=4$；卷积核大小为 2×2，即 $k=2$，步长 $s=1$。根据式(2-2)可计算卷积输出图像的大小 $N=3$。

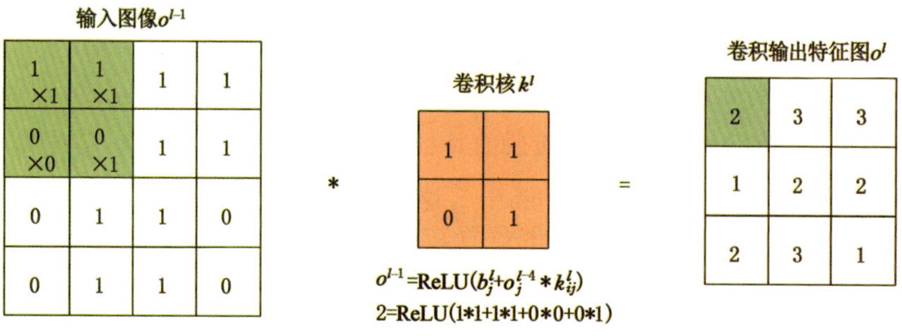

图 2-2　卷积操作示意图

$$N=\frac{F-k}{s}+1 \tag{2-2}$$

式中，F 为图像尺寸；k 为卷积核大小；s 为步长。

值得注意的是，若按图 2-2 所示的卷积操作来提取图像的特征信息，随着卷积次数增多，则图像的尺度逐渐变小。对于较小的图像而言，这最终可能只得到一个像素。此外，输入图像的边缘仅经过一次卷积操作，这势必导致边缘信息丢失。研究者通常采用卷积核补 0 填充操作(padding)来控制生成特征图的尺度；进一步对输入图像矩阵边缘采用“0”补策略，使得原图像边缘信息得以保留。如图 2-3 所示，使用 padding 方法，以像素值为 0 的一层像素填充至图 2-3 中的输入图像矩阵边缘，补零层数 $P=1$。根据公式(2-3)可以计算输出图像的大小 $N=4$。

$$N=\frac{F-k+2P}{s}+1 \tag{2-3}$$

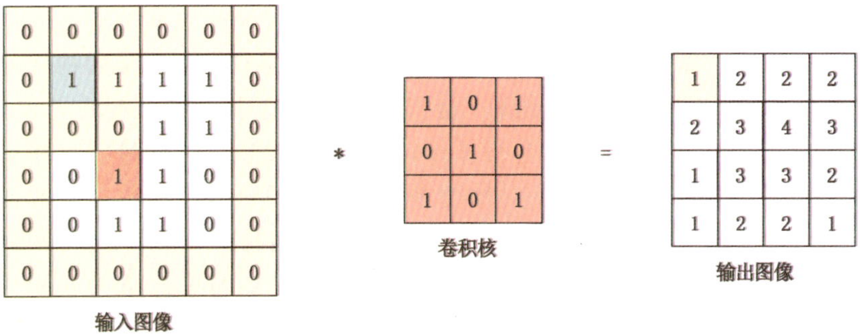

图 2-3　padding 操作示意图

局部连接和权值共享是卷积层的两个最主要的特征。为提取数据的特征信息，需把数据中潜在的具有相关性的信息抽象化，便于进行以上两个特征操作。以单通道灰度图像为例，在图 2-3 中，红色像素位于图像的中间位置，因此在卷积计算中被多次处理。而蓝色像素位于边缘位置，只被计算一次，导致边缘信息丢失。为了解决这个问题，在图 2-3 中对边缘像素进行填充，使其不再处于边缘位置，从而可以被多次计算。此外，输出图像中黑色边框受到输入图像中黑色边框像素的影响，减轻了边缘信息丢失程度。通过式(2-3)，卷积后的特征图的尺寸仍为 4×4，解决了卷积运算导致图像缩小的问题。

常见的填充方式包括有效填充和相同填充。有效填充只使用原始输入特征图进行卷积计算，禁止卷积核超出边界，导致输出特征图尺寸将有所变化。而相同填充通过宽度为 $P=(k-1)/2$ 填充操作使得卷积计算前后的特征图在尺寸上保持一致。在图像识别领域，通常采用奇数宽度的填充，这样可以保证填充像素数是整数且对称的，同时奇数宽度的卷积核具有中心像素点，可以表示卷积核的位置。

激活函数在 DCNN 中的作用是引入非线性关系，增加网络对于复杂特征的表达能力。通过激活函数的非线性映射，神经网络可以学习和表示更加复杂的特征和模式。激活函数可以帮助网络进行非线性变换，使得网络可以适应不同类型的数据和任务。激活函数还可以解决梯度消失和梯度爆炸等问题，有助于提高网络的稳定性和训练效果。激活函数在 DCNN 中扮演着至关重要的角色。常用的激活函数有 Sigmoid 激活函数[130]、Tanh 激活函数[131]、ReLU 激活函数及其变体(LeakyReLU 激活函数、ELU 激活函数)[132]、Swish 激活函数[133]、Mish 激活函数[134]等。这些激活函数可以优化特征的非线性组合。

(1) Sigmoid 激活函数

Sigmoid 激活函数是一种较为常用的非线性激活函数。该函数将输入的实数值映射到一个范围在 0 到 1 之间的连续输出。该函数数学表达式为:

$$f(x)=\sigma(x)=\frac{1}{1+e^{-x}} \tag{2-4}$$

Sigmoid 激活函数在神经网络中曾被广泛用于二分类问题和概率估计问题。从图 2-4 可以看出,该函数的导数形式较为简单,可以方便地用于反向传播算法中的梯度计算。然而,当输入较大或较小时,该函数梯度趋近于 0,这会导致大概率的梯度消失。此外,该函数不是以零点为对称点。

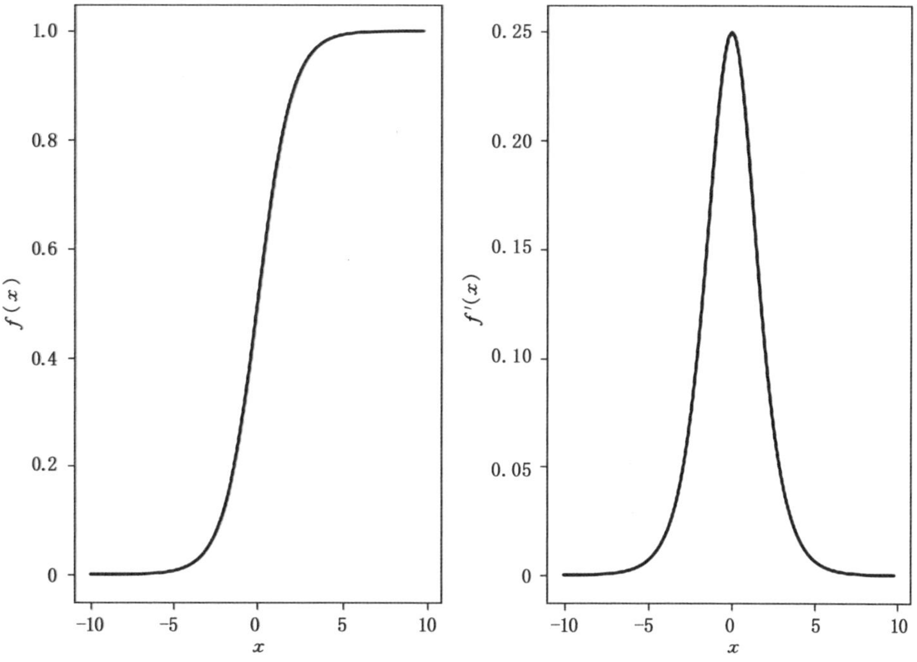

图 2-4　Sigmoid 激活函数及其导数曲线

(2) Tanh 激活函数

Tanh 激活函数解决了 Sigmoid 激活函数的不以零点为对称点的输出问题,但梯度消失(gradient vanishing)和幂运算的问题仍然存在。该函数数学表达式为:

$$\tanh(x)=\frac{e^{x}-e^{-x}}{e^{x}+e^{-x}} \tag{2-5}$$

该函数值域为(−1,1)。由图 2-5 可以看出,该函数导数虽然最大值变大,与 Sigmoid 激活函数的类似,但是输入较大或较小时,该函数的梯度接近于 0,这会导致梯度消失的问题。

(3) ReLU 激活函数及其变体

ReLU 激活函数及其变体是目前应用在深度卷积神经网络中很常用的激活函数。2010

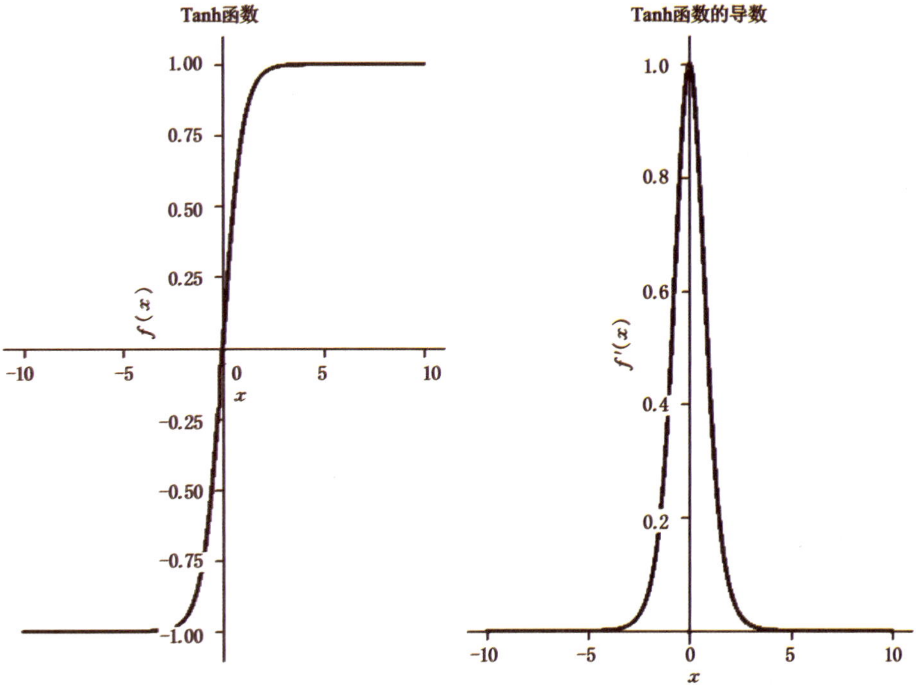

图 2-5　Tanh 激活函数及其导数曲线

年，ReLU 激活函数首次被提出。该函数有效保留了 Step 函数的生物学启发，利于网络的梯度学习。相比起 Sigmoid 激活函数和 Tanh 激活函数，无论 ReLU 激活函数还是其导数都不包含复杂的数学运算，能够有效克服梯度消失的问题。该函数数学表达式为：

$$f(x) = \max(0, x) \tag{2-6}$$

该函数值域为$[0, +\infty]$。如图 2-6 所示，当输入小于等于 0 时，该函数的导数为 0，可能导致神经元"死亡"，即该神经元无法再进行梯度更新。

① LeakyReLU 激活函数

LeakyReLU 激活函数是 ReLU 激活函数的一个变体，如图 2-7 所示。该函数给所有负值赋予一个非零斜率，使神经网络在学习过程中保留了一些负值信息，解决神经元"死亡"问题。该函数数学表达式为：

$$f(x) = \begin{cases} x, & x > 0 \\ ax, & \text{其他} \end{cases} \tag{2-7}$$

式中，a 是一个小于 1 的常数，表示负斜率。虽然引入负斜率可解决 ReLU 激活函数在负输入区域导致的梯度消失问题，但需要额外的超参数来确定负斜率的大小。负斜率可能导致 LeakyReLU 激活函数在负输入区域的输出值过小。对于某些任务，该函数可能不够敏感。

② ELU 激活函数

ELU 激活函数是 ReLU 激活函数的另外一个变体，如图 2-8 所示。该函数可以看作是 Sigmoid 激活函数和 ReLU 激活函数的结合体。在负输入区域，该函数不仅允许一定程度的负值通过，还具有指数增长的特性，使得负输入区域的梯度不为零。该函数具有线性和非线性的特性，可以学习更复杂的特征表示。该函数数学表达式为：

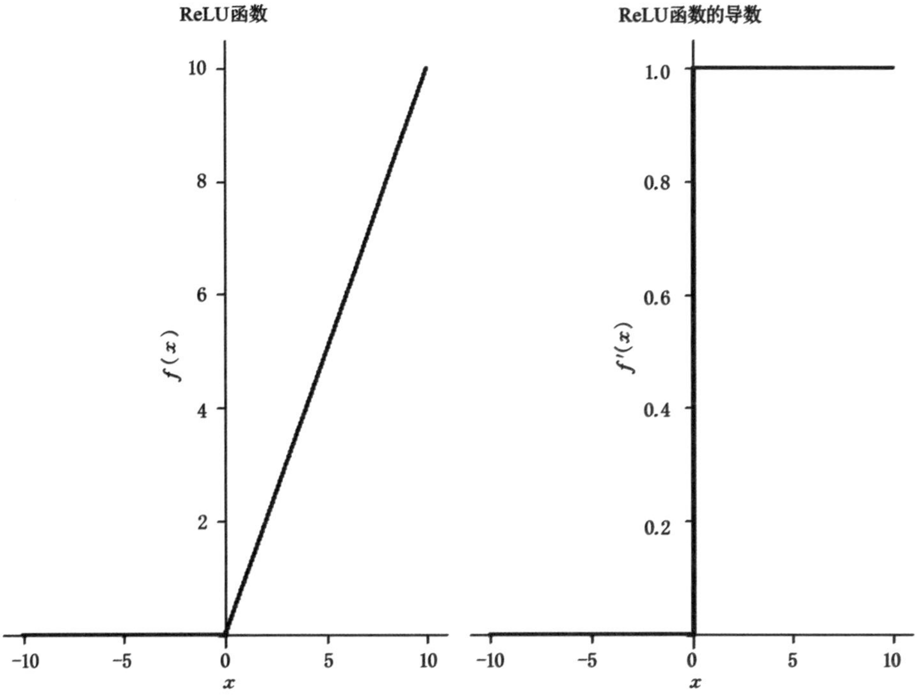

图 2-6 ReLU 激活函数及其导数曲线

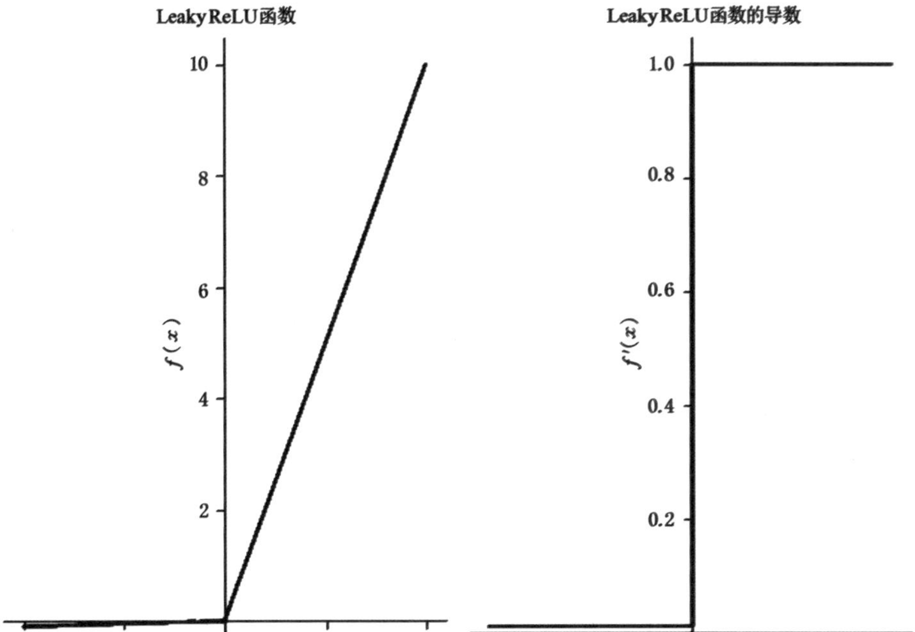

图 2-7 LeakyReLU 激活函数及其导数曲线

$$f(x)=\begin{cases}x, & x>0\\ a(e^x-1), & 其他\end{cases} \tag{2-8}$$

其中，a 是一个正的超参数，控制负输入区域的曲线形状。

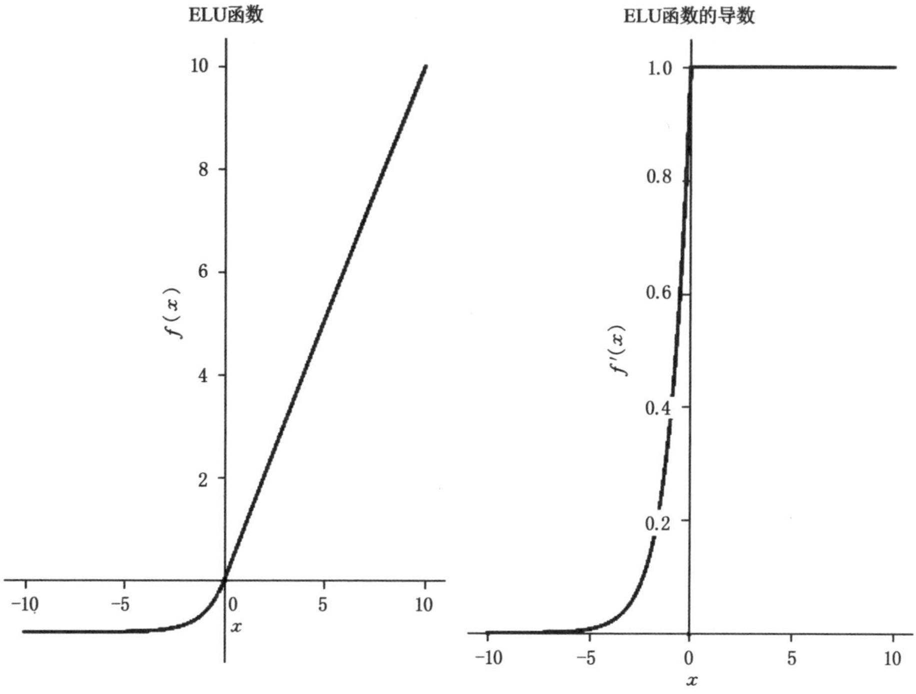

图 2-8　ELU 激活函数及其导数曲线

(4) Swish 激活函数

Swish 激活函数是 2017 年提出的一种新型激活函数，如图 2-9 所示。该函数数学表达式如式(2-9)所示。该函数的特点是在正输入区域与 ReLU 激活函数的相似，具有非线性的特性，可以学习复杂的特征表示。在负输入区域，该函数通过 Sigmoid 激活函数的作用，将负输入值压缩到接近于零的范围内。相关实验结果表明，使用 Swish 激活函数直接替换 ReLU 激活函数总体上可令神经网络的测试准确度提升。

$$f(x)=x\times \mathrm{Sigmoid}(\beta x) \tag{2-9}$$

该函数的无上界特性可以防止梯度消失，该函数有下界特性可提升网络的正则化效果。

(5) 其他激活函数

米斯拉(Misra)提出了一个新的激活函数(Mish 激活函数)[134]，如图 2-10 所示。相比 ReLU 激活函数，Mish 激活函数导数曲线在 0 点处光滑。这个特性使得 Mish 激活函数在求解和模型泛化性方面相比其他激活函数表现更加优良。Mish 激活函数通过双曲正切函数和软正函数，将负输入值压缩到接近于零的范围内。Mish 激活函数的缺点是指数函数的引入增加了计算量。有关实验结果表明，Mish 激活函数的精度比 Swish 激活函数的高 0.494%，比 ReLU 激活函数的高 1.671%。

$$f(x)=x\times\tanh[\mathrm{softplus}(x)]=x\tanh[\ln(1+e^x)] \tag{2-10}$$

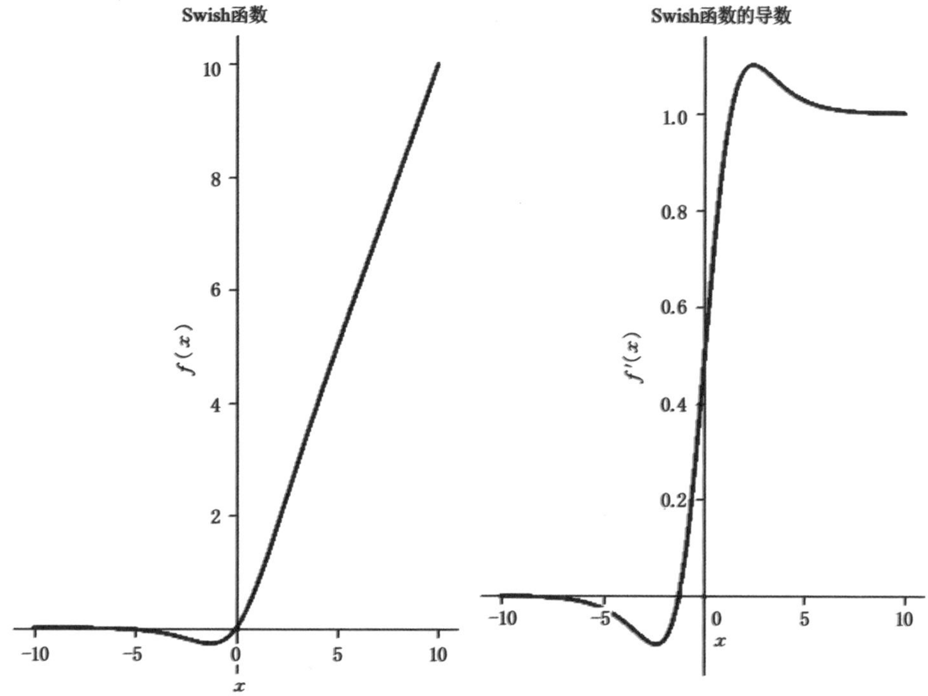

图 2-9 Swish 激活函数及其导线曲线

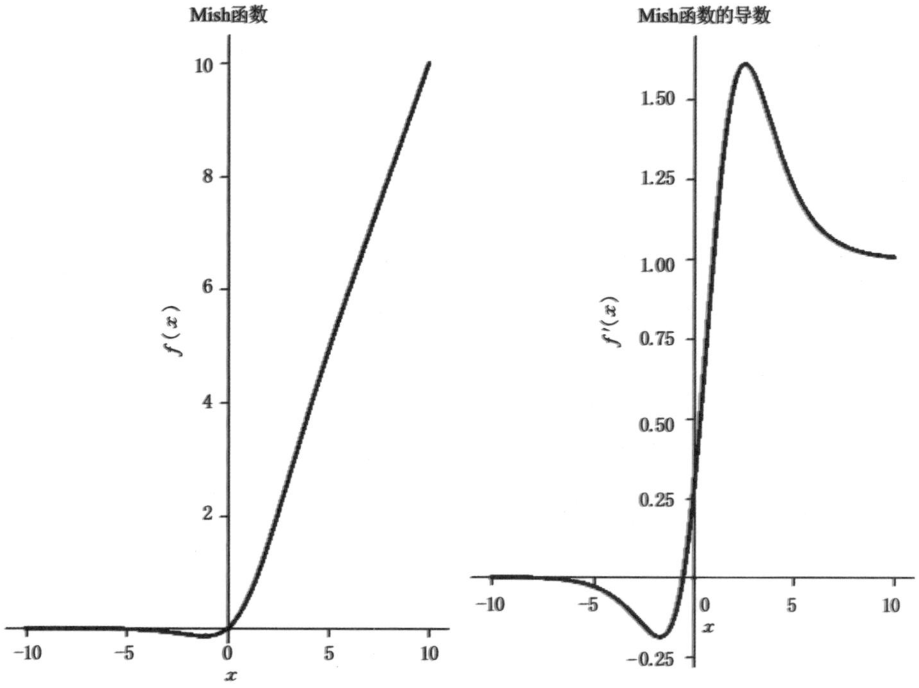

图 2-10 Mish 激活函数及其导数曲线

如式(2-10)所示,当 $x \approx -1.1924$ 时,$f(x)$ 出现最小值,$f(x) \approx -0.30884$。Mish 激活函数有一个连续的参数序列:C^{∞},其导数如式(2-11)所示。

$$f'(x) = \{\text{sech}^2[\text{softplus}(x)]\}[x\ \text{Sigmoid}(x)] + \frac{f(x)}{x} = \Delta(x)\text{Swish}(x) + \frac{f(x)}{x} \tag{2-11}$$

此处,$\text{softplus}(x) = \ln(1+e^x)$,$\text{Sigmoid}(x) = 1/(1+e^x)$。

2.1.3 池化层

池化层又称为降采样层(downsampling layer,DL),是 DCNN 结构的重要组成部分。通常在卷积层之后加入池化层,池化操作旨在对感受域内的特征进行筛选,提取区域内最具代表性的特征,即总结感受野附近的类似信息,并输出该局部区域内的主导响应。池化操作能够有效地降低输出特征尺寸,进而减少模型所需要的参数量和扩大卷积核的感受野,改善模型过拟合和提升模型的泛化能力。池化操作后特征图像的输出尺寸受步长 s 控制。假设输入特征图像的尺寸为 $W_{\text{IN}} \times H_{\text{IN}} \times C_{\text{IN}}$,池化核大小为 $k \times k$,经过步长为 s 的池化操作后输出特征图像的尺寸为 $W_{\text{OUT}} \times H_{\text{OUT}} \times C_{\text{OUT}}$。输出图像尺寸与输入图像尺寸关系式如式(2-12)所示。

$$\begin{cases} W_{\text{OUT}} = \dfrac{W_{\text{IN}} - k}{s} + 1 \\ H_{\text{OUT}} = \dfrac{H_{\text{IN}} - k}{s} + 1 \\ C_{\text{OUT}} = C_{\text{IN}} \end{cases} \tag{2-12}$$

在网络结构设计时通常采用两种池化操作进下采样:平均池化(average pooling)操作和最大池化(max pooling)操作。平均池化操作指对特征图的池化核尺度范围内的所有特征值进行加和取平均值,最大池化操作指从局部相关元素集中选取最大的一个元素值。两者均可以减小特征图的空间尺寸,从而降低网络的参数数量和计算复杂度。相比之下,最大池化操作更加关注窗口内的最显著特征,通过选择最大值来强调窗口内最重要的信息。这有助于增强网络对目标的识别能力和抗干扰性,因此最大池化操作应用更为广泛。最大池化操作和平均池化操作示意图如图 2-11 所示。

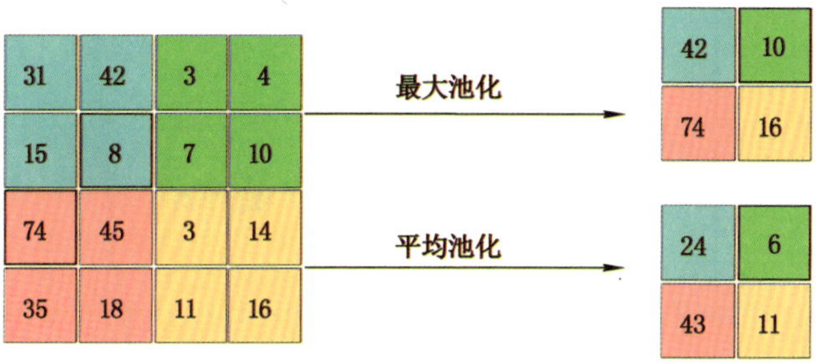

$k \times k$ 为 2×2 的滤波器,s 为 2

图 2-11 最大池化操作与平均池化操作示意图

2.1.4 全连接层

全连接层(full connected layer,FCL)负责对 CNN 学习提取到的特征进行汇总,将多维的特征输入映射为二维的特征输出。高维表示样本批次,低维常常对应任务目标。全连接层的输出可看作是对全局输入特征的高级表示或抽象。通过学习适当的权重参数,全连接层能够捕捉输入特征之间的复杂关系,并将其映射到输出结果空间。全连接层通常置于深度神经网络中的末端,实现重要的特征提取和非线性变换,起到一个“分类器”的作用。在图 2-12 中,$\boldsymbol{W}$ 为权重矩阵,X 为一个 N 维的输入特征向量。全连接层的核心操作为矩阵的向量乘积计算,即执行 $\boldsymbol{W} \times X$ 得到一个 $T \times 1$ 维的向量(如图 2-12 中的 logits[$T \times 1$])。多分类任务需在全连接层后增加一个 Softmax 层,以计算每一类别的概率,如图 2-12 中所示的 prob[$T \times 1$],此时 T 值介于 0 到 1 之间。

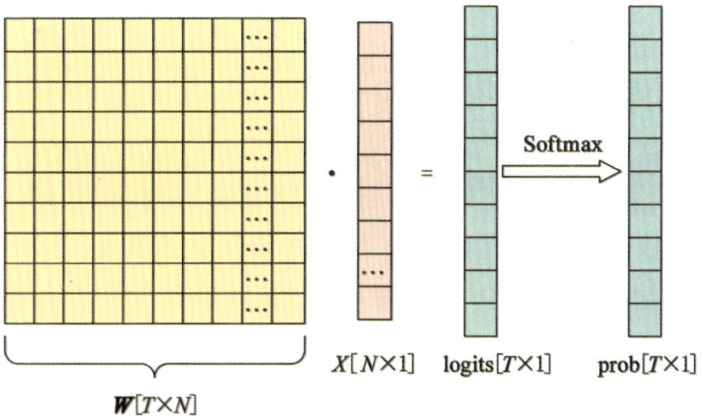

图 2-12 全连接层

2.1.5 输出层

在 DCNN 中,输出层是网络的最后一层,用于生成模型的最终输出结果。输出层的设计取决于任务的性质,可以是分类、回归或者其他类型的问题。在输出层中,通常会使用适当的损失函数来度量模型的输出与真实标签之间的差异。根据任务的性质,可以选择不同的损失函数。例如,均方误差(mean square error,MSE)损失函数用于回归任务,交叉熵损失函数用于分类任务等。具体而言,对于某一样本 i,真实值为 y,模型预测值为 $\hat{y}$,样本总数为 n,那么 MSE 可由式(2-13)计算。然而,均方误差也存在一些限制。例如,均方误差对异常值敏感,因为均方误差的平方会放大异常值的影响。此外,均方误差假设预测误差服从高斯分布,这可能不适用于某些数据集或特定的任务。

$$L(y,\hat{y}) = \frac{\sum_{i=1}^{n}(y-\hat{y})^2}{n} \tag{2-13}$$

Softmax 函数常用于多分类任务。该函数通过对输入向量的每个元素进行指数运算,并将结果归一化为概率分布,表示每个元素属于某个类别的概率。该函数数学表达式为:

$$\hat{y}_j = \mathrm{Softmax}(X, W_j) = \frac{e^{X^T W_j}}{\sum_{K=1}^{K} e^{X^T W_j}} \tag{2-14}$$

式中，W_j 为模型的权重，X 为输入向量，K 为待分类的类别数。

交叉熵损失函数通常与 Softmax 函数同时出现。交叉熵损失函数基于信息论中的交叉熵概念，用于衡量模型的预测概率分布与真实标签的概率分布之间的差异。二类语义分割可采用交叉熵损失函数来区别背景和病害像素。给定一个 batch-size 为 M 的训练图像集，$S=\{(X^m, Y^m), m=1,\cdots,M\}$，$N$ 为总像素数目，$x_n \in \{[1,255], n=1,\cdots,N\}$ 为输入图像中的某一像素。此时的交叉熵损失值计算如式(2-15)所示。

$$L(\boldsymbol{W})_{\mathrm{CE}} = -\frac{1}{N}\sum_{n=1}^{N} y_n \log \hat{y}_n(x_n, \boldsymbol{W}) + (1-y_n)\log[1-\hat{y}_n(x_n, \boldsymbol{W})] \tag{2-15}$$

式中，$y_n \in [0,1]$ 为 x_n 对应的真实值标签，$\hat{y}_n \in \{0,1\}$ 为 x_n 被模型预测为背景或病害的概率，$\boldsymbol{W}$ 为网络的权重参数矩阵。注意，式(2-15)中对数的底为 2，以下同。

2.2 主流特征提取网络结构介绍

作为目标检测和语义分割模型的核心部件，特征提取网络可逐层处理输入数据，并通过卷积、池化和激活函数等操作来提取具有丰富语义信息的特征。主流的特征提取网络有基于 CNN 的 VGG16、Mobilenet、ResNet 等，以及将转换器应用与计算机视觉领域的视觉转换器(vision transformer，VIT)。CNN 涉及许多参数和超参数，如神经元的数量、层数、卷积核尺寸、步幅、学习率和激活函数等[135]。通过考虑像素的邻域，卷积运算可以探索不同级别的相关性，因此可以使用不同尺寸的卷积核来提高性能。研究人员通过空间变换来改进 CNN 的性能。结合不同尺寸的卷积核，CNN 能够在粗粒度和细粒度上都提取有效的特征。相比与基于 CNN 的特征提取网络，基于多头注意力机制的转换器特征提取网络在感受野方面具备天然的优势，因此拥有较强的长距离特征捕获能力和语义特征表示能力。从综合特征抽取能力角度衡量，转换器显著强于 CNN。

2.2.1 VGG16 特征提取网络

相比于 AlexNet，VGG16 的卷积层使用尺寸为 3×3、步幅为 1 的小滤波器，替代 AlexNet 中的较大尺寸(11×11、7×7、5×5)的滤波器。有关实验结果表明，使用小尺寸卷积可以有效降低计算复杂度，保持感受野的同时加深整个神经网络的深度。这为在 CNN 中采用较小尺寸的滤波器开拓了新的研究领域。在 VGG16 中引入的 1×1 卷积核能够增加非线性表达能力，同时不改变感受野，这使得构建非常深的网络结构变为可能。为了调整网络结构，VGG16 在卷积层后使用了最大池化操作，并采用了填充方式以保持空间分辨率。上述改进使得 VGG16 在图像分类和定位方面展现出出色的性能。然而，VGG16 计算成本高。尽管使用了小尺寸的滤波器，但 VGG16 总参数量仍然较大。VGG16 网络结构如图 2-13 所示。

2.2.2 MobileNet 特征提取网络

作为轻量级深层神经网络的特征提取网络代表，MobileNet 是针对手机等嵌入式设备

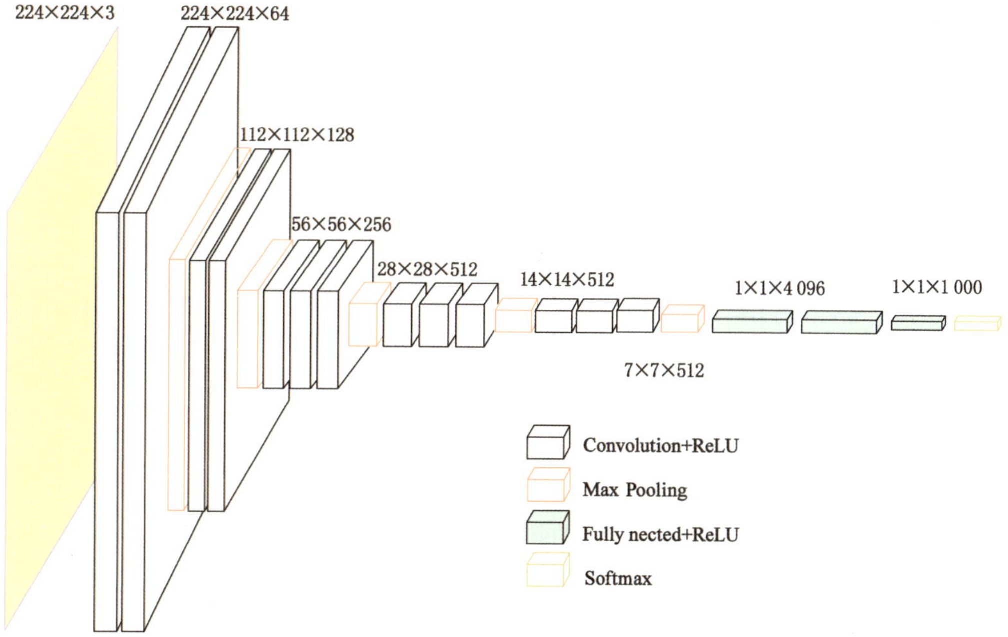

图 2-13　VGG16 网络结构

涉及提出的，其使用的核心思想便是深度可分离卷积(depthwise separable convolution, DSC)。MobileNet 核心网络模块如图 2-14 所示。在 MobileNetv1 提取网格中提出了深度可分离卷积，即将卷积操作分深度卷积(depthwise convolutional filters)和逐点卷积(pointwise convolutional filters)两步进行。深度可分离卷积过程为先按照不同通道与卷积核进行点乘运算，此时通道数不发生改变；然后使用 1×1 的卷积核，进行通道数的改变。假定输入特征图的大小为 $D\times D\times M$，输出图像大小为 $D\times D\times N$，卷积核大小为 $k\times k$，则对于传统卷积来说，计算量为 $D\times D\times M\times N\times k\times k$，而使用了 MobileNet 之后计算量为 $k\times k\times M\times D\times D+1\times 1\times M\times N\times D\times D$，参数量是之前的 $1/N+1/k^2$，显然参数量少了很多，因此称为轻量级卷积网络。MobileNetv2 是 MobileNet 的升级版，具有一个非常重要的特点就是使用了反向阻断，其结构见图 2-14(c)。整个 MobileNetv2 都由反向阻断组成。

2.2.3　ResNet 特征提取网络

ResNet(residual network)主要特点是通过引入残差连接(residual connections)来解决深层网络训练时出现的梯度消失和梯度爆炸问题。ResNet 涵盖多个残差模块(residual blocks)组成。每个残差模块包含跳跃连接(skip connection)和注意力机制(attention mechanism)。利用跳跃连接，ResNet 可以直接将输入信号与输出信号相加，从而传递激活信号并确保梯度的顺畅传播。引入注意力机制可以自适应地选择和调整特征图中的信息权重，提高模型对重要特征的关注程度。ResNet 能够训练非常深的神经网络，并在图像分类、目标检测和语义分割等任务上取得了最先进的性能。如图 2-15 所示，残差模块包括两个分支：一支为恒等映射(identity mapping)x；另一支为需要学习的残差映射(residual mapping)$F(x)$。最后的输出是 $F(x)+x$。图 2-15 中的“weight layer”为卷积操作。在网

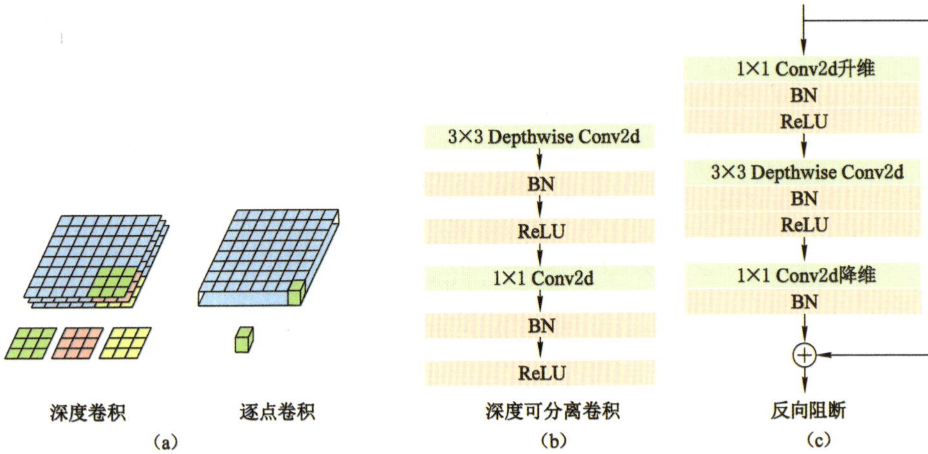

图 2-14　MobileNet 核心网络模块

络达到最优状态后，如果继续增加网络深度，残差映射会逐渐趋近于零，并最终变为等同于恒等映射。在这种情况下，理论上模型学习将一直保持在最优状态，并且其性能不会因网络深度的增加而下降。残差块由多个级联的卷积层和一个快捷连接组成。将二者的输出值累加后，通过 ReLU 激活层得到残差块的输出。多个残差块可以串联起来，从而实现更深的网络。ResNet 中的残差模块如图 2-15 所示，其函数表达式为：

$$y = F(x, \{\boldsymbol{W}_i\}) + x \tag{2-16}$$

式中，x 为输入向量，y 为输出向量，$F(x, \{\boldsymbol{W}_i\})$为拟合的残差映射。在图 2-15 中，层数为 2。$F=\boldsymbol{W}_2\sigma(\boldsymbol{W}_1 x)$，$\sigma$ 指 ReLU 激活函数，且为了简洁没有标记偏差。最终执行两个分支输出的逐元素加法，获得输出结果，如式(2-17)所示。

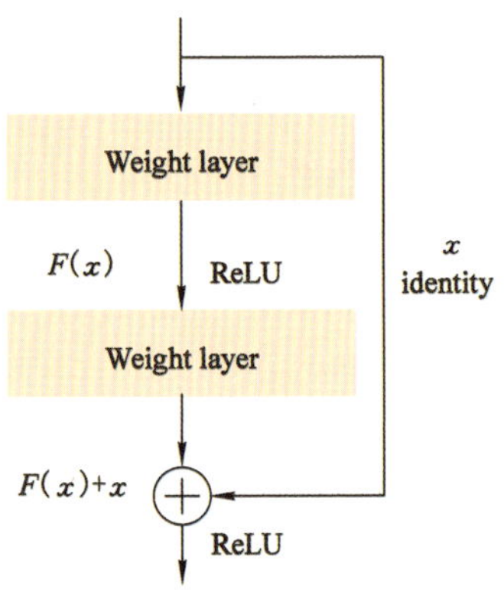

图 2-15　ResNet 结构中的残差模块

$$y = F(x, \{\boldsymbol{W}_i\}) + \boldsymbol{W}_s x \tag{2-17}$$

由式(2-17)可知，F 和 x 必须为维度相同的向量。$\boldsymbol{W}_s$ 为一个用于维度匹配的矩阵。

相关研究结果表明，虽然可以使用维度匹配矩阵，但是在 bottleneck 结构中，恒等映射效果更好。

2.2.4 VIT 特征提取网络

基于 CNN 的结构大多遵循编码器-解码器的框架。在编码器中，CNN 用于特征提取，在逐渐降低特征图分辨率的同时使得特征图富含语义信息。随后，解码器中的 CNN 利用编码器编码特征作为输入，解码出最后的预测结果。此类基础架构存在较多问题，比如语义分割任务除了语义信息还需要细节信息。此外由于 CNN 中卷积核尺寸的限制，特征提取网络模型仅利用局部信息理解输入图像，从而影响编码器最后提取的特征的可区分性。模型只能假设具有局部性的特点，进而把相邻的一些特征融合到一起，会更容易得到“解”，即 CNN 的局部性归纳偏好(inductive bias)问题。转换器的自注意力机制可以使模型能够自开始起以全局的角度去理解图片，从而避免 CNN 的局部性归纳偏好问题，且具有很强的全局归纳建模能力。

视觉转换器是将转换器用于计算机视觉任务的开山之作，其主要结构如图 2-16 所示。鉴于转换器的标准输入为词牌嵌入的一维序列，在处理二维图像时，VIT 首先对图像 $x_P \in \mathbf{R}^{W\times H\times C}$ 进行预处理，将其裁剪成尺寸为 $x_P \in \mathbf{R}^{N\times(P^2\cdot C)}$ 的补丁。其中，$H\times W$ 为原始输入图像的分辨率，C 为通道数，(P,P) 为单一补丁的大小，补丁的总数量(输入序列的长度)N 为 $N=H\times W/P^2$。在转换器的网络结构中，所有层中均使用了相同的隐含层维度 D，因此将每个补丁送入做嵌入操作，以进一步的摊平(Linear Projection of Flattened Patches)，并利用公式(2-18)线性投影映射到 D 维，其输出称为补丁嵌入(patch embeddings)。

$$z_0 = [x_{\text{class}};x_p^1E;x_p^2E;\cdots;x_p^NE]+E_{\text{pos}},E\in\mathbf{R}^{(P^2\cdot C)\times D},E_{\text{pos}}\in\mathbf{R}^{(N+1)\times D} \tag{2-18}$$

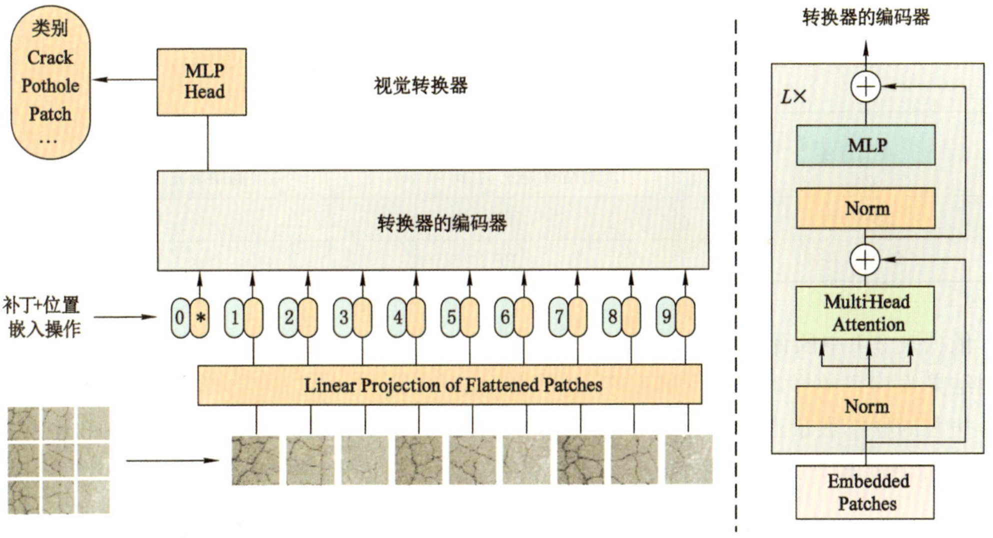

图 2-16 只使用了转换器编码结构的 VIT

与 BERT 的[class]标志相似，VIT 在嵌入的补丁序列 $z_0^0=x_{\text{class}}$ 前添加了一个可学习标记向量，其在转换器的编码器输出 z_L^0 处的状态作为图像表示 y，见公式(2-21)。分类 head 是通过在预训练时具有一个隐藏的 MLP 层以及在微调时通过一个线性的 MLP 层来实现的。值得注意的是，在进入 Linear Projection of Flattened Patches 层时，VIT 对每个补丁的开头加上位置信息，称为位置编码(position embedding，PE)。经过图像预处理操作后的向量结果序列作为转换器编码器的输入。该编码器由多头自注意力的交替层(multiheaded self-attention，MSA)和多层感知机(multilayer perceptron，MLP)层[136]组成，见公式(2-19)和公式(2-20)。在每个块之前应用层范数(layer norm，LN)，在每个块之后应用残差连接。MLP层包含两个具有GELU非线性的层。总体而言，VIT舍弃了CNN的归纳偏好问题，更加有利于在超大规模数据上学习知识，即大规模训练优归纳偏好，在众多图像分类任务上接近最高水平。

$$z'_l = \mathrm{MSA}[\mathrm{LN}(z_{l-1})] + z_{l-1}, l = 1, \cdots, L \tag{2-19}$$

$$z_l = \mathrm{MLP}[\mathrm{LN}(z'_l)] + z'_l, l = 1, \cdots, L \tag{2-20}$$

$$y = \mathrm{LN}(z_L^0) \tag{2-21}$$

2.3 模型性能评价指标选择

为了提供相对全面和无偏的评估，采用精确度(precision，P)、召回率(recall，R)、F1、全类平均精确度(mean average precision，mAP)和平均交并比(meanintersection over union，mIoU)来定量评估后续所构建的两个基准数据集及检测网络的病害预测性能。如表2-1所示，无论是路面病害的目标检测任务还是语义分割任务，基于深度学习方法预测结果在混淆矩阵中可表现为4种基本情况。在表2-1中，TP代表目标物体在图像中存在，且被网络正确预测为正例；FN代表目标物体在图像中存在，但网络未能预测出来；FP代表目标物体在图像中不存在，但网络错误的预测出来；TN代表目标物体在图像中不存在，网络未把背景预测为目标。

表2-1 二分类混淆矩阵

真实标签	预测结果	
	预测结果是正例(positive)	预测结果是负例(negative)
正例(true)	TP	FN
负例(false)	FP	TN

依据表2-1中的计算结果，可以按式(2-22)直接计算出P、R、F1三个评估指标。P代表预测结果为病害的样本中确实为病害的样本占比，R代表预测结果为病害的样本中，且确实为病害的样本数量占全部正样本数量的比例。F1表示精确度与召回率的调和平均值。F1可综合评价模型的预测性能。F1得分越高，综合评价模型预测性能越佳。

$$\begin{cases} \mathrm{P} = \dfrac{\mathrm{TP}}{\mathrm{TP}+\mathrm{FP}} \\ \mathrm{R} = \dfrac{\mathrm{TP}}{\mathrm{TP}+\mathrm{TN}} \\ \mathrm{F1} = 2 \times \dfrac{\mathrm{P} \times \mathrm{R}}{(\mathrm{P}+\mathrm{R})} \end{cases} \tag{2-22}$$

对于模型在路面病害中的目标检测性任务，还选用mAP作为另外一个评价指标以衡量算法的准确性和全面性。该指标由P、R来定义。该指标是多个类别平均精确度

(average precision,AP)的平均值,也是 2012 年 VOC 数据集[137]上的评价指标。在单阶段检测网络中,各个预测病害目标会得到一个置信度分数(score)。其计算公式为:

$$\text{score}=\text{confidence}\times P(\text{Class}|\text{Obiect})$$

计算 mAP 时要事先设置交并比阈值 $\text{IoU}_{\text{thresh}}$。对于每个类别,根据检测结果和真实标签,计算出每个检测样本的置信度值和是否为真实目标的标签。根据置信度值对所有检测样本进行排序。使用不同的置信度阈值,将排序后的检测样本划分成一系列子集。每个子集中的检测样本被认为是"检测正确"的,即检测到了真实目标。

随着置信度阈值不断调整,子集的数量会发生变化,进而计算出每个子集的坐标点(P,R)。以 R 为横轴、以 P 为纵轴,将所用坐标点按顺序连线,便能得到一条 P-R 曲线。该曲线下方的面积即为某一病害的 AP,所有类别的 AP 的平均值即为 mAP。通过 P-R 曲线对比不同模型的预测性能。如果一个模型的 P-R 曲线被另一个模型的 P-R 曲线包围,那么后者的预测性能要优于前者的,但是如果两个模型的 P-R 曲线发生交叉,那么通过P=R 时的取值来判断两个模型预测性能的优劣。

如图 2-17 所示,计算 AP 时需要设定的交并比 IoU 为模型的两个矩形框[预测框(predicted bounding box)与测试集标注框(ground-truth bounding box)]面积的交集和并集的比值。构建的目标检测网络,是用来确定路面 CCD 图像中的病害类别和位置信息。因此 $\text{IoU}_{\text{thresh}}$设定为0.5。以各类病害的 mAP 作为算法的综合检测性能的评价指标,并将其记为 mAP@0.5。

$$\text{mAP}=\frac{\sum_{i=1}^{C}\text{AP}_i}{C} \tag{2-23}$$

式中,C 为总类别数量,AP_i 为第 i 类的 AP。

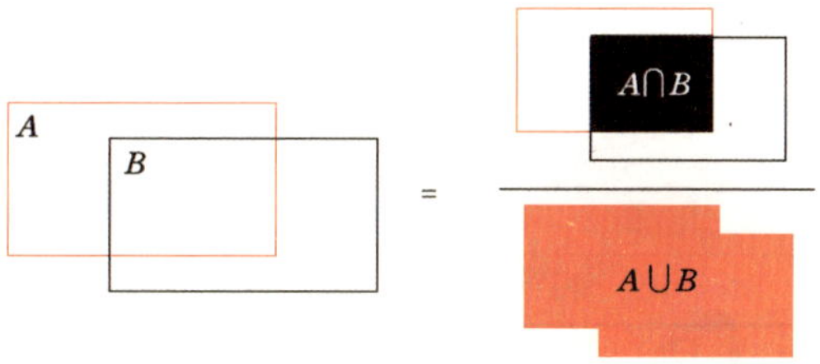

图 2-17 IoU 计算示意图

IoU 计算公式为:

$$\text{IoU}=\frac{A\cap B}{A\cup B} \tag{2-24}$$

对于算法在路面病害中的目标检测性任务,除 P、R、F1 三个基础评估指标外,还选用 mIoU 作为算法分割性能的综合评价指标,其计算公式如下:

$$\text{mIoU}=\frac{1}{N}\sum_{k=1}^{N}\frac{\text{TP}_k}{\text{TP}_k+\text{FP}_k+\text{FN}_k} \tag{2-25}$$

3　复杂场景下路面病害智能检测基准数据集构建

深度学习模型在下游密集预测任务中，高度依赖数据的独立同分布假设。工程化的病害自动检测数据集不仅要满足训练集和测试集之间的同分布，还要满足训练集、测试集与真实应用场景的同分布。为了解决现有公开路面病害数据集规模小、场景少和不可量测等问题，需要训练鲁棒性较强的病害特征提取模型，以实现路面病害的分类、定位和像素级分割。本章依托辽宁省多年路面 CCD 图像数据，基于《公路技术状况评定标准》的相关要求，在分析自然场景下拍摄的路面病害图像的灰度、亮度、噪声与其他特征的基础上，明确基准数据集的构建规则，也为目标检测及语义分割理论框架的选择导向奠定基础；进而从数据集标注、数据分析、数据增强及划分四个阶段，详细介绍两套基准数据集的构建过程；最终建立两套满足复杂场景下公路路面病害智能检测基准数据集：多类型病害目标检测基准数据集(ISTD-PDD8)，二类语义分割(dichotomous image segmentation，DIS)的基准数据集(ISTD-PDS7)。数据集构建流程见图 3-1(a)。

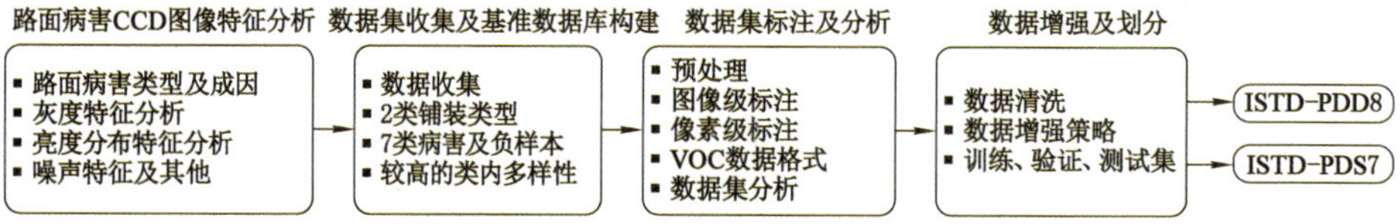

(a) 数据集构建流程

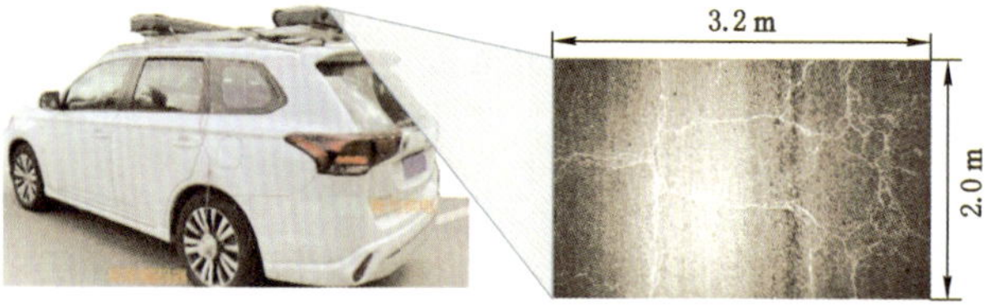

(b) 数据采集设备

图 3-1　基准数据集构建流程及数据采集设备

研究过程中所采用的数据采集设备(采集车)由辽宁工程技术大学交通时空大数据研究中心(Institude of Spatiotemporal Transportation Data，ISTD)自主研发，见图 3-1(b)。采集车配备 acA4096 面阵 CCD 阵列相机和两个氙气灯，以减少光强的影响。正射校正后的图像分辨率为 3 517×2 193 像素，像素分辨率为 0.91 毫米/像素。

3.1　路面病害 CCD 图像特征分析

截至 2021 年年底，在我国公路路网中，里程占比 3.2%的高速公路路面铺装类型以沥青为主。而在占总里程 92.7%的四级及以上等级公路中,沥青路面和水泥路面的总里程大体相等。在实际运营中,不管是水泥混凝土路面或者沥青路面,都会受到路面荷载与外部环境的影响。随着使用周期延长,公路路面会出现不同程度的损坏,会出现如裂缝、坑槽、露骨和车辙等常见的路面病害。主要研究两种铺装路面中最主导的裂缝类、坑槽类和修补类三种病害,为道路养护情况评价提供重要信息。

3.1.1　灰度特征分析

复杂场景下路面 CCD 图像灰度直方图如图 3-2 所示。在图 3-2 中,横坐标代表图像灰度值,纵坐标代表图像点数。由图 3-2 可以发现:

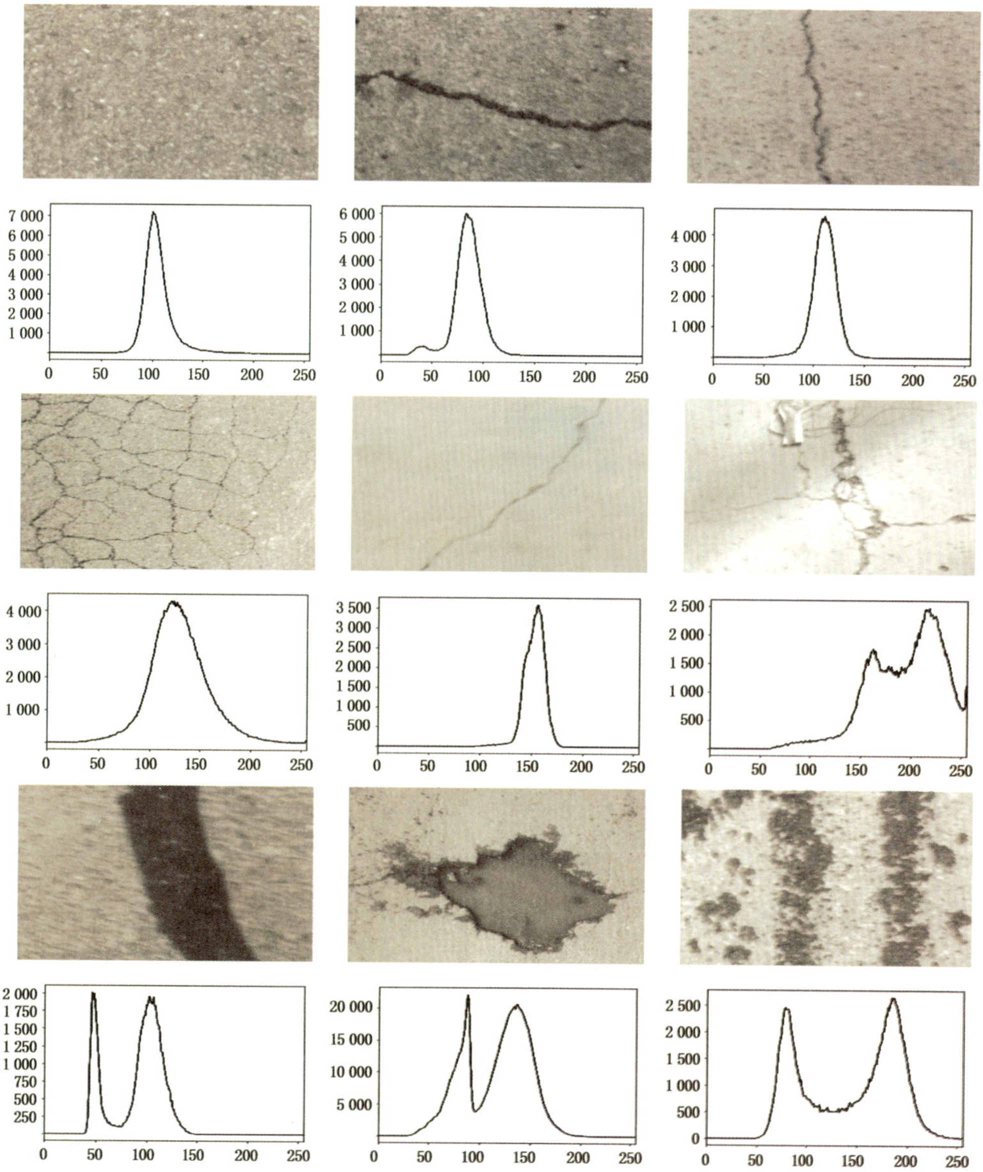

图 3-2　复杂场景下路面 CCD 图像灰度直方图

① 与无病害的路面图像相比，含有病害的路面图像更易表现出双峰特征。对于因路面异物带来的高背景噪声，路面病害图像灰度直方图的双峰特征更为突出。由此可见，异物的存在势必会干扰路面病害的特征提取。

② 对于裂缝类病害，龟网裂的图像灰度直方图与其他裂缝类病害的差异明显，其主要原因是前者在图像中面积占比较大，且分布不均匀。此外，外观形状和面积不同的坑槽类病害图像灰度直方图亦都表现出了双峰特征。

③ 油污、路面异物等干扰物会直接影响路面病害图像的灰度特征。在后续数据集构建的过程中，数据集收集时将考虑将其纳入网络进行学习。

3.1.2 亮度分布特征分析

虽然面阵 CCD 成像系统已经广泛应用于路面损伤图像的采集与检测任务中，但是受作业时间的限制，自然场景下采集的路面图像常出现亮度分布不均的现象。CCD 相机自身非均匀性、材料质量和工艺过程会导致路面图像出现亮度分布不均。例如，沟道掺杂浓度和表面态密度不均匀、氧化物厚度的变化等会引起路面图像亮度分布不均。此外，光敏元件的尺寸差异所引起的有效面积的不一致性也影响图像亮度分布的均匀性。面阵 CCD 相机的物距受限于拍摄空间、搭载设备与位置关系，在满足路面病害分析分辨率的前提下，检测视场通常较大；虽然使用了补光系统，但在弱光拍照环境中，边缘区域的亮度明显低于中间区域的亮度，如图 3-3 所示。

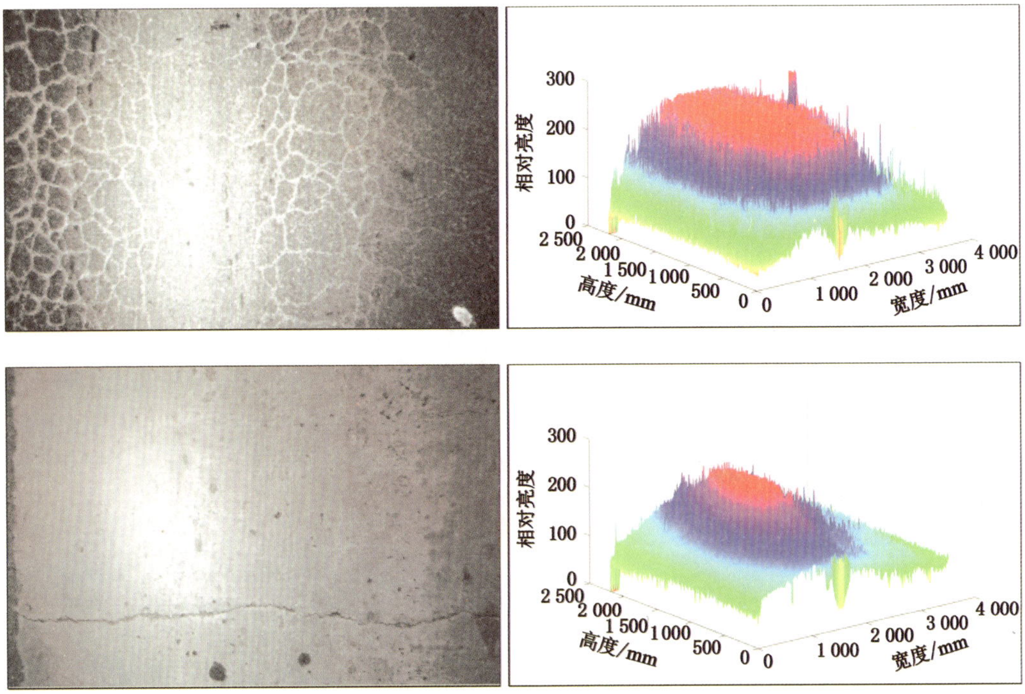

图 3-3　亮度特征分析样图

3.1.3 噪声特征及其他影响因素分析

斑点噪声是沥青路面图像中最为常见的噪声形式，会直接降低路面病害的信噪比，从而影响病害检测目标像素的空间连续性，降低背景与病害间的对比度。需要注意的是，开放场景中采集的路面CCD图像含有多源干扰噪声。这些干扰噪声必然影响路面病害的检测性能。受路边树木、采集设备和路灯杆等干扰物影响，不同形态的阴影直接导致图像的灰度分布出现整体偏差，部分阴影与修补具有类似的结构特征，但是修补的粗糙程度要大于条状阴影的，如图3-4(a)所示。对于水渍、油渍、泥渍等干扰噪声，其部分的线状特征与裂缝的线状特征类似外，其部分的外观与坑槽的外观类似，如图3-4(b)所示。树枝、杂草及垃圾等抛落物有着明显的边缘特征，如图3-4(c)所示。其他路面干扰噪声，如划痕、切割痕迹、减速带、斑马线、井盖及水泥路面伸缩缝，如图3-4(d)所示。

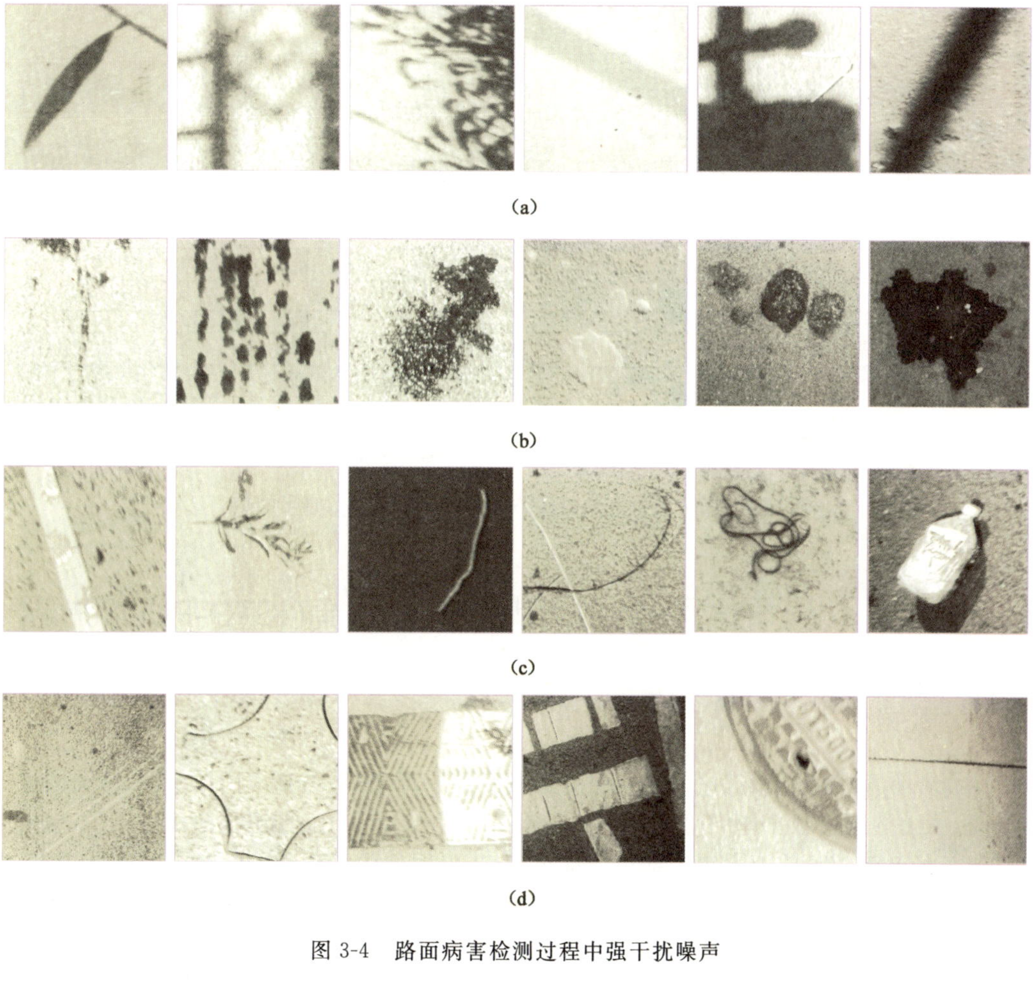

图3-4 路面病害检测过程中强干扰噪声

3.2 路面病害基准数据库构建

为了满足复杂场景下路面病害的自动检测及分割需求，按3.1节分析结果和所制定的数据集建设目标，构建一个公路路面病害图像数据库，如图 3-5 所示。原始数据包括辽宁省不同地区的 504 条公路(4 423 km)所采集的路面 CCD 图像。按照路面破损程度，预先设定 4 个分组关键词：高质量沥青路面、低质量沥青路面、高质量水泥路面、低质量水泥路面。手动筛选出 4 组合计 40 000 张原始路面 CCD 图像；分别对应图像的清晰度、光照强度、路面干燥程度和干扰物四类场景，并进一步细化为清晰路面、模糊路面、强光照、弱光照、干燥路面、湿滑路面、阴影干扰、污渍干扰和覆盖物干扰 9 类场景。为了使路面病害检测基准数据集满足较高的类内多样性和较低的类间差异性，4 位路面检测领域的专家从原始路面图像中筛选了 9 类场景下的 8 类重要病害(横向裂缝、纵向裂缝、水泥裂缝、龟网裂、破碎板、修补、沥青坑槽和水泥坑洞)图像，同时筛选了大量带有纹理相似性噪声的负样本(无病害)。

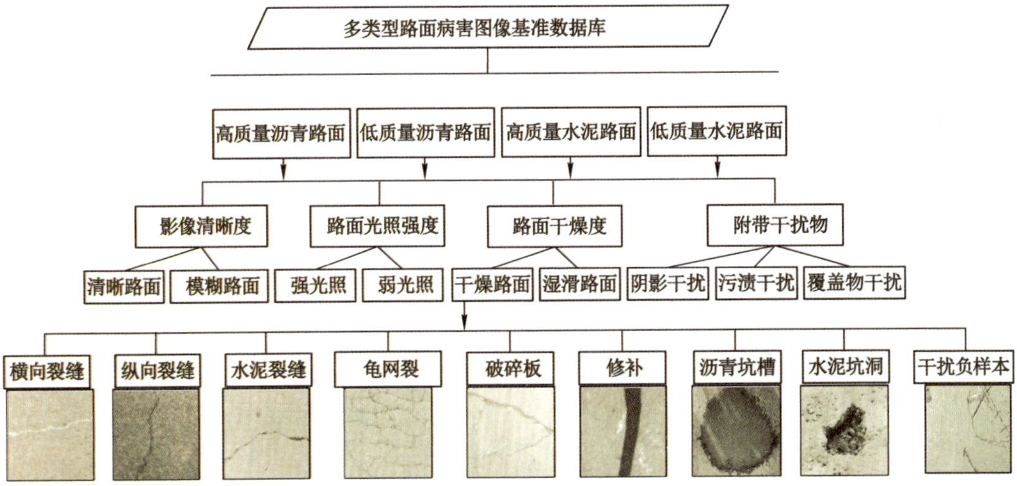

图 3-5　复杂场景下路面多类型病害图像基准数据库结构

3.3　多类型路面病害目标检测基准数据集(ISTD-PDD8)构建

3.3.1　数据预处理

为了制作满足工程级应用的病害目标检测基准数据集，对数据库中原始 CCD 图像进一步处理，从上述图像数据库中筛选出 21 170 张沥青和 11 594 张水泥路面病害图像，涵盖 9 种场景下的 8 类常见路面病害。鉴于标准正射 CCD 图像中的病害占图像中的比例较小，为了节省计算资源和精确插补图形，采用双三次插值法[138](bicubic interpolation)将原始图像缩放至 600×600 像素分辨率水平，如图 3-6 所示。对于新生成的图像中像素点 $f(x,y)$，映射到原图像中的坐标为 $f(i+u,j+v)$。找到对应的原图像中离最近的 16 个点并加权叠加。其计算公式如式(3-1)所示。

$$f(x,y)=f(i+u,j+v)=\boldsymbol{ABC} \tag{3-1}$$

其中，

$$A = \begin{bmatrix} s(1+v) \\ s(v) \\ s(1-v) \\ s(2-v) \end{bmatrix}^{T}$$

$$B = \begin{bmatrix} f(i-1,j-1) & f(i-1,j) & f(i-1,j+1) & f(i-1,j+2) \\ f(i,j-1) & f(i,j) & f(i,j+1) & f(i,j+2) \\ f(i+1,j-1) & f(i+1,j) & f(i+1,j+1) & f(i+1,j+2) \\ f(i+2,j-1) & f(i+2,j) & f(i+2,j+1) & f(i+2,j+2) \end{bmatrix}$$

$$C = \begin{bmatrix} s(1+u) \\ s(u) \\ s(1-u) \\ s(2-u) \end{bmatrix}$$

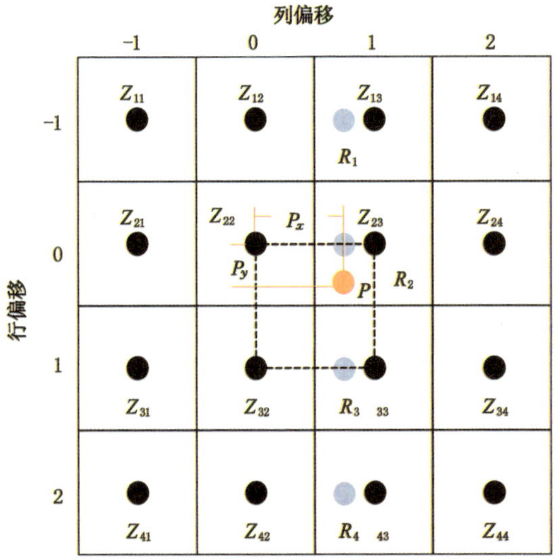

图 3-6　双三次插值缩放示意图

$s(\cdot)$表示权值计算函数。利用三次多项式 $s(x)$求逼近理论上最佳插值函数 $\sin(x)/x$。在式(3-2)中,a 取-0.5 时,关于原始函数的取样间隔是三阶收敛的。

$$s(x)=\begin{cases}(a+2)|x|^3-(a+3)|x|^2+1, & |x|\in(0,1] \\ a|x|^3-5a|x|^2+8a|x|-4a, & |x|\in(1,2) \\ 0, & \text{其他}\end{cases} \tag{3-2}$$

3.3.2　数据集标注

使用开源软件 Labelimg 对预处理后的 21 170 张沥青和 11 594 张水泥路面病害图像进行精准的图像级标注。数据保存格式为 Pascal VOC2012。构建用于多类型路面病害目标检测的基准数据集 ISTD-PDD8。数据标注由 5 位具备手动勾画病害经验且受过规范培训的专业人员完成。值得注意的是,当单人标注图像达到 100 张时,从标注精确度、精确度和完备性三个方面进行了互检。以标签分配的不同颜色检查被标注的目标标签类别是否正确；检查标注框是否完整贴合目标，是否存在标注框过大或者过小情况；检查重叠或者部分被遮挡的目标是否存在漏标，或者重复标注情况。基于实测复杂场景下路面病害的路面CCD图像，ISTD-PDD8标注样例及8类病害对应的标签如图3-7所示。

图3-7　ISTD-PDD8标注样例

3.3.3　数据分析

深度学习时代的图像目标检测任务与数据集密切相关。一些计算机视觉任务甚至直接建立在数据集上。数据集的规模、标注质量和分布多样性直接决定模型的泛化能力。

ISTD-PDD8 构建的目的是解决复杂场景下多类型病害的定位和分类问题。为了更深入地了解 ISTD-PDD8，将其与其他 3 个公开数据集进行比较，包括：1 组基于大视角的谷歌街景图像数据集（PID）；2 组基于前方景观图像的数据集（CNRDD）和（RDD）。主要从图像数量、标注框数量、图像场景复杂度三个方面进行比较。需要注意的是，表 3-1 只统计了与 ISTD-PDD8 相同的病害类型。

表 3-1　现有用于路面病害目标检测任务的数据集的数据分析

数据集	病害类型	标签	图像规模	目标数量	图像复杂度			铺装类型/场景	视角
					$mean \pm \sigma_{mean}$	$std \pm \sigma_{std}$	$IE \pm \sigma_{IE}$		
RDD	纵向裂缝	D00	26 620	6 592	0.468±0.080	0.270±0.058	134.131±18.918	沥青/城市+农村	前方景观
	横向裂缝	D10		4 446					
	龟网裂	D20		8 381					
	坑槽	D40		5 627					
CNRDD	网状裂缝	damage_1	4 319	2 587	0.511±0.042	0.179±0.035	96.351±16.276	沥青/城市道路	前方景观
	纵向裂缝	damage_3		5 378					
	横向裂缝	damage_4		5 874					
	修补	damage_11		177					
	坑槽	damage_8		475					
PID	横向裂缝	D0	7 237	12 428	0.497±0.062	0.088±0.014	96.819±16.212	沥青/高速公路	谷歌街景
	块状裂缝	D2		9 709					
	纵向裂缝	D3		2 892					
	龟裂	D4		4 838					
	横向修补	D5		5 910					
	纵向修补	D7		13 610					
	坑槽	D8		637					
ISTD-PDD8	横向裂缝	C01	32 764	11 691	0.379±0.182	0.135±0.063	121.101±19.558	沥青+水泥	正射 CCD
	纵向裂缝	C02		13 935					
	龟网裂	N01		9 512					
	修补	R01		4 507					
	坑槽	P01		1 162					
	水泥裂缝	SC		16 131					
	破碎板	PSB		1 257					
	水泥坑洞	KD		378					

注：mean、std 为图像归一化后的计算结果。

图像数量对于检测任务至关重要。图像数量对目标检测的准确性、效率和计算成本都有重要影响。由表 3-1 可知，ISTD-PDD8 拥有最大的数据规模，可以有效降低模型在训练过程中过拟合的风险，进而提高模型的泛化能力。此外，标注框数量直接反映数据集构建的标注成本。新数据集包含 8 类常见路面病害的 65 137 个标注框，远高于其他对比数据集的。

图像质量的客观评价指标可反应图像场景复杂度。由于实际情况下理想路面图像很难得到,因此基于图像统计特征的无参考图像的评价方法更接近实际应用。选择图像均值(mean)、标准差(std)和信息熵(IE)三个度量指标来分析不同数据集图像场景的复杂度[139]。

① mean 为图像像素的灰度平均值,其公式为:

$$\text{mean}=\frac{1}{W\times H}\sum_{i=1}^{W}\sum_{j=1}^{H}(f_{ij})$$

式中,W 和 H 分别为图像的宽和高,f_{ij} 为 ij 位置对应的像素值。mean 可定量反映图像的平均亮度。图像平均亮度越大,图像质量越好。

② std 为图像的标准差,其公式为:

$$\text{std}=\sqrt{\frac{1}{W\times H}\sum_{i=1}^{W}\sum_{j=1}^{H}(f_{ij}-\text{mean})^2}$$

std 可反映图像像素灰度相对于灰度均值的离散程度,也反映图像对比度的强弱。标准差越大,图像的灰度级分布越分散,图像包含的信息量越大。

③ IE 为图像的信息熵(information entropy,IE),可以定量反映复杂场景中的目标识别或提取的困难程度[140],其公式为:

$$\text{IE}=\sum_{f=0}^{f=255}P_f\log_2 P_f$$

式中,P_f 表示灰度值为 f 的像素在图像中的占比。IE 是从信息论的角度衡量图像中灰度分布的聚集特征所包含的信息量。图像中的信息熵越大,图像的复杂程度越高。

由表 3-1 可知,就 mean 而言,新数据集中的图像平均亮度最低,且 mean 的标准差最大,说明新数据集中的图像亮度差异较大,具有较高的多样性。RDD 和 CNRDD 取得了较高的 std,这是拍摄视角内含有大量与路面灰度值差异较大的道路附属物导致的(图 3-8)。值得注意的是,新数据集的 std 取得该评价指标的最高值,说明图像之间的灰度级差异较大,侧面反映出其类内的多样性较高。就平均 IE 而言,虽然新数据集的图像尺寸最小(图 3-8),但仍获得第二高的 IE 值,且 std 最高,表明新数据集的路面图像复杂度较高,更接近于实际应用场景。表 3-1 中较大的 std 表明,从不同角度来看,ISTD-PDD8 的差异很大。综合分析可得,新数据集更符合实际场景,不易检测。在该数据集上进行跨数据集验证可更好地反映模型的跨数据集泛化能力。

3.3.4 数据增强

为了在模型训练过程中丰富路面病害检测图像的背景,在计算资源有限的情况下增大批量大小,进而提升小目标的检测性能。拟借鉴 YOLOv4 算法中在线马赛克数据增强方法,代替传统的 CutMix 数据增强方式。其具体操作方法为:首先,构建一张 600×600 像素的空图像 M,并随机选取拼接基准点坐标(x_c,y_c),另外从训练数据集中随机选择 4 张图片及其对应标签。然后,把 4 张图片根据基准点,经过尺寸调整和比例缩放后,分别放置在 M 的左上、右上、左下、右下位置。最后,根据每张图片的尺寸变换方式,将映射关系对应到 M 的新标签上,并依据指定的横纵坐标,对大图进行拼接;并处理超过边界的检测框坐标。马赛克数据增强样例如图 3-9 所示。

图 3-8　不同数据集定性比较

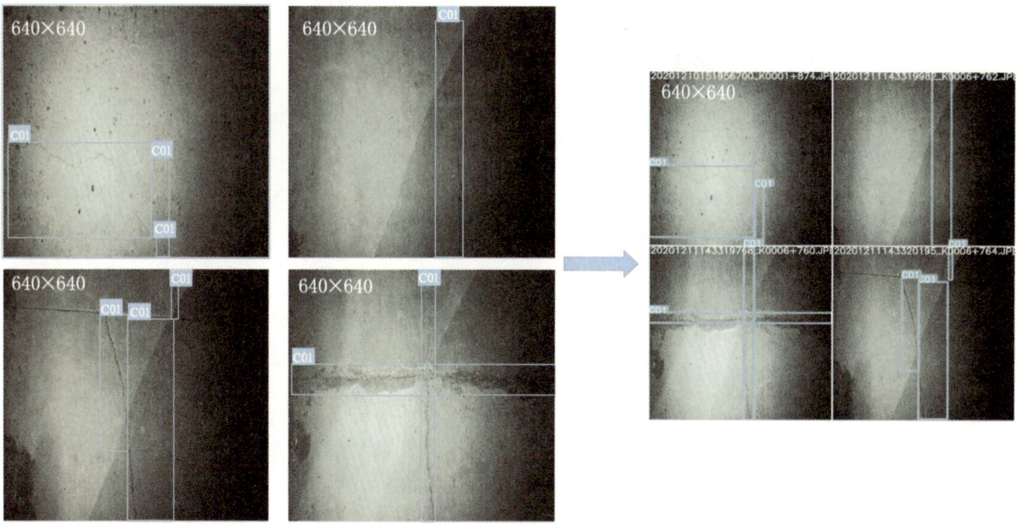

图 3-9　马赛克数据增强

3.3.5 数据集划分

如表 3-2 所示，将 ISTD-PDD8 中的 32 764 张图像分成三个子数据集：ISTD-PDD-TR（26 326 张）、ISTD-PDD-VD（3 161 张）和 ISTD-PDD-TE（3 277 张）。这三个子数据集用于训练、验证和测试。TR、VD 与 TE 中包含的类别总体一致。为了满足复杂场景下路面病害检测研究，严格按照 3.2 节制定的标准来筛选 9 类场景下 ISTD-PDD-TE 中的图像。ISTD-PDD8 中训练集和测试集的目标类别和数量统计结果如图 3-10 所示。总体来说，ISTD-PDD8 是为满足复杂场景下模型训练及性能评估所遇到的各类挑战性问题而设计的。

表 3-2 ISTD-PDD8 数据集划分

类别	ISTD-PDD-TR/张	ISTD-PDD-VD/张	ISTD-PDD-TE/张	总计/张
C01	5 081	635	635	6 351
C02	4 065	508	508	5 081
N01	5 080	635	635	6 350
R01	1 863	233	233	2 329
P01	847	106	106	1 059
SC	8 519	947	1 052	10 518
PSB	677	75	84	836
KD	194	22	24	240
总计/张	26 326	3 161	3 277	32 764

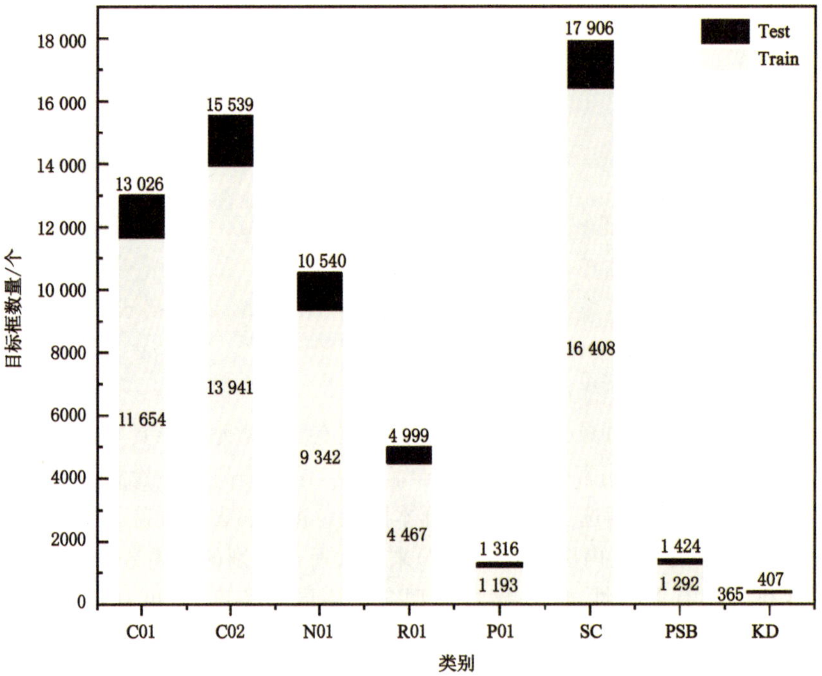

图 3-10 ISTD-PDD8 中训练集和测试集目标类别和数量示意图

3.4　多类型路面病害语义分割基准数据集(ISTD-PDS7)构建

3.4.1　数据预处理

不同模型在裂缝分割任务中的性能低于多类型病害二类语义分割任务的性能，这是因为裂缝的结构非常复杂精细。这要求模型尽可能地保留空间信息。由于路面病害的区域在整个图像中占有的比例较小，所以很多背景区域对于训练过程没有实际意义。首先，预先设定 4 个分组关键词：高质量沥青路面、低质量沥青路面、高质量水泥路面、低质量水泥路面。然后，利用 Python3.7 开发一个无损裁剪工具来裁剪病害区域图像；按预先设定的 7 个病害类别(沥青坑槽和水泥坑洞合并为一类分割目标)从 4 组原始图像数据库中裁剪样本图像。最后，根据每类病害所处场景的复杂性，获得 18 527 张样本图像，包括 6 553 张病害样本图像和 11 974 张带有干扰噪声的负样本图像。

裁剪样例图及数据集分布如图 3-11 所示。其中“TC”、“LC”、“CCC”、“ANC”、“BS”、“PA”、“PO”、“NS”是“横向裂缝”、“纵向裂缝”、“水泥混凝土裂缝”、“龟网裂”、“破碎板”、“修补”、“坑槽/洞”、“负样本”的英文缩写。

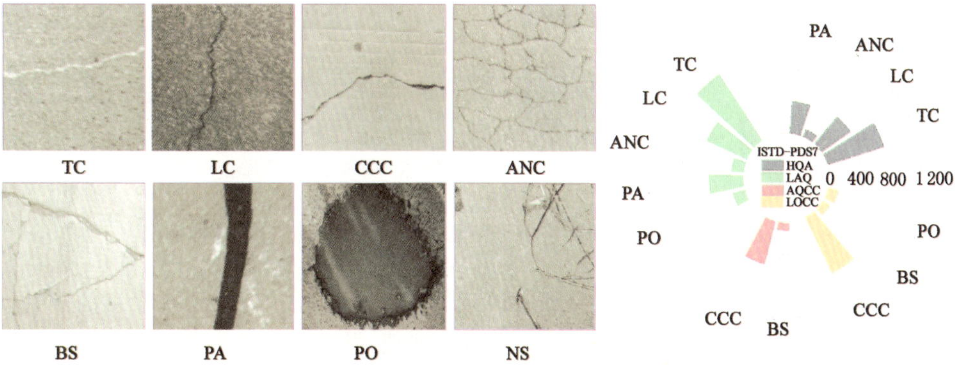

图 3-11　ISTD-PDS7 的样例图像和数据集病害的分组比例

必须注意的是，采用的选择和裁剪策略类似于 Zou 等[101]的。大多数选定的含病害的图像只包含单个目标，以获得丰富而高精确度的结构和细节；同时最大限度地避免不同类别的多个对象同时出现而造成的分割和标注混乱。

具体而言，病害图像选择标准如下：

① 覆盖更多的类别，同时减少那些已经包含在现有其他数据集中具有简单结构的“冗余”样本的数量。重点提升每类病害样本的场景丰富程度，这对提高病害检测模型的泛化能力至关重要。如图 3-12 所示，共筛选了 7 类病害样本图像。每类病害均覆盖 9 类复杂场景。

② 通过增加更多样化类内图像(图 3-12)来扩大所选类别的类内差异。首先，由于公路路面病害形成机理具有多样性，同一病害类型会以不同的长度、宽度和拓扑结构出现。其次，路面病害的外观表现受路面积尘和干燥程度的影响较大。例如，图 3-12 第一行中出现的黑色外观表现裂缝和白色外观表现裂缝受路面面积尘影响较大。拍摄过程的振动会影响到病害图像的清晰度。增加图像的类内多样性，以开发出更强泛化能力的病害分割算法。

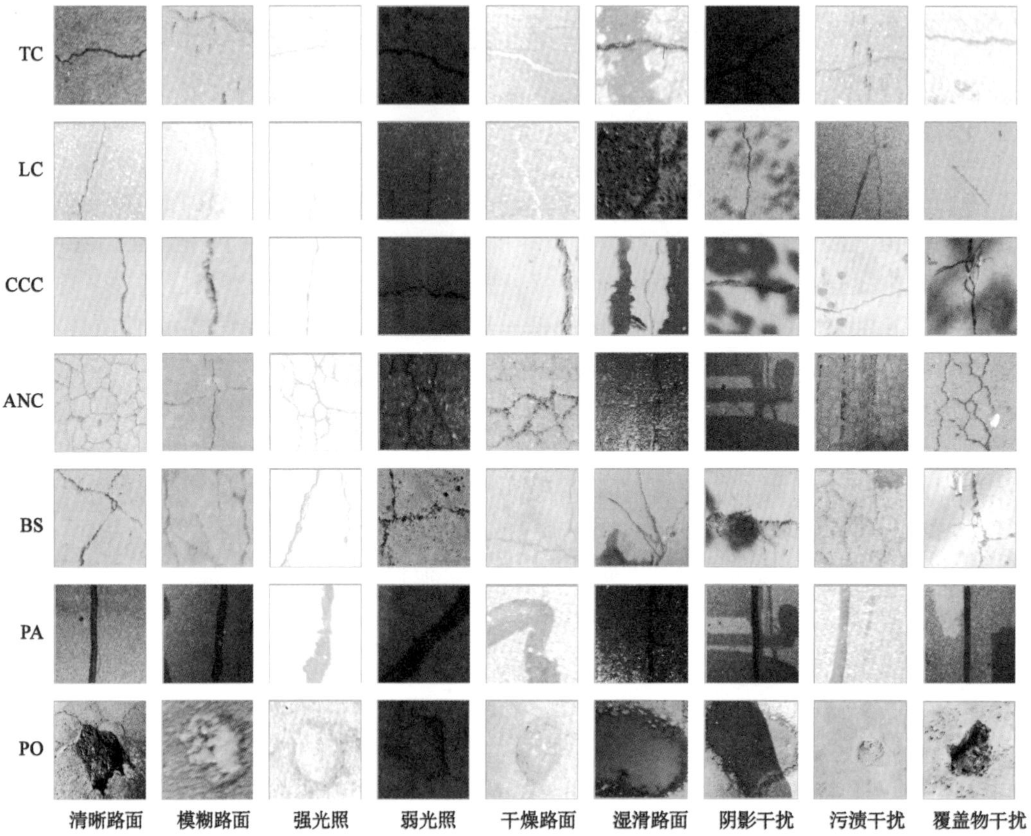

图 3-12　7 类常见路面病害在 9 种复杂场景下的分割数据集样例图

③ 囊括更多与路面病害在灰度特征和纹理特征方面高度相似的干扰噪声的图片[又称为负样本(negative sample,NS)],比如阴影、水渍或油渍、抛落物和路面附属物等(图 3-4)。这些在实际路面病害检测任务中很常见,但由于种类繁杂或收集困难而被其他数据集所忽略。负样本的存在进一步增加数据集的挑战难度,有助于评估不同模型在复杂场景下路面病害检测的鲁棒性和泛化性。

3.4.2　数据集标注

相比用于路面病害的目标检测任务的公开数据集,用于多类型路面病害精细分割的数据集较少。最近研究发现,无二义性的标注下定义一个类别无关的二类语义分割任务,可以准确地分割具有不同结构和复杂性的对象,无论它们的特征如何。4 位专业人员在 4 位病害检测领域专家的监督下,使用 Labelme 软件对每张图像进行像素级手工标记(图 3-13)。标记的真实值提供了两种类型的标签,即病害和非病害。平均每张图像的标记时间约为 20 min,部分网状裂缝图像的标记时间长达 2 h。值得注意的是,有些标注的真实值(GT)掩码在视觉上接近图像抠图的真实值。如图 3-13(a)、(b)、(c)和(d)所示,新数据集提供了更精确的裂缝标签。CFD 数据集与新数据集的细节标注上的差异如图 3-13(e)和(f)所示。CRACKWH100 的一个样本[图 3-13(g)],和 CrackLS315、CrackTree 一样,都是按单像素宽度标记的裂缝。复杂场景下 7 类病害和负样本的标注案例如图 3-13(f)所示。ISTD-PDS7 类内结构复杂性和多样性如图 3-13(i)所示。

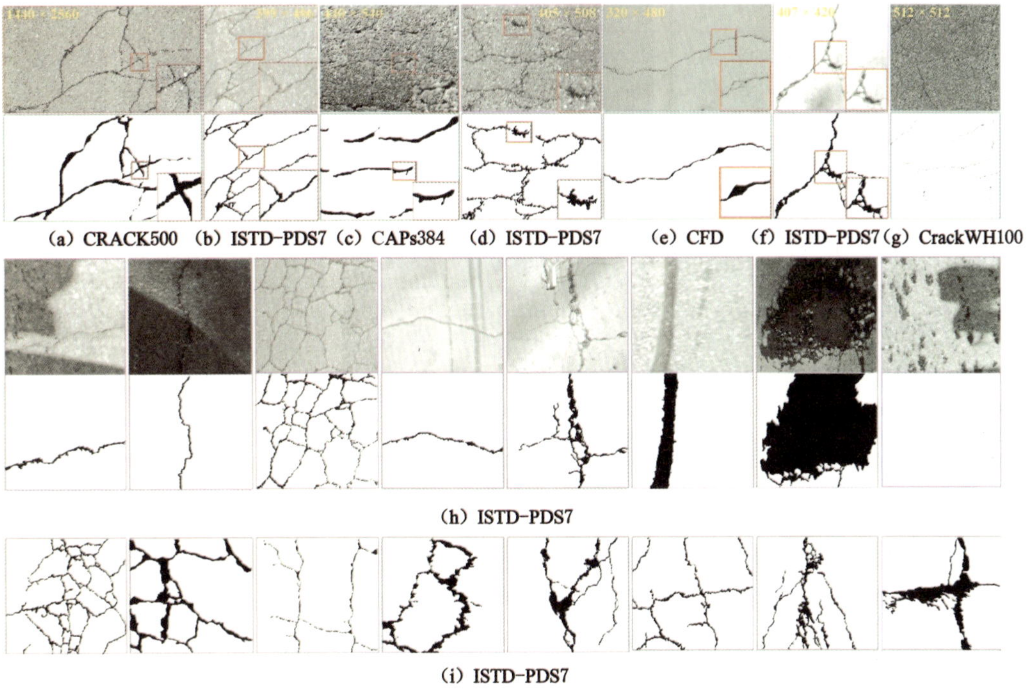

图 3-13　不同数据集之间的定性比较

3.4.3　数据分析

为了进一步了解 ISTD-PDS7 数据集，将 ISTD-PDS7 数据集与其他 7 个相关数据集进行综合比较。3 组按单像素宽度标注的裂缝分割数据集包括：CrackLS315、CrackWH100 和 CrackTree；4 组按裂缝实际宽度手动注释的裂缝分割数据集包括：AigleRN、CFD、CRACK500 和 GAPs384。主要从图像数量、图像维度、图像复杂度和标注复杂度四个方面进行比较，其比较结果如表 3-3 所示。

表 3-3　现有路面病害分割数据集的数据分析

任务	数据集	数量	图像维度			图像复杂度	标注复杂度			标注方式
		I_{num}	$H\pm\sigma_H$	$W\pm\sigma_W$	$D\pm\sigma_D$	$IE\pm\sigma_{IE}$	$IPQ\pm\sigma_{IPQ}$	$C_{num}\pm\sigma_{C_{num}}$	$P_{num}\pm\sigma_{P_{num}}$	
裂缝分割	CrackLS315	315	512.00±0.00	512.00±0.00	724.00±0.00	50.12±11.46	297.70±199.48	3.40±2.60	618.29±415.57	单像素宽度
	CrackWH100	100	512.00±0.00	512.00±0.00	724.00±0.00	36.72±9.15	432.68±452.24	2.90±4.27	855.45±887.29	
	CrackTree260	260	624.92±48.77	833.23±65.03	1 041.54±81.29	53.45±12.15	1 122.18±996.63	8.64±16.07	2 551.08±2 195.26	

表 3-3(续)

任务	数据集	数量	图像维度			图像复杂度	标注复杂度			标注方式
		I_{num}	$H\pm\sigma_H$	$W\pm\sigma_W$	$D\pm\sigma_D$	$\mathrm{IE}\pm\sigma_{\mathrm{IE}}$	$\mathrm{IPQ}\pm\sigma_{\mathrm{IPQ}}$	$C_{num}\pm\sigma_{C_{num}}$	$P_{num}\pm\sigma_{P_{num}}$	
裂缝分割	AigleRN	38	522.35±151.02	692.05±280.26	890.23±244.33	32.18±9.27	437.02±416.94	17.40±14.62	1 374.35±1 014.11	实际像素宽度
	CFD	118	320.00±0.00	480.00±0.00	577.00±0.00	36.42±9.36	106.60±56.30	3.69±4.19	661.78±457.74	
	CRACK500	500	1 568.38±313.60	2 594.61±240.45	3 042.13±303.57	59.66±13.21	91.24±95.42	18.11±25.92	3 603.03±2 065.43	
	GAPs384	384	551.65±99.43	540.00±0.00	775.15±69.60	55.29±12.19	48.44±40.89	5.26±5.57	452.22±286.27	
DIS	ISTD-PDS7	18 527	375.47±99.50	371.00±114.44	529.45±145.73	89.28±13.63	134.82±265.07	9.10±16.95	1 083.38±1 054.07	

(1) 图像维度

图像维度对于分割任务至关重要。图像维度对分割的准确性、分割任务的效率和计算成本都有重要影响[40]。图像高度、宽度、对角线长度的均值(H,W,D)和标准差(σ_H,σ_W,σ_D)见表 3-3。CRACK500 数据集拥有最大的平均图像维度,但只包含 500 幅图像。在实际拍摄图像中,病害区域像素通常占比较小,因此多数背景区域对训练过程没有实际意义。对病害区域进行针对性裁剪,致使图像的平均维度相对较小。平均维度的标准差较大,说明新数据集中的图像维度差异性较大。此外,7 个公开数据集中的病害类型主要是裂缝类病害,这限制了其在多样化任务中的应用。

(2) 图像复杂度

采用图像信息熵 IE 来定量描述图像复杂度。IE 可定量反应复杂场景中的目标识别或提取的困难程度。图像中的信息熵越大,说明图像的复杂程度越高。IE 的均值和标准差见表 3-3。结合图 3-13(b)和图 3-14(h)可知,相较于其他公开数据集,就 IE 而言,ISTD-PDS7 数据集的图像复杂度最高,其图像更接近于实际应用场景。

(3) 标注复杂度

采用等周不等式商(IPQ)[141-143]、病害轮廓数量(C_{num})和标注点数量(P_{num})三个度量来描述。

① IPQ 计算公式为:

$$\mathrm{IPQ}=L^2/4\pi A^2$$

式中,L 和 A 分别表示病害的周长和区域面积。IPQ 体现了标注病害的结构复杂度。

② C_{num} 为标注图像中病害拓扑结构过程中涉及的闭合轮廓的数量,可以定量反映数据主要病害拓扑结构的复杂性。

③ P_{num} 为描绘病害轮廓所需要的标注点数[144],可以定量反应标注的精细程度和人工成本。

上述 3 种复杂性度量是互补的,可以提供数据集原图及标注对象复杂性的全面分析。如表 3-3 和图 3-14 所示,就 IPQ 而言,CrackTree260 数据集图像取得了最高的复杂度,但

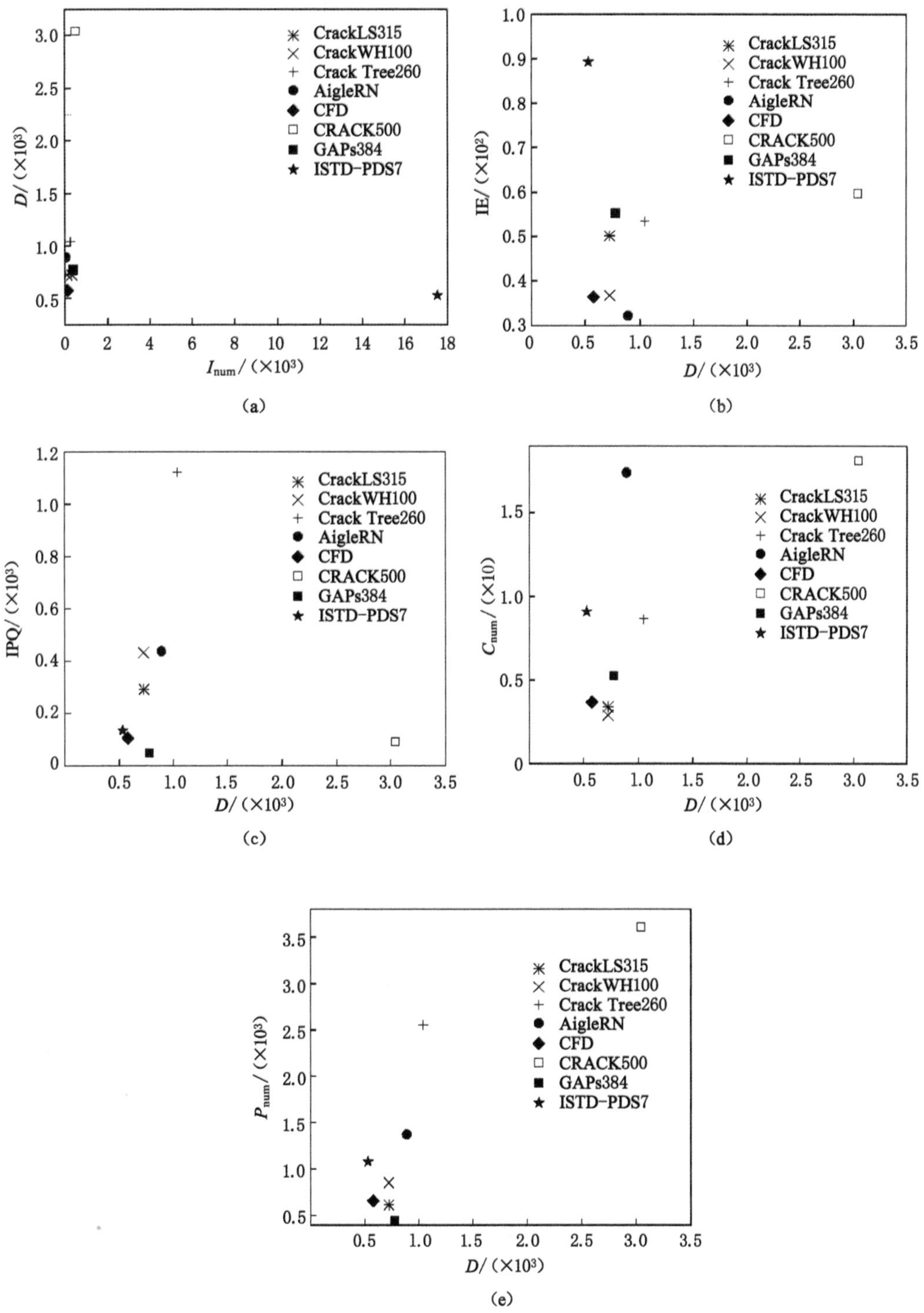

图 3-14 不同复杂性之间的相关性

其数据集中的图像数量和图像复杂度远低于 ISTD-PDS7 的。此外，虽然 ISTD-PDS7 数据集中包含形状简单的修补（单轮廓）、坑槽（单轮廓）及负样本标签（无轮廓），C_{num} 和标准差仍取得较高的分值，说明新数据集中的裂缝类病害图像包含多个轮廓组成的更精细的结构。ISTD-PDS7 数据集 P_{num} 在 1 000 以上，比 GAPs384 数据集的高出 2 倍多。据此可以看出，相比其他数据集而言，ISTD-PDS7 数据集在较小维度的图像上面做到了更精细的标注。此外，大多数可用的路面破损数据集是从定期维护的高速公路或城市道路上收集的。因此，收集到的路面数据集的路面病害图像种类较少、场景较少，几乎所有公开数据集都来自沥青路面图像。

3.4.4 数据增强

在计算机视觉领域，图像增强已成为一种成熟的隐式正则化技术，可以有效解决 DCNN 中的过拟合问题。在 Kaggle 网络举办的对英国国防科学与技术实验室提供的卫星影像特征检测挑战赛中，排名前三的解决方案中均对训练数据集使用了随机裁剪和随机变换。此外，其他较为常用的图像增强方法，也被广泛用于基于高分影像的多类型土地分割和道路自动提取任务中[145-146]。然而，在实际路面图像采集条件下，受到自然因素及真实条件的限制，获取大量带有像素级标签的样本的成本通常很高[147]。

最直接的垂直翻转、水平翻转、多向翻转和转置等几何变换数据增强方法，增加了病害位置、视点、尺度等方面的多样性，这些操作可以模拟自然场景下拍摄目标的姿态变化，提高类内丰富性，从而大幅提升算法的分割性能。而诸如亮度变化、对比度增强、模糊和增加噪声等数据增强方法，由于改变了原图中病害的边界特征，但对应的标签并未发生改变，所以这些方法病害分割性能提升微弱，甚至阻碍良好的分割效果[148-149]。采用几何变换的方法对 ISTD-PDS7 原始标注的病害数据集进行数据增强。考虑到不同路面病害出现的比例和收集制作难度，对每类病害数据进行针对性的增强操作。不同类型病害数据采用的数据增强方式见表 3-4。数据增强样例见图 3-15。

表 3-4　数据增强方法说明

类别	增强方法	描述	应用病害类型
几何变换	垂直翻转	将输入图像围绕 x 轴垂直翻转	CCC、ANC、BS、PO
	水平翻转	将输入图像围绕 y 轴水平翻转	CCC、ANC、BS、PO
	多向翻转	将输入图像围绕 x、y 轴同时翻转	TC、LC、CCC、ANC、BS、PA、PO
	转置	将图像像素的 x 坐标和 y 坐标互换	CCC、ANC、BS、PA、PO

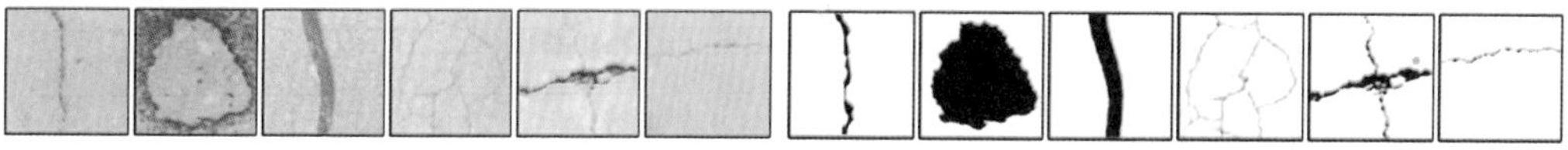

(a) 原始图像及标签

图 3-15　数据增强样例

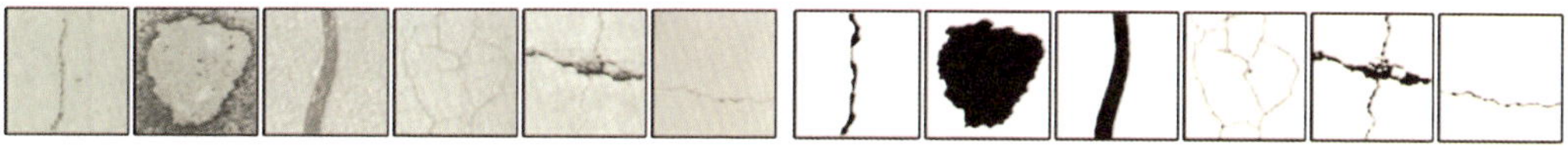

(b) 垂直翻转

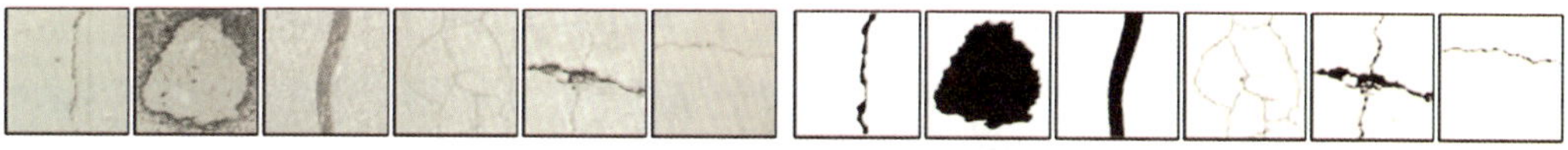

(c) 水平翻转

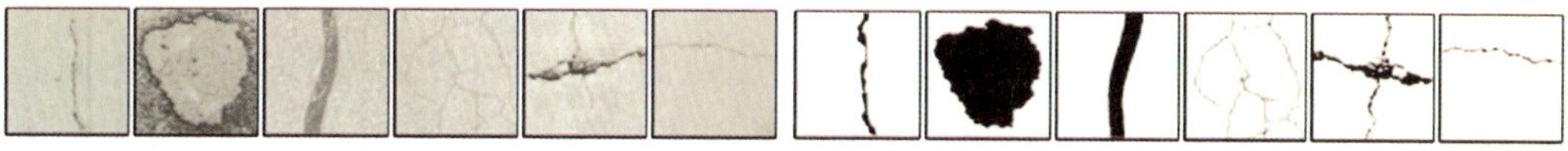

(d) 多向翻转

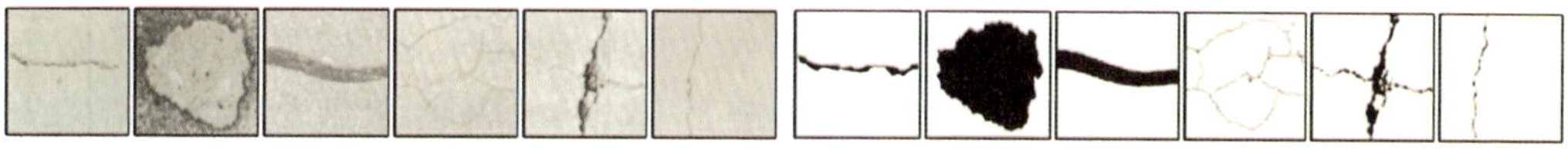

(e) 转置

图 3-15(续)

3.4.5　数据集划分

将 ISTD-PDS7 中的 18 527 张原始标注样本分成三个子数据集:ISTD-TR(15 774 张)、ISTD-VD(1 753 张)和 ISTD-TE(1 000 张)。这些子数据集用于训练、验证和测试。ISTD-TR、ISTD-VD 与 ISTD-TE 中包含的类别总体一致。为了满足不同的路面病害检测研究,将 1 000 张 ISTD-TE 图像进一步划分出 1 个满足沥青裂缝分割任务的子测试集 ISTD-CRTE(包含 550 张裂缝图像及对应标签)。值得注意的是,测试集和负样本均未做数据增强处理。按 3.4.3 节数据增强策略对 ISTD-TR 和 ISTD-VD 进行了数据扩张处理。增强后的数据集划分情况详见表 3-5。总体来说,ISTD-PDS7 是为满足复杂场景下模型训练及性能评估所遇到的各类挑战性问题而设计的,属于二类语义分割数据集。

表 3-5　ISTD-PDS7 划分

病害类别	ISTD-TR/张	ISTD-VD/张	ISTD-TE/张	单类别总计/张
横向裂缝	3 163	351	150	3 664
纵向裂缝	1 841	205	126	2 172
龟网裂	1 179	131	249	1 559
修补	2 290	254	88	2 632
坑槽(洞)	1 377	153	15	1 545
水泥裂缝	6 030	670	119	6 819
破碎板	945	105	60	1 110
负样本	10 603	1 178	193	11 974
总计/张	27 428	3 047	1 000	31 475

4 用于复杂场景中路面病害目标检测算法研究

鉴于自然条件下拍摄的路面图像内的多类型路面病害具有复杂的拓扑结构、不同的尺度及相似的灰度值，标注专家们在对路面病害类别的准确划分上通常会存在分歧。直接按常规语义分割任务的思想去构建多类型路面病害智能检测网络，难以达到复杂场景中工程应用要求。本章将首先构建一个平衡精确度和效率的目标检测网络，以对图像中的路面病害进行分类、定位，然后以其推理结果文件裁剪病害 RoI 区域图像，最后采用二类语义分割的方式实现病害像素级提取。

在第 3 章中基于我国辽宁省多年份路面 CCD 实测图像已经构建了一个服务于多类型路面病害目标检测任务的基准数据集(ISTD-PDD8)，解决了现有路面病害公开数据集存在规模小、场景少和不可量测的问题。在本章以 ISTD-PDD8 数据集的基准评估为出发点，分析现有目标检测框架的优缺点，选择合适的基准框架；进而结合训练集特点，设计一个基于 IoU 度量样本与聚类中心聚类的 K-means 算法，并融合遗传算法优化选择初始锚框；在特征增强阶段进行针对性的模块设计，以增强路面病害的特征还原能力，最终整合上述改进措施，提出一个用于复杂场景下多类型路面病害检测算法(ISTD-YOLO)，在微损失检测时间的前提下提升检测精确度，实现路面病害的鲁棒性分类和定位。

4.1 目标检测框架分析与选择

如图 4-1 所示，目前主流的目标检测算法可分为两类：一种是基于建议框进行提取特征的双阶段目标检测算法，以 R-CNN、Faster R-CNN 等为代表。另一种是基于回归分析的单阶段目标检测算法，主要以 YOLO、SSD 为代表。两类目标检测算法的本质区别在于是否在网络中引入建议框。

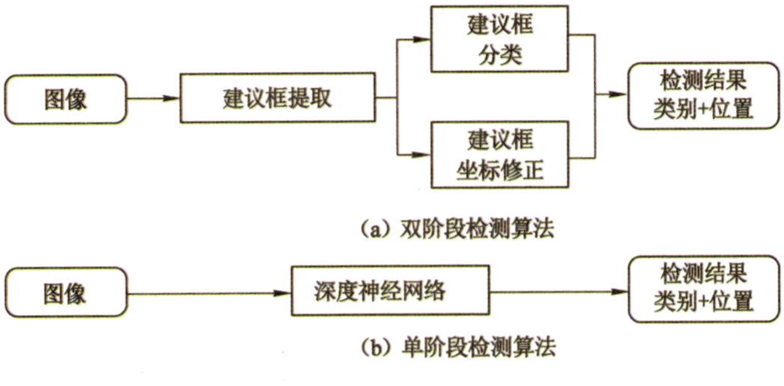

图 4-1 基于深度学习的目标检测算法

4.1.1 目标检测框架分析

以双阶段目标检测算法的杰出代表 Faster R-CNN 为例，双阶段检测算法的核心思想就是首先定位，然后对定位的建议框进行分类。如图 4-2 所示，区域建议框网络（region proposal networks，RPN）是 Faster R-CNN 的关键组件之一。RPN 通过生成候选区域来减少目标检测的搜索空间，提高计算效率，并为后续的目标检测提供更准确的区域候选框。具体而言，首先对输入图像进行一个不失真的缩放，之后送入主干特征提取网络获取共享特征层，此处的主干特征提取网络可以根据实际需求进行选择，如 2.2.1 节涉及的 VGG16 系列、MobileNet 系列和残差网络（residual network，ResNet）系列等。将共享特征层分别进入两个分支结构：其一作为输入进入 RPN 网络进行建议框预测。即经过一次 3×3 卷积操作进行特征整合，分别进入一个 18(9×2)通道的 1×1 卷积所构建的分类预测分支和一个36(9×4)通道的 1×1 卷积所构建的回归预测分支，两个卷积的结果分别用于判断先验框内部包含物体的置信度(positive/negative)以及此先验框的位置调整参数[先验框与 GT 的平移量 t 和变换尺度[$d_x(A)$，$d_y(A)$，$d_w(A)$，$d_h(A)$]]。建议层综合正例先验框与[$d_x(A)$，$d_y(A)$，$d_w(A)$，$d_h(A)$]调整量计算精确的建议框，此处的 im_info 记录了原始图像输入网络时的缩放参数，用于计算先验框的偏移量。其二是与经过建议层得到的建议框结合输入到感兴趣区域池化层。感兴趣区域池化层利用建议框对共享特征层进行截取。需要说明的是，二者的尺度未必相同。直接截取获得的局部特征层尺度也不同。感兴趣区域池化层通过对局部特征层进行分区域池化操作来统一局部特征层的尺度。

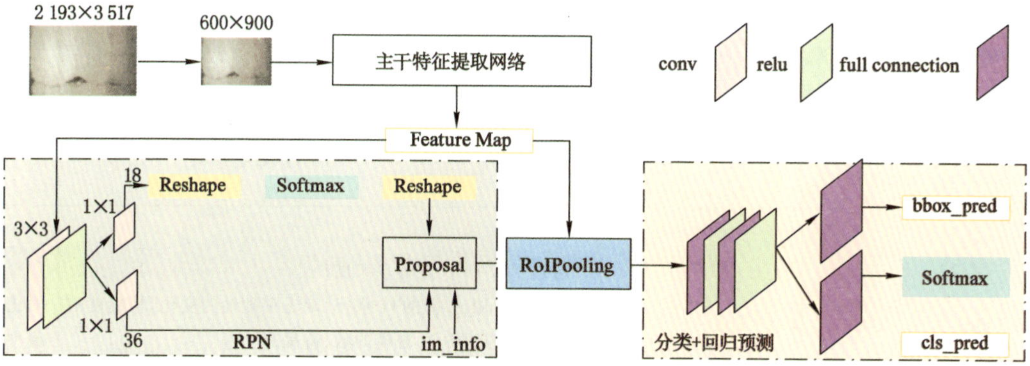

图 4-2 Faster R-CNN 网络结构

分类＋回归预测部分利用已经获得的所有局部特征层，通过全卷积层与 Softmax 函数计算每个建议框的类别(如横向裂缝，纵向裂缝，坑槽等)，进而输出类别预测的概率向量；同时再次利用[$d_x(A)$，$d_y(A)$，$d_w(A)$，$d_h(A)$]对建议框进行调整，用于回归更加精确的目标检测框。

综合上述分析，Faster R-CNN 首先获取目标的候选区域，进而对每个建议框做分类的计算量较大，因此检测效率一般，所以难以满足大规模路面病害自动检测的应用场景。相比较而言，单阶段目标检测网络可直接获取病害目标的类别概率和位置信息，在检测速度和全局视野方面更具优势。

4.1.2 路面病害检测基准框架选择

YOLO算法将Faster R-CNN中的目标分类与目标位置回归问题合并为回归计算问题，大大提高了检测效率。YOLO算法检测精确度不断提高，更加适合用于实际应用场景。考虑到实测路面图像具有分辨率大和病害目标检测分析对实时性要求高的双重因素，对YOLO算法的系列模型的优缺点进行对比分析，以选择适合复杂场景下多类型路面病害目标检测的基准模型。YOLOv1、YOLOv2、YOLOv3、YOLOv4、YOLOv5、YOLOv7等算法的模型在COCO上的测试精确度和优缺点，如表4-1所示。

表4-1 YOLO系列算法模型在COCO上的测试精确度和优缺点

模型	特征提取网络	输入尺寸	mAP@50/%	优点	缺点	选取结果
YOLOv1	ResNet18	608×608	39.3	速度快；基于图像全局信息预测，误检测率低，通用性强	对于密集型目标检测和小物体检测的精确度差；当同一类物体出现的不常见的长宽比时，泛化能力偏弱；损失函数导致的定位误差影响检测效果，尤其是对大小物体的处理，还有待加强	不选
YOLOv2	DarkNet19	448×448	44.0	1个网格可以输出5个检测结果，从而能够改善YOLOv1算法对密集物体检测不佳的情况，提高目标的召回率	仅融合了最后一次下采样的前后特征，浅层位置特征利用不足；对于重叠度高和小尺度目标检测仍需要改进；使用预训练，难迁移	不选
YOLOv3	DarkNet53	608×608	57.9	通过引入FPN进行多尺度预测；使用大量的残差模块；适合应用于大规模的数据及参数的场景	缺乏突破性的变化，精确度有待提高	对比模型
YOLOv4	CSPDarkNet53	608×608	65.7	使用内容安全策略方便与业务场景相合；路径聚合网络特征融合策略加强浅层位置信息的利用率；安全交并比损失函数和非极大值抑制算法可提升结构的整体性能；满足单个GPU训练；速度和精确度之间的平衡性很好	输入层引入马赛克数据增强，加剧了小尺寸样本类别的不平衡问题；CSPNet主干网络引入一个跨阶段的层次结构，实现了更丰富的梯度组合，却增加了模型参数量	对比模型

表 4-1(续)

模型	特征提取网络	输入尺寸	mAP@50/%	优点	缺点	选取结果
YOLOv5	CSPDarkNet53	640×640	68.9	在 YOLOv4 算法基础上引入了更多的工程优化逻辑；头部引入自适应锚框和邻域正负样本分配策略有助于加快收敛速度和平衡正负样本比例	模型通用性强；通过长宽比筛选并过滤了大小和长宽比较极端的真实目标框；虽然使用了更轻量级的网络，速度更快，但检测准确度需要根据具体应用场景做改进	基准框架
YOLOv7	改进的CSPDarkNet53	640×640	69.7	特征提取网络中引入多分支堆叠结构，跳连接结构更加密集；下采样结构，使用最大池化和步长为 2×2 的特征并行进行提取与压缩；自适应多正样本的匹配策略；引入重参数化卷积	模型在公开数据集上的检测精确度提升明显，但代码冗余，模型尺寸较大，需要更多的计算资源和存储空间，对硬件环境要求较高，小目标检测精确度略显不足	对比模型

由表 4-1 可以看出，YOLOv3 至 YOLOv5 算法结构较为相似，且各自具有独特优势。YOLOv4 算法侧重先进标记号的叠加。YOLOv7 算法虽然检测精确度最高，但计算耗时较大；对于小目标（裂缝），YOLOv7 算法的检测精确度可能不如其他算法的。YOLOv5 算法侧重在实际应用场景中的平衡精度和预测速度，并且具有简单强大的应用程序编程接口（API）。API 易于部署，对于开发者来说十分友好。

基于上述分析，按照复杂场景下多类型路面病害检测高精确度、快速等目标要求，选择通用性强、检测性能稳定且开发研究提升空间较大的 YOLOv5 算法模型作为基准模型。YOLOv5 算法模型主要由输入端、CSPDarkNet53 主干提取网络、多尺度特征增强网络、预测层等组成。YOLOv5 算法网络结构如图 4-3 所示。

① 输入端增加了马赛克数据增强、自适应锚框计算、自适应图片缩放操作，提升算法的训练速度和小目标检测的精确度。

② 主干提取网络中加入聚焦结构，在不破坏输入图像空间关系的同时增大感受野，在下采样的同时保证信息不丢失。CSPDarkNet53 结合 ResNet 中残差连接（图 4-4），以增强卷积神经网络的学习能力，在确保检测精确度的同时使网络变得轻量化。在批归一化层之后，使用 LeakyReLU 激活函数，可以更好地提取目标的特征信息，进而提高目标的检测精确度。CSPDarkNet53 最后部分引入空间金字塔池化（spatial pyramid pooling，SPP）模块（图 4-5）。在 SPP 模块内部采用 5×5、9×9、13×13 大小的内核对最后一个特征层的输出进行 3 个不同尺度的最大池化处理，既提高图像尺度的不变性，又可减少过拟合现象。

③ 将之前采用的特征金字塔网络（feature pyramid network，FPN）替换为路径聚合网络（path aggregation network，PANet），以生成特征金字塔，进而融合多尺度特征，从而增强

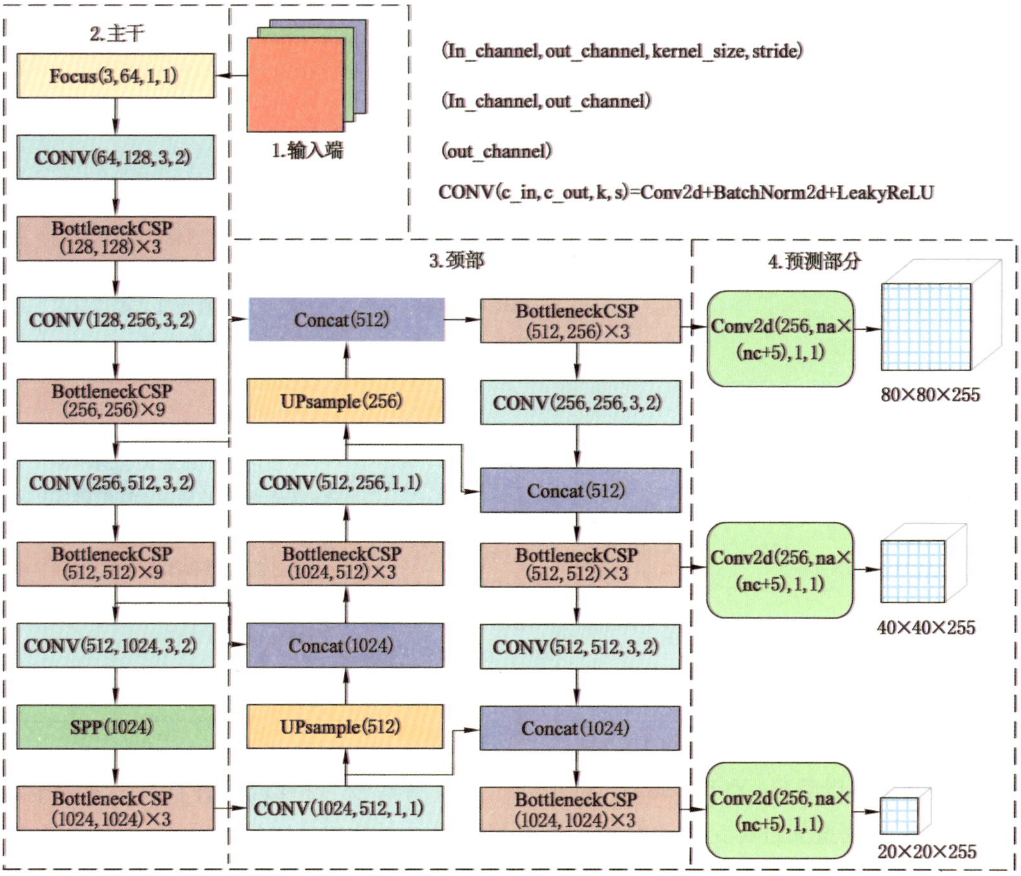

图 4-3　YOLOv5 算法网络结构

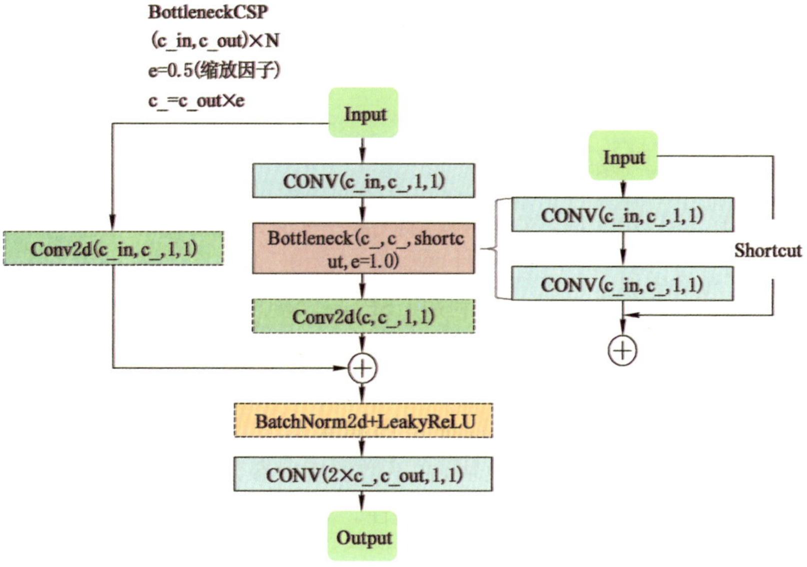

图 4-4　CSPNet 模块示意图

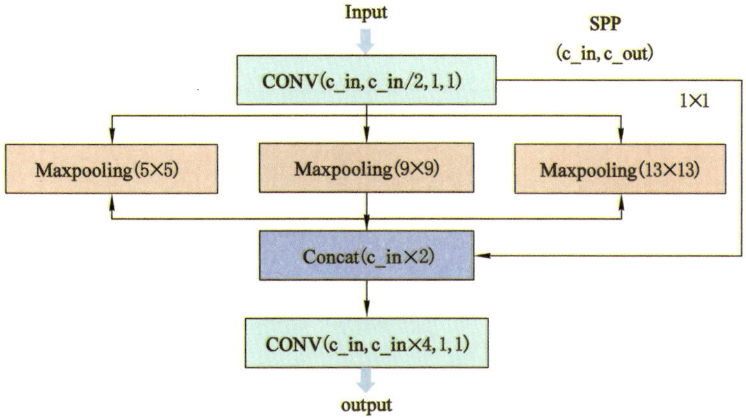

图 4-5　SSP 模块示意图

算法对不同尺度对象的检测能力，并能够识别同一物体在不同大小和尺度下的表现。

基于 YOLOv5 算法的目标检测过程中，首先将病害原图像送入聚焦结构，采用切片操作获得 320×320×12 像素的特征图；接着经过一次卷积操作变成 320×320×32 像素的特征图。然后根据训练数据采用 K-means 聚类算法自适应地调整锚框大小。每个网格负责预测中心落入该网格的目标。模型会生成 3 个预测框。单一预测框含有 $5+C$ 个值。其中 5 为预测边界框中心点坐标(x,y)、框体宽高(w,h)和置信度等参数信息；C 为数据集中总类别数目。然后计算模型预测的类别置信度，与目标落入网格的概率 $P(n_{\text{object}})$、网格预测为第 i 类目标的精确度 $P(n_{\text{class}}/n_{\text{object}})$、广义交并比（generalized intersection over union, GIoU）。若目标中心落入该网格，则 $P(n_{\text{object}})=1$；反之，$P(n_{\text{object}})=0$。最后，采用非极大值抑制算法选择最具代表性和置信度最高的目标检测框，抑制其他重复框的输出。三个输出特征图的尺寸分别为 20×20 像素、40×40 像素、80×80 像素，进而实现目标的定位和分类。

4.2　ISTD-YOLO 算法设计

4.2.1　ISTD-YOLO 网络结构介绍

如图 4-6 所示，ISTD-YPLO 网络结构由四部分组成，包括：输入端、主干、颈部和头部。在输入端，采用适应于 ISTD-PDD8 的自适应锚框算法，降低锚框尺寸和目标尺寸的差异度，提升模型的检测效果。为了更好地利用 CSPDarkNet53 在 COCO 数据集上的预训练权重模型进行迁移学习，特征提取下采样部分仍使用 CSPDarkNet53 主干特征提取网络，以分别获取 F3、F4、F5 不同尺度的有效特征层。颈部特征增强阶段引入两类结构化模块。其中用 CAM 从不同维度聚焦三个有效特征层的病害信息；用可学习的 CARAFE 替换原 YOLOv5 算法结构中的普通上采样模块，在不增加模型参数量的前提下以大的感受野聚合上下文信息，以提升算法路面病害检测的准确性。

4.2.2　基于 ISTD-PDD8 的优化锚框选择

YOLO 算法在训练前需要设定初始锚框，其作用类似于网络对其初始化权重。

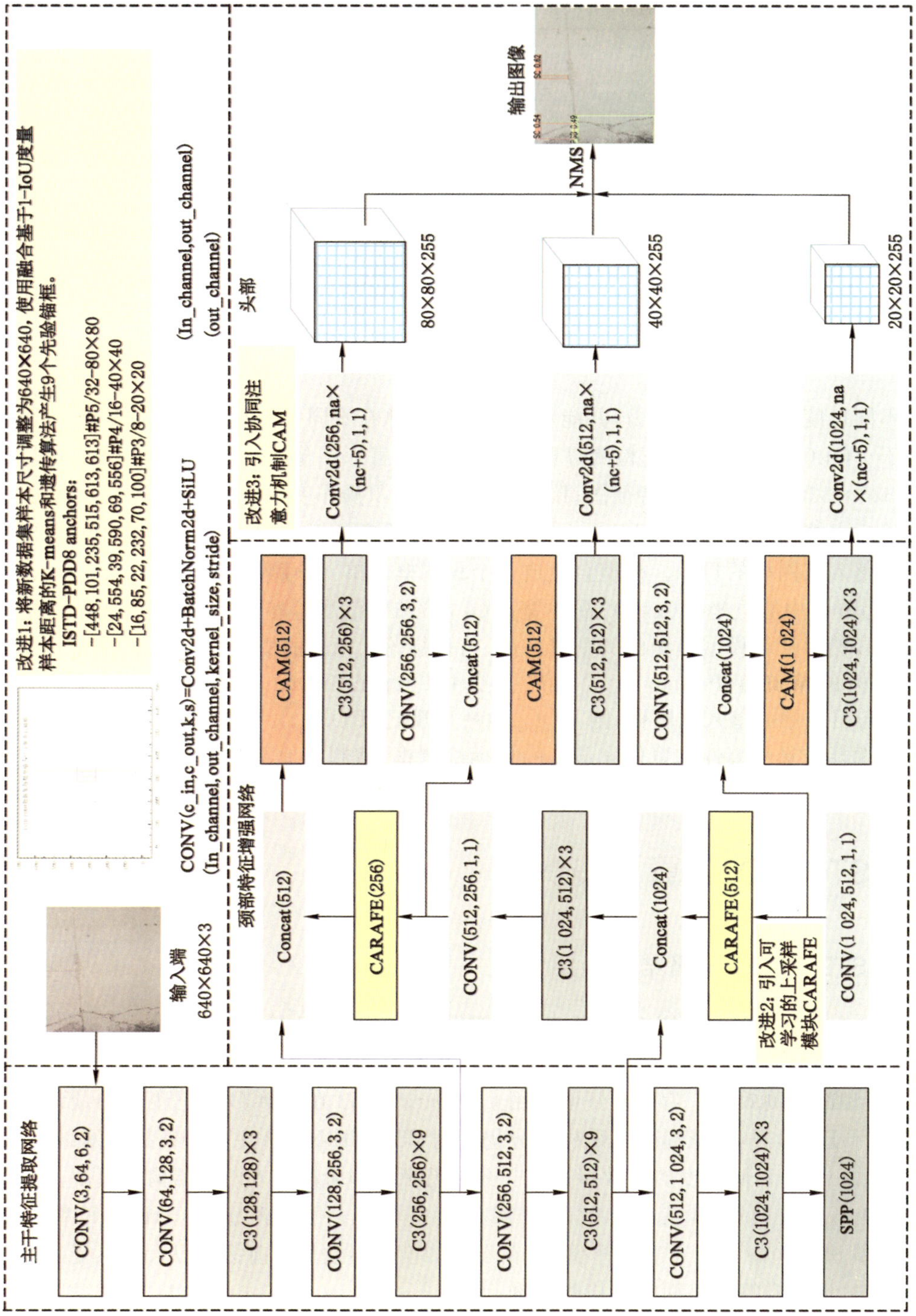

图4-6 ISTD-YOLO算法框架

YOLOv5 算法采用基于欧氏距离的 K-means 算法聚类 COCO 生成锚框，并采用遗传算法(genetic algorithm，GA)在训练过程中调整锚框大小。使用 YOLOv5 算法模型作为路面病害的基准模型时，必须在输入端面对两个现实问题：① 生成初始锚框依据的基准数据集(COCO)服务于 80 个自然场景对象的目标检测，这与路面场景存在较大的差异。② 此外，YOLOv5 算法使用的 K-means 算法，采用欧式距离来度量样本与 k 个聚类簇中心的距离(相似程度)。使用欧式距离计算相似度会导致较大的标注框比较小的标注框产生更大的误差。大物体产生的误差比小物体的大，进而导致大物体成为预测结果的主导，而忽略了小物体。

针对路面病害目标检测的需求，以 $d(\text{bbox},\text{anchor})=1-\text{IoU}(\text{bbox},\text{anchor})$计算样本间距的 K-means 聚类方法来生成初始锚框，并使用遗传算法优化最终的锚框。其具体操作步骤如下所述。

① 设置 img_size＝640×640、anchor 数量 $n=9$、阈值 thr＝0.25、变异次数 GA＝1 000；读取训练集并做尺寸调整处理，计算所有数据的宽度、高度(图像及边界框)并将边界框坐标改为绝对坐标。

② 随机选择 ISTD-PDD-TR 中 9 个边界框作为初始聚类中心 $C=c_1,c_2,\cdots,c_9$。

③ 针对每个样本计算其到 9 个聚类中心的 d，按距离最小原则归至相应的聚类中心对应的类中。

④ 根据每个簇中的边界框重新计算聚类 $c_i=\frac{1}{|c_i|}\sum_{x\in c_i}x$ 中心，默认计算中值。

⑤ 重复第③、④步，直到每个簇中元素不在发生变化，并聚类得到 9 个锚框。

⑥ 使用遗传算法随机对上述 9 个锚框的宽度、高度进行变异，以 anchor_fitness 方法计算得到的适应度进行评估。适应度为所有目标框与其最佳匹配锚框的 IoU 的均值。若变异后效果更好，则将变异后的结果赋值给锚框；反之，则跳过，继续变异。

⑦ 输出最终编辑得到的锚框，并按面积排序。

由表 4-2 可以看出，使用 K-means(1－IoU)＋GA 算法生成的锚框与 ISTD-PDD8 算法的具有最佳的适应度。

表 4-2 ISTD-PDD8 不同锚框聚类方法结果及适应度对比

方法	锚框	适应度
K-means(欧氏距离)	[39,83] [37,202] [42,331] [44,476] [235,109] [49,629] [584,151] [319,600] [610,597]	0.646 6
K-means(欧氏距离)＋GA	[16,127] [49,89] [24,288] [213,69] [30,601] [58,554] [475,166] [207,556] [611,615]	0.701 8
K-means(1-IoU)	[14,73] [20,194] [94,88] [24,425] [40,637] [82,629] [553,103] [264,637] [637,637]	0.716 7
K-means(1-IoU)＋GA	[16,85] [22,232] [70,100] [24,554] [39,590] [69,556] [448,101] [235,515] [613,613]	0.728 3

需要注意的是，ISTD-YOLO 算法网络训练时输入尺寸为 640×640 像素。因此，为了在同一尺度下进行有效锚框的匹配，在聚类 ISTD-PDD8 锚框时，使用相同的方式提前缩放

图像和标签中的边界框，否则聚类出来的锚框并不匹配。将训练集调整为640×640像素后生成的锚框和原始COCO对应的锚框如图4-7所示。

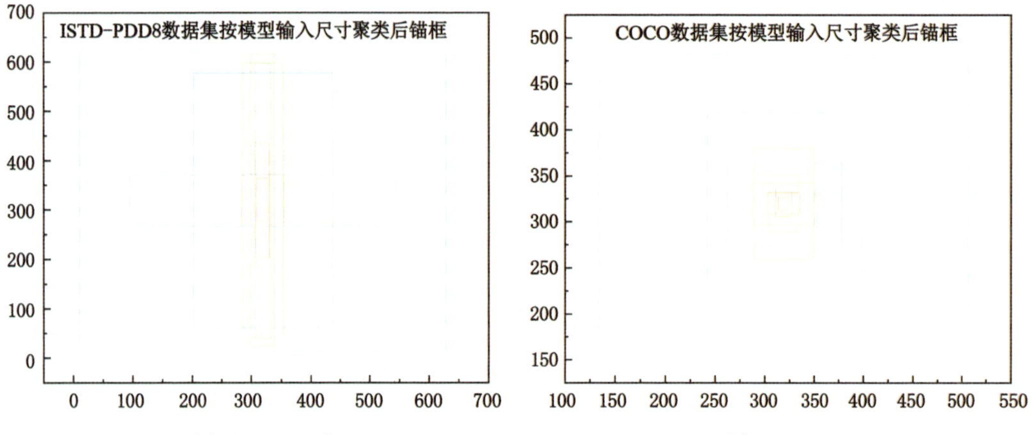

(a) ISTD-PDD8　　(b) COCO

图4-7　聚类算法产生的锚框示意图

在后续的实验过程中，将以图4-7(a)所示的锚框作为目标识别和定位的先验框。从图4-7可以明显看出，由于两种数据集面对的任务场景不同，其聚类算法生成的锚框长宽差异性较大。

4.2.3　特征增强阶段模块化结构改进

4.2.3.1　协同注意力机制模块

计算机视觉任务中的注意力机制与人类的选择性视觉注意力机制有着天然的联系，是一种模仿人类对特定信息的认知意识的机制。注意力机制的核心目的是从众多特征信息中聚焦于对当前视觉任务目标更为关键的基本信息[150]。注意力机制已经被证明有助于完成各类计算机视觉任务。例如，应用较为广泛的SENet(squeeze-and-excitation networks)，可以简单地压缩每个2D特征映射，进而有效地构建通道之间的相互依赖关系[151]。卷积块注意力模块(convolutional block attention module，CBAM)[152]在SENet的基础上进行了升级，其关键操作是通过大尺寸卷积核引入空间信息编码。在MobileNetv2中引入一种新颖的轻量协调注意力(coordinate attention)机制模块后，与先前通过2D全局池化将特征张量转换为单个特征向量的SENet不同，改进后的算法能够将通道级的注意力分解为两个一维特征编码，分别呈现以两个空间方向为基准的聚合特征[153]。非局部信息统计的注意力机制(non-local/self attention)可以利用非本地机制来捕获不同类型的空间信息[154]。然而，由于自注意模块内部的计算量较大，因此其常用于大型模型中，并不适合用于大规模路面病害检测网络。

为了提高路面病害检测的准确性和效率，需要从众多的特征图中获取关键的信息特征。构建一个轻量级协同注意力机制模块(collaborative attention module，CAM)。如图4-8所示，该模块主要包括两部分：通道注意力机制模块和空间注意力机制模块。在图4-8中，

permulation 表示置换，identity 表示本体，squeeze 表示挤压，excitation 表示激励。通道注意力机制模块能够通过不同维度旋转操作来捕获不同维度的病害关键信息特征，并降低非目标信息的干扰，能够更好地保留关键特征信息。空间注意力机制模块能够自适应地调整对不同空间位置病害的特征响应，以提高对不同位置病害的敏感性。

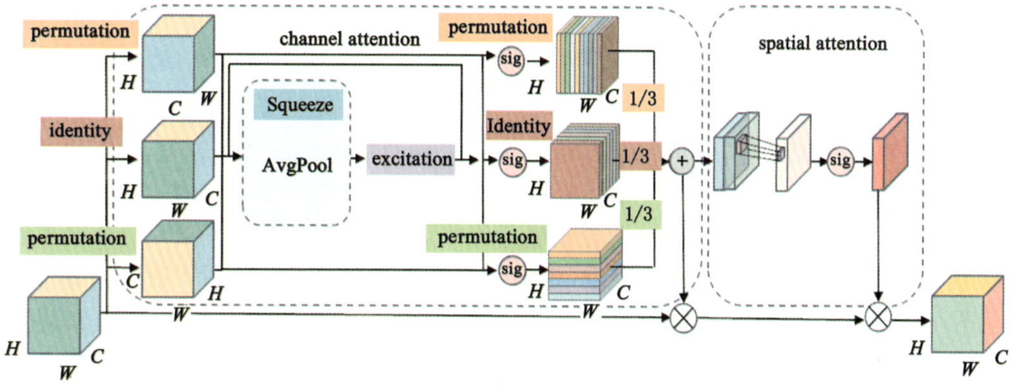

图 4-8 ISTD-YOLO 算法中协同注意力机制模块

(1) 通道注意力模块

通道注意力模块由三个并行分支组成。上下两个分支通过将特征图旋转的操作，来建立空间维度与通道维度之间的交互关系；中间的分支负责捕获跨通道间交互关系。

例如，给出一个输入特征图 $\boldsymbol{X}\in\mathbf{R}^{H\times W\times C}$，其中 C、H 和 W 分别表示通道数(即滤波器的数量)、空间特征图的高度和宽度。

对于在上面的分支，首先，通过置换操作，使 X 沿 H 轴逆时针旋转 90°，得到特征图 $\overset{\frown}{\boldsymbol{X}}_W\in\mathbf{R}^{H\times C\times W}$；然后，将 $\overset{\frown}{\boldsymbol{X}}_W$ 依次输入挤压变换模块及激励模块中来捕获通道维度 C 和空间维度 W 之间的交互关系，得到 W 方向上的特征权重 $\tilde{\boldsymbol{X}}_W\in\mathbf{R}^{1\times1\times W}$；接下来，$\tilde{\boldsymbol{X}}_W$ 通过 Sigmoid 激活函数在 W 维度上生成特定的注意力权重 $\lambda_W\in\mathbf{R}^{1\times1\times W}$ 并通过逐元素乘法运算将一个矩阵应用于 $\overset{\frown}{\boldsymbol{X}}_w$，从而得到具有空间维度 W 与通道维度 C 交互关系的特征映射矩阵 $\boldsymbol{X}'_W\in\mathbf{R}^{H\times C\times W}$；最后，将 $\boldsymbol{X}'_W$ 沿 H 轴顺时针旋转 90°，得到与原始输入相同形状的特征图 $\boldsymbol{X}''_W\in\mathbf{R}^{H\times W\times C}$，由此完成对通道维度 C 和空间维度 W 之间的交互关系进行建模。从数学上来说，这个过程可以总结为以下等式：

$$\overset{\frown}{\boldsymbol{X}}_W = \text{permutation}_H(\boldsymbol{X}) \tag{4-1}$$

$$\hat{\boldsymbol{X}}_W = F_{\text{squeeze}}(\overset{\frown}{\boldsymbol{X}}),\ \tilde{\boldsymbol{X}}_W = F_{\text{excitation}}(\hat{\boldsymbol{X}}_W) \tag{4-2}$$

$$\lambda_W = \sigma(\tilde{\boldsymbol{X}}_W),\ \boldsymbol{X}'_W = \lambda_W \otimes \overset{\frown}{\boldsymbol{X}}_W,\ \boldsymbol{X}''_W = \text{permutation}_W^{-1}(\boldsymbol{X}'_W) \tag{4-3}$$

对于下面的分支，首先，将 $\boldsymbol{X}$ 沿 W 轴逆时针旋转 90°，获得旋转后的特征图 $\overset{\frown}{\boldsymbol{X}}_H\in\mathbf{R}^{C\times W\times H}$；然后，将 $\overset{\frown}{\boldsymbol{X}}_H$ 依次输入到挤压模块及激励模块中，得到 H 方向上的特征权重 $\tilde{\boldsymbol{X}}_H\in\mathbf{R}^{1\times1\times H}$；随后通过 Sigmoid 激活函数传递，生成 H 维度上的注意力权重 $\lambda_H\in\mathbf{R}^{1\times1\times H}$，并应用于 $\overset{\frown}{\boldsymbol{X}}_H$，至此，得到具体空间维度 H 与通道维度 C 交互关系的特征映射矩阵 $\boldsymbol{X}'_H\in$

$\mathbf{R}^{H\times C\times W}$；最后，将 $\boldsymbol{X}'_H$ 沿 W 轴顺时针旋转 90°，以保持与输入特征图相同的形状。

对于中间的分支，类似于一些具有代表性的通道注意力机制，主要负责从通道域的角度赋予图像不同位置不同的权重，以获得更重要的特征信息。中间的分支得到特征图为 $\boldsymbol{X}''_C$。

最终对不同维度的注意力权重做平均聚合，并重新校准的三个分支的所有输出结果，即可推导出更加细化的病害信息特征图（$\boldsymbol{X}'''\in\mathbf{R}^{H\times W\times C}$）。

$$\boldsymbol{X}''' = \frac{1}{3}\otimes(\boldsymbol{X}''_W \oplus \boldsymbol{X}''_H \oplus \boldsymbol{X}''_C) \tag{4-4}$$

（2）空间注意力模块

将通道注意力模块输出的特征图 $\boldsymbol{X}'''$ 作为本模块的输入特征图。首先，基于通道做全局最大池化和全局平均池化操作，得到 2 个特征图 $\boldsymbol{X}''''\in\mathbf{R}^{H\times W\times 1}$，然后将这 2 个特征图基于通道做连接操作，并经过一个 3×3 卷积进行降维，得到特征图 $\boldsymbol{X}'''''\in\mathbf{R}^{H\times W\times 1}$；接着经过 Sigmoid 激活函数生成空间注意力权重，将得到的空间注意力权重应用于通道注意力模块特征图，对每个空间位置的特征进行加权，最终得到协同注意力机制模块的输出 $\boldsymbol{X}''''''\in\mathbf{R}^{H\times W\times C}$。

Grad-CAM++是一种流行的可视化方法。该方法将预测相对于输入样本的梯度可视化为彩色叠加，并以热图的形式说明网络如何在预测中做出决策。颜色越深的区域表示对网络的响应性越高。如图 4-9 所示，在 YOLOv5 算法结构中增加 3 个 CAM 后，使用 Grad-CAM++可视化工具对 YOLOv5 算法结构第 20 层（中尺度检测头）中不同注意力机制的模型生成的特征图进行可视化[155]。与其他方法相比，CAM 更有利于提取有意义的特征及精确定位感兴趣对象的相关区域。在图 4-9 中的第 3 列（N01）中，CAM 可使模型关注更多感兴趣区域，以 0.92 的置信度进行正确预测；在第 5 列（R01）中，相比其他注意力机制模块，CAM 有着更大的预测置信度，相比 YOLOv5 算法模型（基准模型）的提高了 0.13 的置信度。此外，观察图 4-9 的第 2 列，其他注意力机制对非病害区域的关注会引起假阳性预测，而 CAM 对于干扰处的关注度相对较低。CAM 注意力机制可同时对 3 个维度的互补关系进行建模，从而更好地关注道路病害特征。

4.2.3.2 轻量级特征上采样模块

如图 4-10 所示，使用传统的最近邻上采样模块将原图像映射到目标图像，首先计算出目标图像中的相应位置在原图像中的坐标（坐标值取值按照四舍五入），进而填充原图对应坐标处的像素值。原始 YOLOv5 算法结构中的最近邻上采样运算，并未利用特征图的语义信息进行特征重组，且感受野较小（最近邻卷积核尺寸为 1×1）。为此，在特征增强阶段引入一个具有较大感受野且能顾及输入特征图像语义信息的 CARAFE。该模块主要包括上采样核预测模块和特征重组模块[156]。如图 4-11 所示，给出一个输入特征图 $\boldsymbol{X}'_{l'}=\varphi[N(\boldsymbol{X}_l,k_{\mathrm{up}}),W_{l'}]$，设上采样倍率为 σ。

（1）上采样核预测模块

首先使用 $\boldsymbol{X}'_{l'}=\varphi[N(\boldsymbol{X}_l,k_{\mathrm{up}}),W_{l'}]$卷积将 $\boldsymbol{X}$ 压缩至 $H\times W\times C_{\mathrm{m}}$ 像素的特征图，以降低后续的计算量（$C_{\mathrm{m}}=64$）。上采样核预测模块目的是以内容感知的方式生成重组内核。接着采用 $k_{\mathrm{encoder}}\times k_{\mathrm{encoder}}$（$k_{\mathrm{encoder}}=3$）的卷积层预测上采样核，输出 $H\times W\times\sigma^2 k_{\mathrm{up}}^2$（$k_{\mathrm{up}}=5$）像素的特征图，进而将通道维在空间维展开生成一个尺寸为 $H\times W\times\sigma^2 k_{\mathrm{up}}^2$ 像素的上采样核，最终采用 Softmax 函数进行归一化处理，使其权重和为 1。

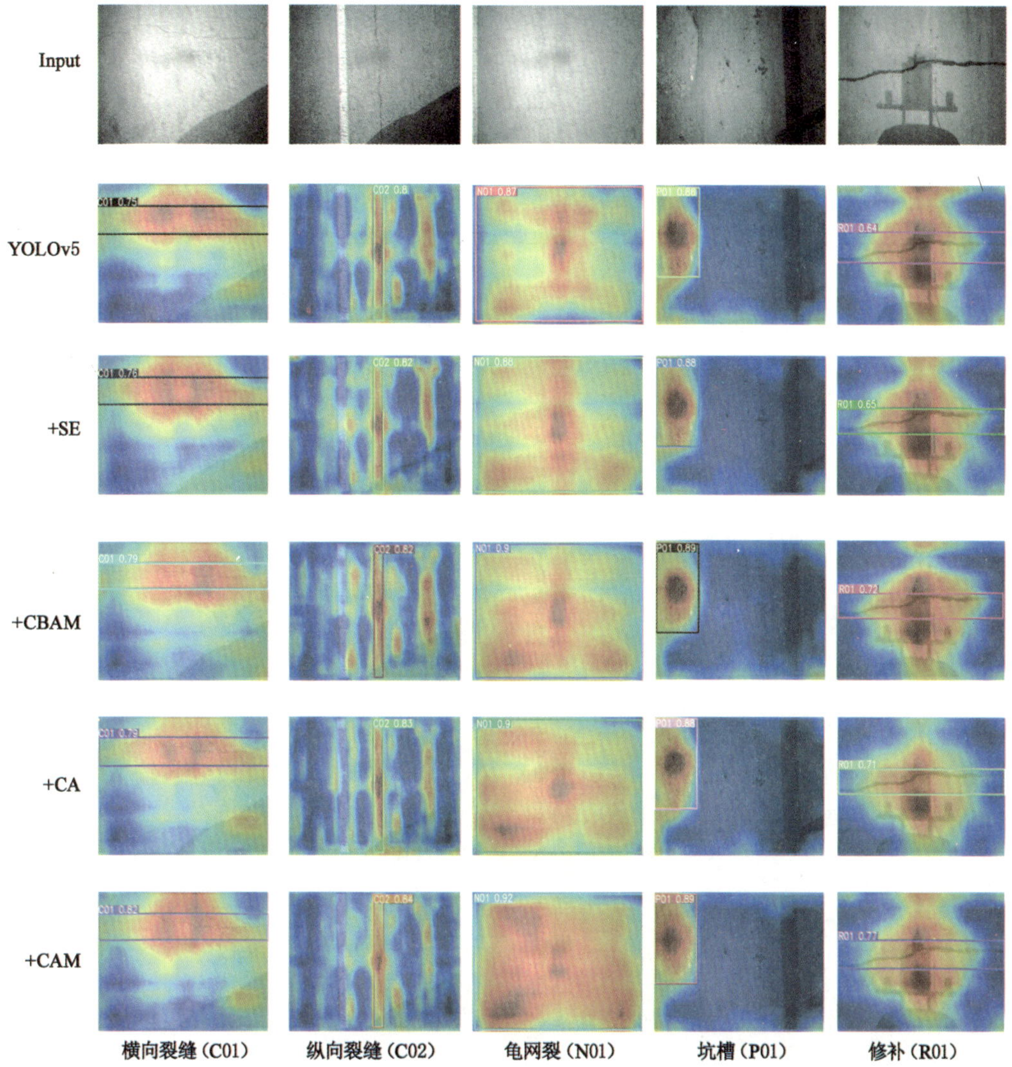

图 4-9　增加不同注意力模块病害特征映射的可视化结果

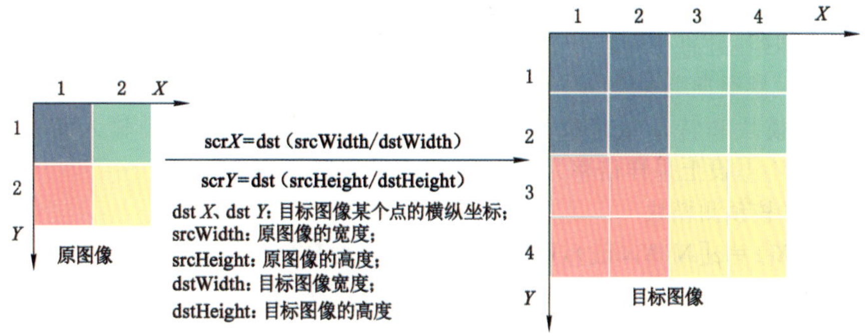

图 4-10　最近邻上采样运算示意图

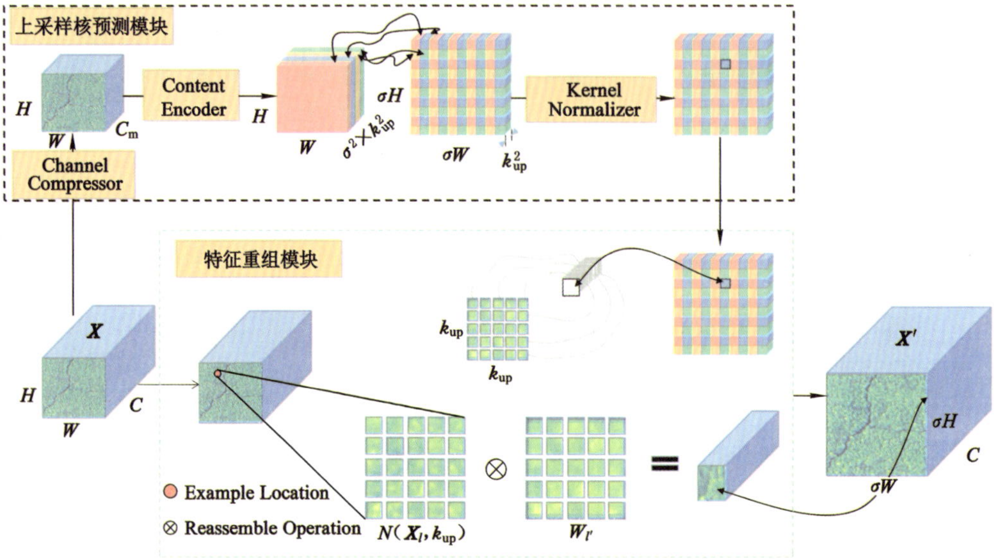

图 4-11　CARAFE 运算示意图

(2) 特征重组模块

特征重组时将输出特征图 $\boldsymbol{X}'_{l'}=\varphi[N(\boldsymbol{X}_l,k_{up}),W_{l'}]$ 按式(4-5)映射回输入特征图 $\boldsymbol{X}$。相同位置的不同通道共享同一个上采样核。

$$\boldsymbol{X}'_{l'}=\varphi[N(\boldsymbol{X}_l,k_{up}),W_{l'}] \tag{4-5}$$

其中 $N(\boldsymbol{X}_l,k_{up})$ 表示输入特征 $\boldsymbol{X}$ 上以 $\boldsymbol{X}'_{l'}=\sum_{n=-r}^{r}\sum_{m=-r}^{r}W_{l'(n,m)}\cdot\boldsymbol{X}_{l(i+n,j+m)}$ 为中心在 $k_{up}\times k_{up}$ 大小的区域，以 $W_{l'}$ 为步骤 1 而生成的上采样核。

φ 的具体操作为：对于目标位置 l' 及其原特征图中以 $l(i,j)$ 为中心的 $\boldsymbol{X}'_{l'}=\sum_{n=-r}^{r}\sum_{m=-r}^{r}W_{l'(n,m)}\cdot\boldsymbol{X}_{l(i+n,j+m)}$ 区域，根据式(4-6)计算得到特征重组输出值 $\boldsymbol{X}'_{l'}$，取 $r=\lfloor k_{up}/2\rfloor$。值得注意的是，在重组核中，$\boldsymbol{X}'_{l'}=\sum_{n=-r}^{r}\sum_{m=-r}^{r}W_{l'(n,m)}\cdot\boldsymbol{X}_{l(i+n,j+m)}$ 区域的每个像素对上采样像素 l' 的贡献是不同的。特征重组操作是基于特征的内容，而不是位置的距离。来自局部区域中相关点的信息可以得到更多关注，故而重组后的特征图的语义比原特征图的语义更强。

$$\boldsymbol{X}'_{l'}=\sum_{n=-r}^{r}\sum_{m=-r}^{r}W_{l'(n,m)}\cdot\boldsymbol{X}_{l(i+n,j+m)} \tag{4-6}$$

4.2.3.3　损失函数

ISTD-YOLO 算法损失函数包括类别损失 L_{class}、置信度损失 L_{object} 和边界框损失 L_{bbox}。

① 针对 ISTD-PDD8 数据集正负样本不平衡的问题，引入焦点损失(focal loss)[157]来计算 L_{class} 和 L_{object}。焦点损失函数(F_L)是基于标准交叉熵损失函数的修正函数。F_L 可由式(4-7)计算：

$$F_{\mathrm{L}}(p_j^c,\hat{p}_j^c)=\alpha\{[(1-p_j^c)[1-\sigma(\hat{p}_j^c)]+p_j^c\sigma(\hat{p}_j^c)]\}^{\gamma}\times L_{\mathrm{bcel}}(p_j^c,\hat{p}_j^c) \tag{4-7}$$

式中，p_j^c 和 $\hat{p}_j^c$ 分别代表第 c 类的第 j 个网格的真实标签和模型预测结果。在实验过程中，$\gamma=1.5$；$L_{\mathrm{bcel}}(p_j^c,\hat{p}_j^c)=-\{p\log[\sigma(\hat{p}_j^c)]+(1-p_j^c)\log[1-\sigma(\hat{p}_j^c)]\}$；$\alpha$ 为与 p_j^c 相关的病害类别权重，其初始值为0.25。类别损失(L_{class})和置信度损失(L_{object})可分别由下式计算：

$$L_{\mathrm{class}}=\sum_{i=1}^{3}\sum_{j=1}^{S_i^2}\prod_{j}^{\mathrm{object}}\sum_{c\in \mathrm{classes}}F_{\mathrm{L}}(p_j^c,\hat{p}_j^c) \tag{4-8}$$

$$L_{\mathrm{object}}=\sum_{i=1}^{3}H_i\sum_{j=1}^{S_i^2}\sum_{m=1}^{M}\prod_{jm}^{\mathrm{object}}F_{\mathrm{L}}(C_j^m,\hat{C}_j^m) \tag{4-9}$$

式中，i 为网络头部分的3个不同尺度的检测头，S_i^2 为每个尺度将输入图像被分成的网格数目，即 $S_i^2\in[(80\times80),(40\times40),(20\times20)]$；$\prod_{j}^{\mathrm{object}}=1$ 代表第 j 个网格存在目标，$\prod_{j}^{\mathrm{object}}=0$ 代表第 j 个网格不存在目标；C_j^m、$\hat{C}_j^m$ 分别表示第 j 个网格的第 m 个边界框的真实置信度和预测置信度；H_i 是第 i 个尺度的平衡参数。

② 使用GIoU损失[158]计算 L_{bbox}，将IoU直接设为回归损失。L_{GIoU} 的计算公式如下：

$$L_{\mathrm{GIoU}}=\frac{B_{jm}^t\cap B_{jm}^p}{B_{jm}^t\cup B_{jm}^p}-\frac{B_{jm}^c-(B_{jm}^t\cap B_{jm}^p)}{B_{jm}^c} \tag{4-10}$$

其中，B_{jm}^t 和 B_{jm}^p 分别为第 j 个网格的第 m 个边界框的目标框和预测框；B_{jm}^c 是 B_{jm}^t 和 B_{jm}^p 可以包围的最小边界框。因此，L_{bbox} 又可表示为：

$$L_{\mathrm{bbox}}=\sum_{i=1}^{3}\sum_{j=1}^{S_i^2}\sum_{m=1}^{M}\prod_{jm}^{\mathrm{object}}(1-\bar{L}_{\mathrm{GIoU}}) \tag{4-11}$$

最终的损失函数(L)为 L_{class}、L_{object} 和 L_{bbox} 的加权和，即：

$$L=0.3\times L_{\mathrm{class}}+0.4\times L_{\mathrm{object}}+0.3\times L_{\mathrm{bbox}} \tag{4-12}$$

4.3 ISTD-YOLO 实验结果及其分析

4.3.1 实验环境及参数设置

(1) 实验环境

本次实验采用的操作系统为Windows 10，核心处理器为Intel(R)Core(TM)i7-8700 CPU，图形处理器(GPU)为GeForce RTX 3060 GPU。程序开发框架为Python3.8.5、CUDA10.2.89、cuDNN7.6.5、Pytorch1.6.0。

(2) 实验参数设置

采用迁移学习的方法来训练ISTD-YOLO算法的模型及对比模型，以提升训练效率，所用实验模型的预训练权重均为COCO上训练的骨干网的最优权值；模型训练和测试在Windows 10系统上使用Python3.6进行。模型训练分批处理量大小设置为4，学习率设为 1×10^{-4}。动量和权重衰减分别设置为0.9和0。使用随机梯度下降优化器对模型训练过程进行优化，Init_lr设为 1×10^{-2}。

（3）对比方法

将 ISTD-YOLO 算法与 5 个最具代表性的目标检测算法进行对比，包括基于候选区域的 Faster R-CNN 算法、基于边框回归的 SSD 算法、无锚框的 CenterNet 算法和单阶段检测的 YOLOv5 算法、YOLOv7 算法。为了保证对比的公平性，所有算法都是使用相同的训练策略，在相同的数据集上进行训练和测试。

（4）实验数据设置

以水泥路面的 11 594 张图像进行消融实验，以验证改进方法的有效性；此外，将水泥和沥青两种不同铺装类型的数据集分开训练和测试，给出不同模型的定量和定性比较结果；采用和 ISTD-PDD8 一样的标注规则对 CFD 和 CRACK500 数据集进行了重标注，作为模型泛化性分析的测试数据集。

（5）评价指标

F1 和 mAP@0.5，具体计算方法见 2.3 节，在此不做赘述。运算复杂度采用算法参数量（parameters，简称 Par，单位 M）和 FLOPs（浮点运算次数，单位 G）表征。Par 越大，训练和推理时间越长。推理效率用测试集中单张图像的平均推理时间（单位 ms）表征。所有模型的效率指标均在 GeForce RTX 3060 GPU 上计算完成。

4.3.2 消融实验结果及其分析

为揭示 ISTD-YOLO 算法中不同改进策略的有效性，更具体地说，锚框优化聚类策略（1-IoU）、协同注意力机制模块（CAM）、轻量级特征上采样模块（CARAFE）分别被 ISTD-YOLO 算法替换或移除。表 4-3 所示的实验结果表明，与原始的 YOLOv5 算法相比。仅采用所提出的初始锚框选择策略，mAP 提高了 2.7%，说明采用 1-IoU 代替欧式距离来获取锚框聚类结果的策略，可使得初始锚框更符合路面病害标注框的分布场景，有效提高路面病害检测的性能。值得注意的是，相比其他两类改进策略，该策略对路面病害检测性能提升的贡献最大，这证明结合具体任务场景来聚类选择锚框是非常重要的。此外，仅在特征增强阶段引入 CAM，mAP 提高了 1.6%，这说明 CAM 可捕捉路面病害目标特征中的空间位置之间的长期依赖关系，提高算法对路面病害特征信息的关注度，预测精确度有了明显改善，推理速度仅降低了 1.7 ms；引入 CARAFE 取代原有的上采样模块，mAP 提高了 2.0%，这证明顾及输入内容和较大感受野的上采样模块可有效提高路面病害目标的检测性能；同时将 3 项改进策略融入 YOLOv5 算法中，mAP 提高了 3.6%。因此，所提出的改进策略均可有效提高算法路面病害的检测性能。

表 4-3 使用不同改进策略测试 ISTD-YOLO 算法性能的消融实验结果

算法名称	锚框优化聚类策略	CAM 注意力机制模块	CARAFE	mAP/%	FLOPs/G	Par/M	时间/ms
YOLOv5	×	×	×	76.5	48.245	20.879	15.6
YOLOv5+1-IoU	√	×	×	79.2	48.245	20.879	15.6
YOLOv5+CAM	×	√	×	78.1	48.257	22.428	17.3

表 4-3(续)

算法名称	锚框优化聚类策略	CAM 注意力机制模块	CARAFE	mAP/%	FLOPs/G	Par/M	时间/ms
YOLOv5+CARAFE	×	×	√	78.5	49.319	21.157	17.0
ISTD-YOLO	√	√	√	80.1	49.359	21.242	18.1

采用不同改进策略的算法在测试集上 3 类病害及其均值的精确度-召回率曲线如图 4-12 所示。相比于基准算法模型，提出的 3 种改进策略使得 ISTD-YOLO 算法的精确度-召回率曲线更靠近右上角。其中，就裂缝的精确度-召回率曲线而言[见图 4-12(a)]，增加可学习的 CARAFE 可提高算法对细小目标的检测性能；就破碎板和坑洞的精确度-召回率曲线而言[见图 4-12(b)和(c)]，针对性的初始化锚框，使得算法对两类面积较大的路面病害检测性能有了大幅度提升。

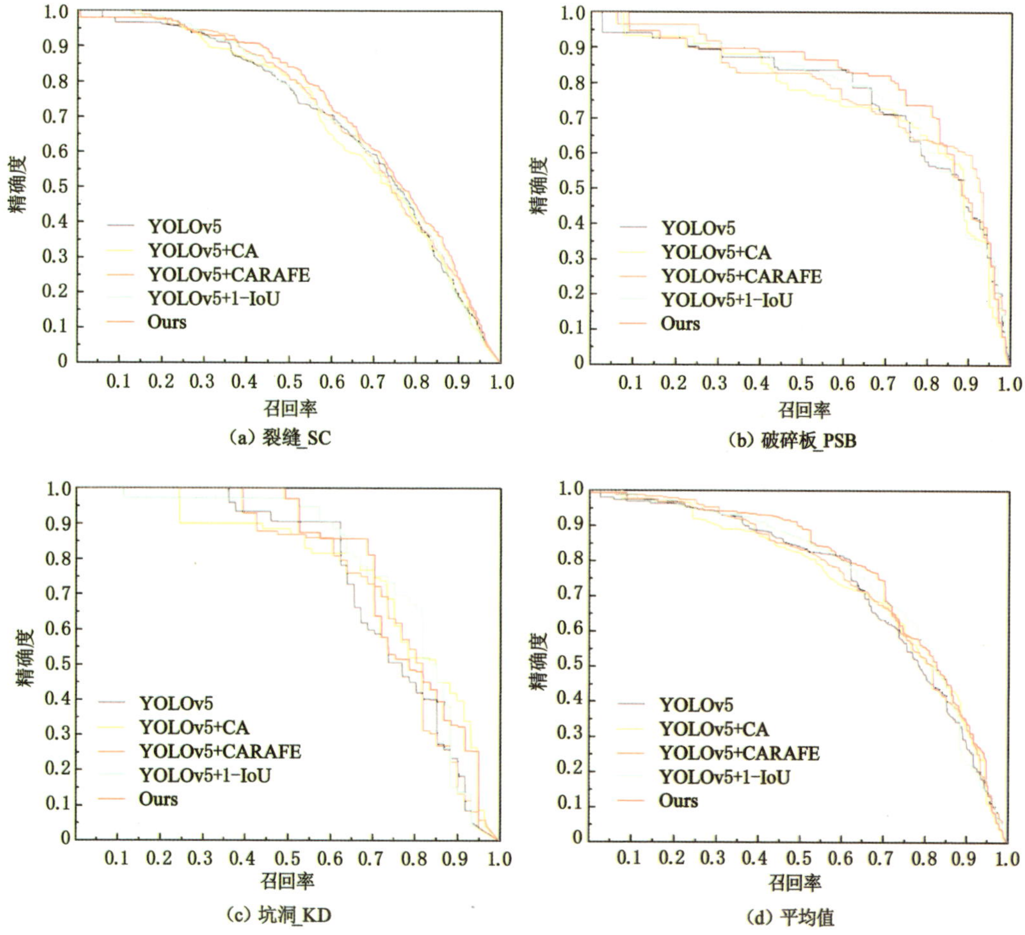

图 4-12　采用不同改进策略下，不同算法获得的 3 类病害及其均值的精确度-召回率曲线

消融实验结果分析表明，在处理噪声量大、病害尺度多样、照明条件复杂的水泥路面时，ISTD-YOLO 算法是应对应用场景的一种有前途的解决方法。

4.3.3 定量比较分析

对于包含 8 个类别的复杂场景下路面病害多目标检测问题，使用 F1 和平均准确度(average precision，AP)表征 6 种对比算法中单个类别的检测精确度，使用 mAP 表示 6 种对比算法中所有类别的平均检测精确度。F1、AP 和 mAP 值越高，算法检测性能越好。不同算法在 ISTD-PDD-TE 上的路面病害检测结果如表 4-4 所示。

表 4-4 不同算法在 ISTD-PDD-TE 上的路面病害检测结果

病害类型	Faster R-CNN		SSD		CenterNet		YOLOv7		YOLOv5		ISTD-YOLO		铺装类型
	F1/%	AP/%	F1/%	AP/%	F1/%	AP/%	F1/%	AP/%	F1/%	AP/%	F1/%	AP/%	
C01	40.42	47.86	23.82	51.60	0.60	46.70	39.76	58.13	63.52	65.40	**65.22**	**69.37**	沥青
C02	44.82	49.66	1.05	32.50	0.40	29.50	32.34	56.01	58.57	59.70	**58.89**	**62.13**	
N01	44.77	64.56	39.61	60.00	21.12	45.00	59.10	71.05	68.91	70.70	**69.50**	**73.63**	
R01	64.23	87.57	36.33	71.40	26.52	48.60	81.89	86.55	85.59	89.50	**85.63**	**92.14**	
P01	56.64	78.02	75.98	77.70	54.03	75.30	**79.83**	**84.11**	77.89	82.80	78.80	83.21	
mAP	—	65.53	—	58.64	—	49.02	—	71.17	—	73.62	—	**76.10**	
SC	39.95	64.70	52.91	62.90	48.11	75.20	46.86	63.30	68.30	72.80	**69.10**	**75.80**	水泥
PSB	58.49	73.10	70.59	71.48	32.71	61.20	61.76	76.90	75.21	76.60	**76.09**	**81.90**	
KD	34.61	56.50	59.79	61.30	27.64	60.30	71.43	81.20	78.80	**83.10**	**79.09**	82.50	
mAP	—	64.77	—	65.23	—	65.57	—	73.80	—	77.50	—	**80.07**	

注：粗体表示该算法的对应指标结果优于或等于其他算法的。

由表 4-4 可知，与其他 5 种算法相比，提出的 ISTD-YOLO 算法平均路面病害检测精确度达到了最具竞争力的性能。ISTD-YOLO 算法较 Faster R-CNN 算法、SSD 算法、CenterNet 算法、YOLOv7 算法与 YOLOv5 算法而言，在沥青路面的 5 类常见病害检测结果中，其 mAP 分别提高了 10.57%、17.46%、27.08%、4.93%和 2.48%；在水泥路面的 3 类常见病害检测结果中，其 mAP 分别提高了 15.30 %、14.84%、14.50%、6.27%和3.57%。与其他算法相比，对于 C01、C02、N01、SC、PSB 和 R01 等 6 种常见线性形态的病害，ISTD-YOLO 算法均取得了最优的 AP 值，证明所做的针对性改进策略可有效提高该算法模型对细小目标的检测性能。但是 ISTD-YOLO 算法对坑洞类病害的检测性能略差，可能是由于初始锚框聚类时，对占比最小的坑洞病害顾及较小。值得注意的是，通过实验对比结果可以看出，如 CenterNet 算法这种基于无锚框(anchor free)思想的目标检测方法并不适用于不规则路面病害的密集检测任务。由 YOLOv7 算法的检测结果可知，增加算法模型的深度会降低细小裂缝的检测性能。对比结果表明，ISTD-YOLO 算法更适合计算资源受限的任务场景。

为了进一步评估 ISTD-YOLO 算法的整体性能，列出了 6 种算法在网络参数量(Par)、计算复杂度(FLOPs)和推理速度的对比结果，如表 4-5 所示。在网络参数量方面，Faster R-

CNN 算法、SSD 算法、YOLOv5 算法和 ISTD-YOLO 算法的低于 30 M，而 CenterNet 算法和 YOLOv7 算法的均高于 30 M。ISTD-YOLO 算法的 Par 为 21.24 M，但其 FLOPs 为 49.36 G，仅略高于 YOLOv5 算法的 48.25 G，这表明 ISTD-YOLO 算法具有较低的计算复杂度。ISTD-YOLO 算法耗时 18.10 ms，仅比耗时最少的 YOLOv5 算法的增加 2.5 ms。从运行速度方面分析，ISTD-YOLO 算法的推理速度是顾及建议框计算的 Faster R-CNN 算法的 4.8 倍。综合分析可得，ISTD-YOLO 算法能够为大规模路面病害检测任务提供一种准确且高效的解决方法。

表 4-5　不同算法网格参数量、计算复杂度和推理速度统计

算法	Par/M	FLOPs/G	耗时/ms
Faster R-CNN	28.30	948.15	86.70
SSD	23.88	274.88	42.40
CenterNet	32.67	109.71	20.50
YOLOv5	20.88	48.25	15.60
YOLOv7	37.21	105.21	32.60
ISTD-YOLO	21.24	49.36	18.10

6 种算法在沥青路面和水泥路面病害测试数据集上 8 类病害的精确度-召回率曲线如图 4-13 所示。从图 4-13 可以看出，ISTD-YOLO 算法占据了图中最靠近右上角的曲线，获得了最高的精确度和召回率。如图 4-13(d)所示，对于修补类路面病害，除了基于关键点检测的 CenterNet 算法外，其余算法都获得了较高的检测精确度，这与线性修补与路面背景具有较高的灰度区分度有直接关系。由图 4-13(e)和(h)可以看出，就坑槽/洞类路面病害而言，采用多尺度预测的单阶段目标检测模型的 ISTD-YOLO 算法的精确度率-召回率曲线优于其他算法的。由图 4-13 还可以看出，基于关键点检测的 CenterNet 算法难以胜任多类型不规则路面病害的密集检测任务。

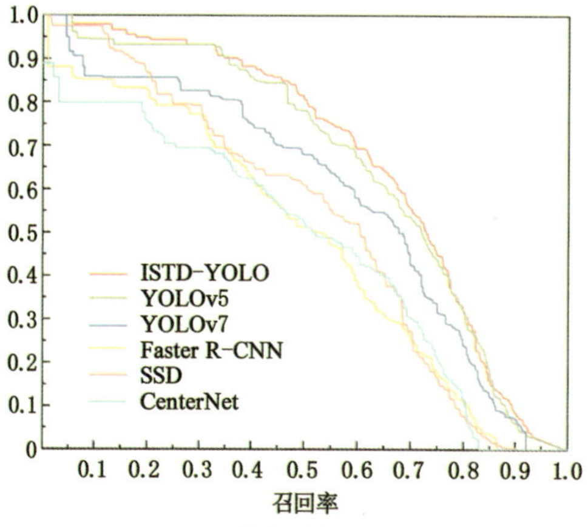

(a) 横向裂缝C01

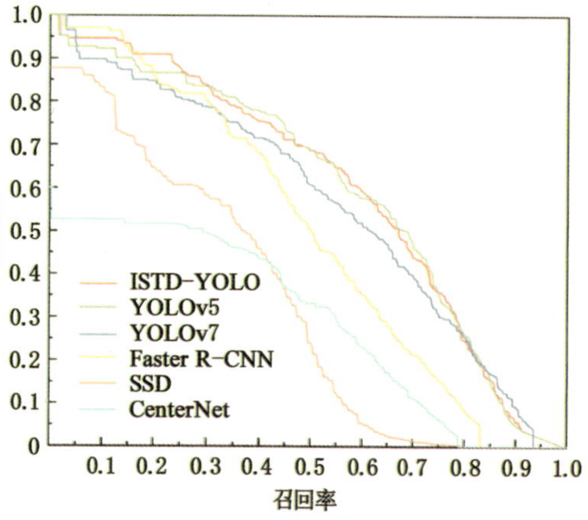

(b) 纵向裂缝C02

图 4-13　基于不同算法的 8 类病害的精确度-召回率曲线对比

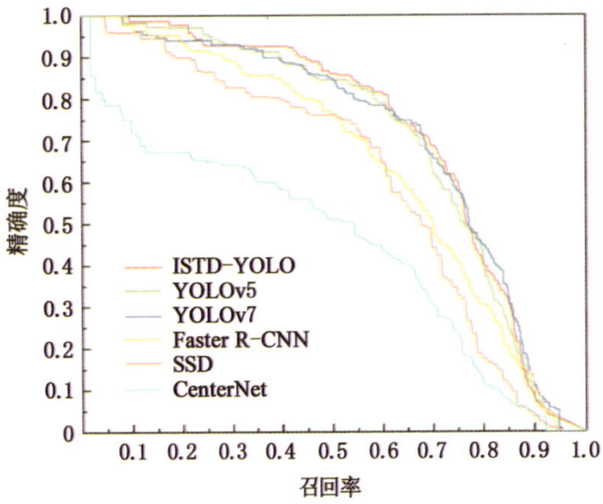

(c) 龟网裂N01

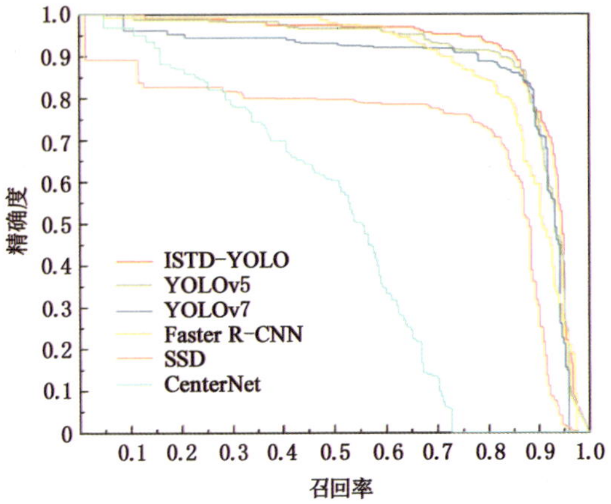

(d) 沥青修补R01

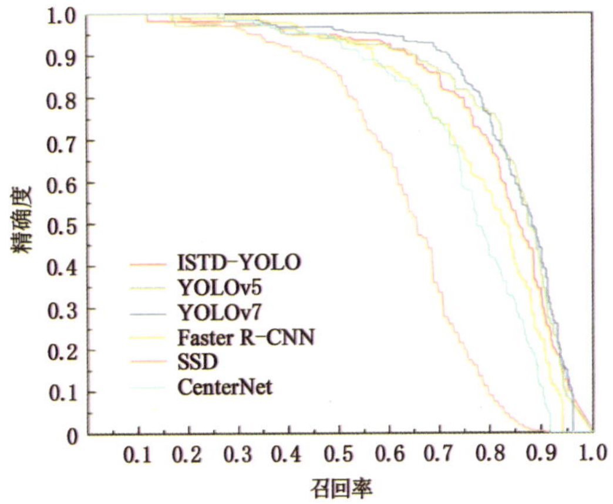

(e) 沥青坑槽P01

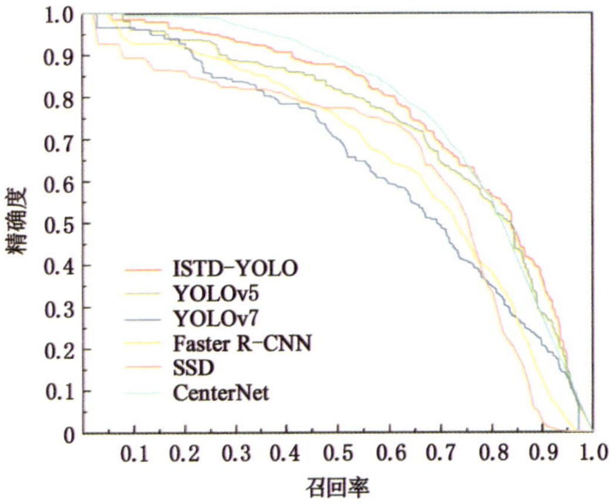

(f) 水泥裂缝SC

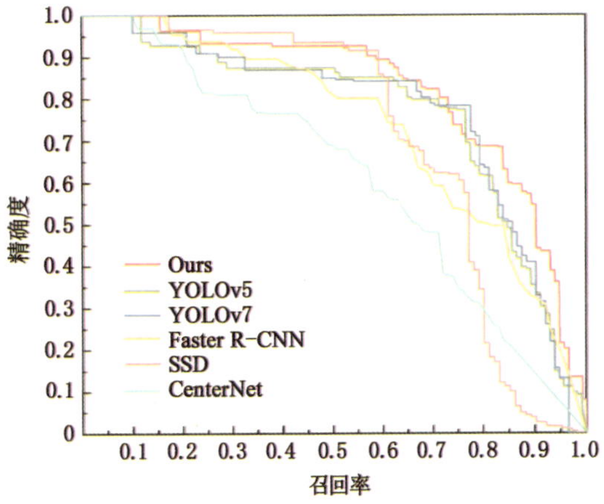

(g) 破碎板PSB

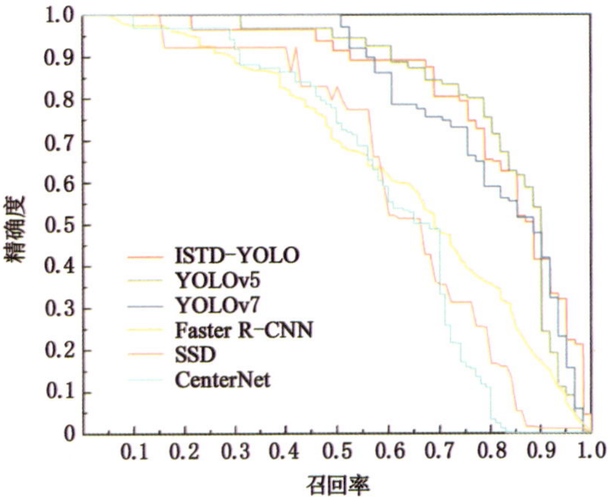

(h) 坑洞KD

图 4-13(续)

综合上述实验结果可以得出，ISTD-YOLO 算法在多个方面优于其他算法，可以有效提高复杂场景下路面病害的检测精确度。

4.3.4 定性比较分析

6 种不同检测算法对 8 类路面病害的定性比较结果如图 4-14 所示。检测结果图用不同颜色的矩形框来表示检测到的不同病害的位置。矩形框的左上角显示了病害的类别名称和置信度。置信度越高和类别名称越准确说明算法的性能越好。由图 4-14 可以明显看出，当图像中仅含有一类病害时，在不同亮度条件和阴影干扰情况下，所提出的 ISTD-YOLO 算法不仅在细小裂缝的检测上，而且对不同尺度的路面病害均获得了最高的检测置信度。值得注意的是，如图 4-14 第一列所示，Faster R-CNN 算法虽然具有较高的检测完整度，但是存在重复检测的问题，这不利于后续路面损坏状况指数的计算。相比其他算法，CenterNet 算法出现了明显的漏检问题，且对裂缝类病害的定位准确性最低。此外，由图 4-14 可以看出，与 SSD、YOLOv7 和 YOLOv5 等单阶段检测算法相比，提出的 ISTD-YOLO 算法对于小目标病害的检测能力最佳。

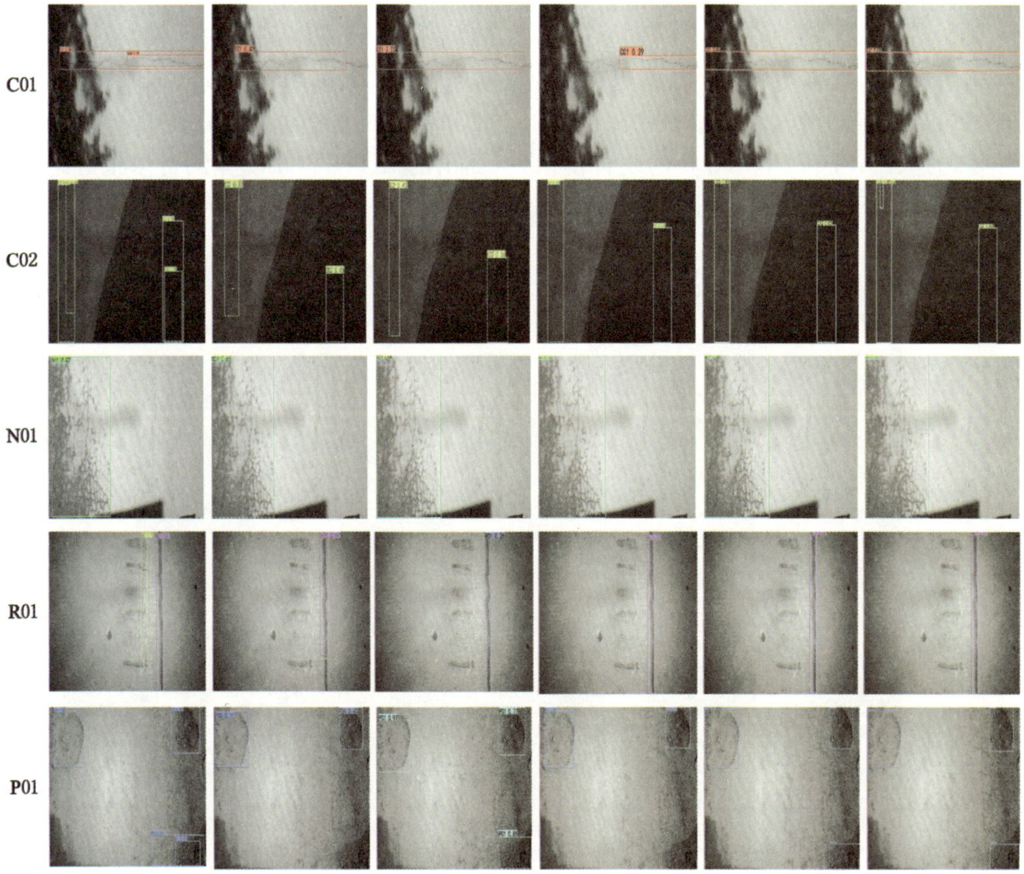

图 4-14 ISTD-PDD8 上 6 种算法在复杂场景中 8 类病害的检测结果比较

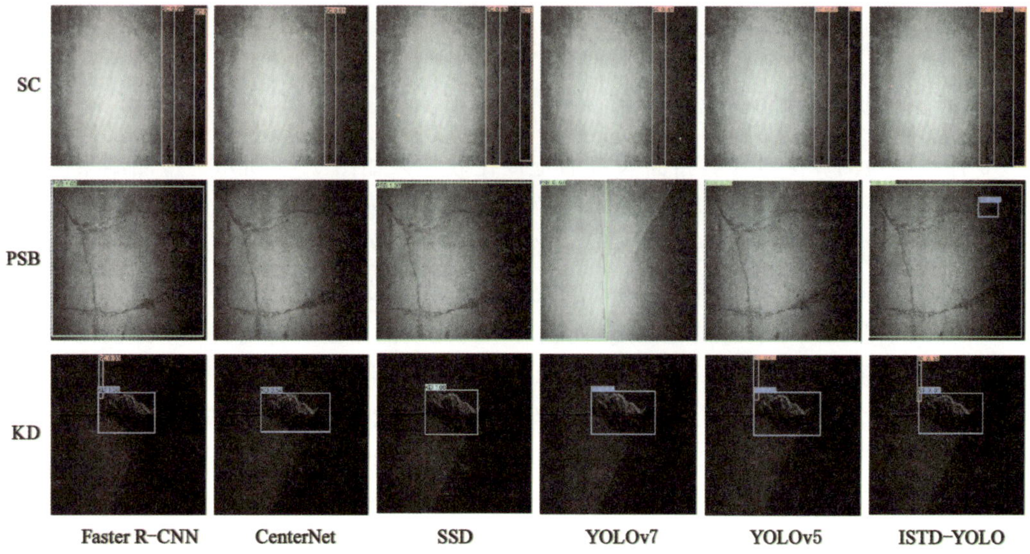

图 4-14(续)

当图像中含有多类病害时各检测算法的定性对比结果如图 4-15 所示。由图 4-15 可以发现,ISTD-YOLO 算法具有最低的漏检率。定量和定性的实验结果充分表明,经过基于优化锚框选择、CAM 和 CARAFE 的联合使用,所提出的 ISTD-YOLO 算法可以很好地实现复杂路面场景下多类别路面病害的准确、快速检测。

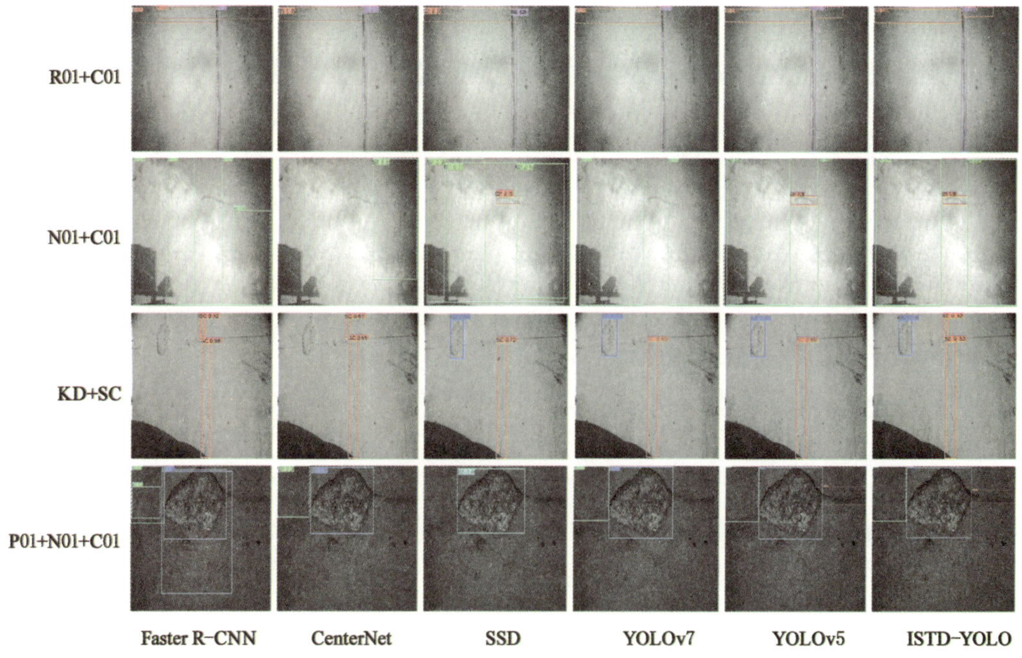

图 4-15　多类病害共存情况下不同算法检测结果比较

4.3.5 公开数据集泛化性分析

模型泛化性是评定模型可否工程化应用的关键。为了验证提出的 ISTD-YOLO 算法对其他数据的泛化能力，考虑到路面病害采集的场景，采用常用的路面裂缝数据集(CFD 和 CRACK500)进行验证。这两个数据集是使用智能手机拍摄的路面图像。但由于两者是服务于路面裂缝分割的数据集，因此采用和 ISTD-PDD8 一样的标注规则对 CFD 和 CRACK500 进行重新标注，且仅有 C01、C02 和 N01 三类病害标签。此外，选择 YOLOv5 算法检测结果作为对比基准。

由表 4-6 可以看出，相比 YOLOv5 算法，ISTD-YOLO 算法在 CFD 上的 3 类病害的 F1 分别提高了 8.48%、0.26%和 15.66%；AP 分别提升了 10.80%、4.20%和 3.40%；mAP 提升了 6.14%。在尺寸较大的 CRACK500 上，ISTD-YOLO 算法的两项指标均有提升，且其 mAP 比 YOLOv5 算法的高出 3.07%，这更充分地说明改进后的 ISTD-YOLO 算法比 YOLOv5 算法具有更好的跨数据泛化能力。

表 4-6 ISTD-YOLO 算法和 YOLOv5 算法在 CFD 和 CRACK500 上性能比较

数据集	算法	评价指标/%						
		F1(C01)	AP(C01)	F1(C02)	AP(C02)	F1(N01)	AP(N02)	mAP
CFD	YOLOv5	72.68	76.20	62.19	62.20	41.30	45.60	61.33
	ISTD-YOLO	81.16	87.00	62.45	66.40	56.96	49.00	67.47
CRACK500	YOLOv5	65.77	70.20	57.54	56.50	62.89	64.50	63.73
	ISTD-YOLO	70.58	74.60	59.40	58.10	63.09	67.70	66.80

值得注意的是，重新标注的 CFD 和 CRACK500 并未参与 ISTD-YOLO 算法的训练。ISTD-YOLO 算法在两个数据集上的检测结果如图 4-16 所示。由图 4-16 可以看出，所提出的 ISTD-YOLO 算法能够对大多数路面裂缝类病害进行分类和定位，具有较强的鲁棒性。

4.3.6 测试时增强预测策略对路面病害检测性能影响

推理过程中的测试时增强(test-time augmentation，TTA)是目标检测任务常采用的一种策略。TTA 允许模型对测试数据集中每幅图像的多个不同版本进行预测，进而融合多种预测结果，达到提升模型预测性能的目的。根据路面病害检测的任务目标的特殊要求，比如沥青路面的线性裂缝的类别名称与其方向有关，因此需要针对性地选择合适的数据增强方法，以减少模型的泛化误差。

如图 4-17 所示，输入图像首先通过水平翻转、随机模糊、对比度增强生成 3 张子图像，之后把 3 张子图像与原图一起送入 ISTD-YOLO 算法得到 4 张图像的标签，进而将预测结果进行反向转换，并以均值的方式合并预测结果，最后使用非极大似然抑制过滤所有标签得到最终的预测结果。使用 CFD、CRACK500 和 ISTD-PDD-TE 等 3 个测试数据集探究 TTA 对于路面病害检测性能的影响，其结果如图 4-18 所示。由图 4-18 可以看出，使用 TTA 后，ISTD-YOLO 算法在 3 个测试数据集上的 mAP 分别提高了 4.3%、2.6%和 0.5%。在ISTD-PDD-TE 上，ISTD-YOLO 算法的上 mAP 提高较少的原因与该数据集具

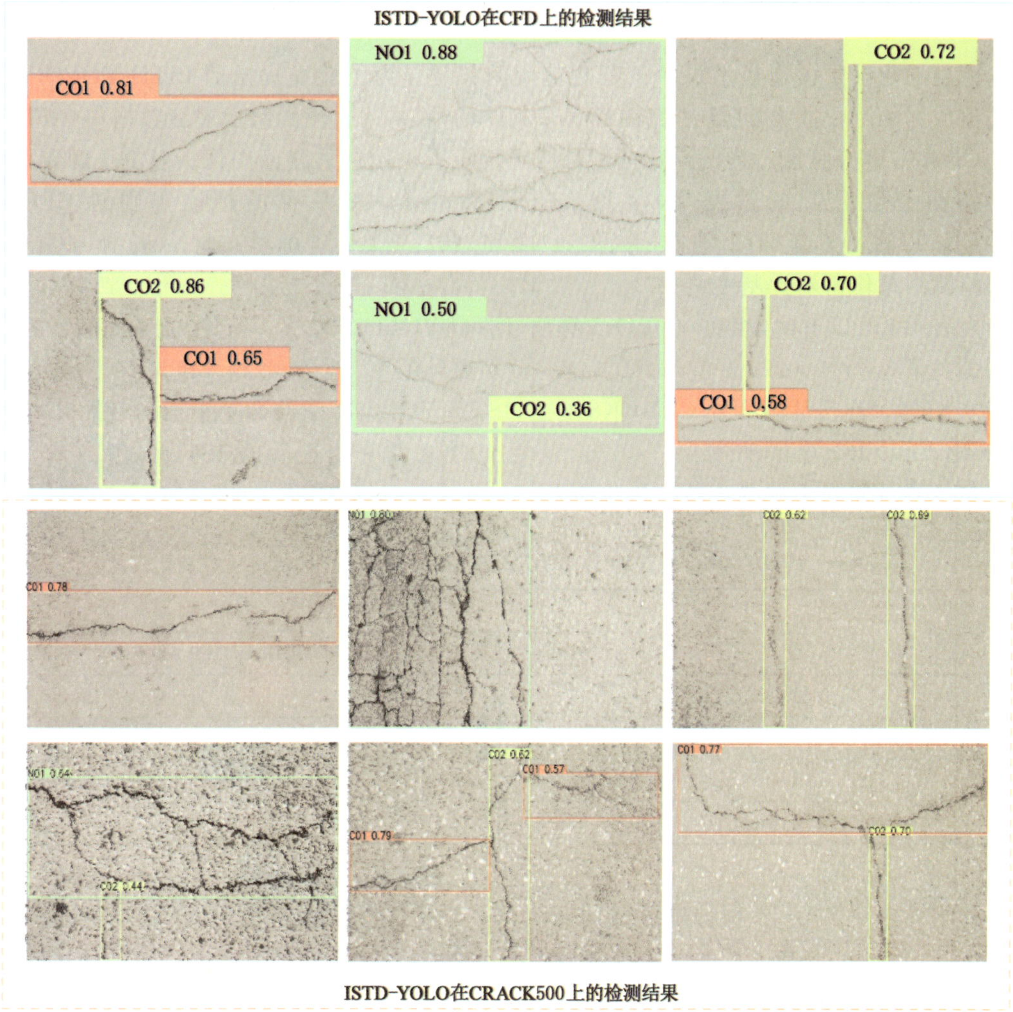

图 4-16　ISTD-YOLO 算法在 CFD 和 CRACK500 上的检测结果

有较高的图像复杂度和较多的病害类型有关。虽然实验结果证明 TTA 对于提高算法检测性能具有有效性，但是必须注意的是，TTA 使单张图像的推理时间增加了近 3 倍。

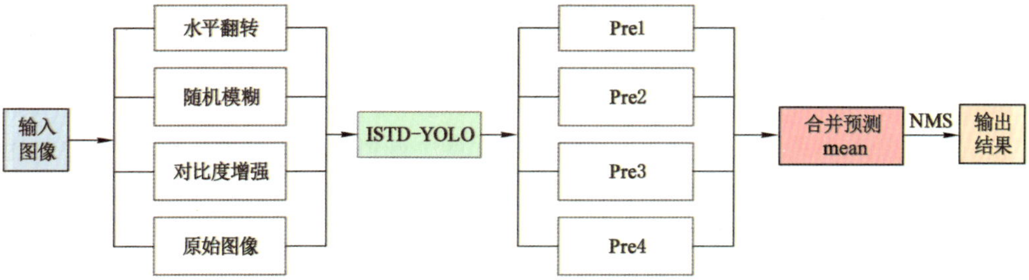

图 4-17　ISTD-YOLO 算法推理过程中 TTA

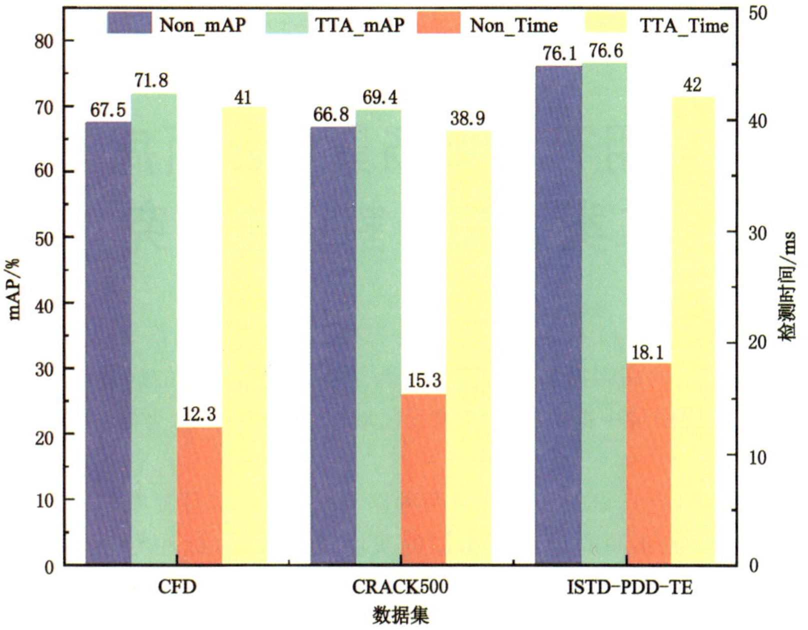

图 4-18　TTA 对 ISTD-YOLO 算法检测性能和推理速度的影响

5 用于复杂场景中路面病害二类语义分割算法研究

虽然通过 ISTD-YOLO 算法实现了复杂场景下多类型路面病害的分类、定位，但是没有获得评价 PCI 所需的病害损坏程度信息。为了实现更精细化的病害检测，本章将会对如何从复杂场景下路面图像中提取病害的像素区域做进一步研究，为路面破损状况的精准评估提供参考。

目前大多数的研究只集中在一种或两种路面病害类型，且复杂场景下不同路面病害具有复杂的拓扑结构、不同的尺度及相似的灰度值等特点，标注专家们在对路面病害类别的准确划分上通常会存在分歧。因此，按多类语义分割目标构建网络模型，并不利于精细分割。无二义性的标注下定义一个类别无关的二类语义分割（dichotomous image segmentation，DIS）任务，可以准确地分割具有不同结构复杂性的对象，无论它们的特征如何。

本章基于 ISTD-PDS7，以 Segformer 为基准网络框架，获得训练数据的最大感受野。针对纯多层感知机（multilayer perceptron，MLP）的解码器在恢复特征信息过程中的出现的目标细粒度不足的问题，提出以 CBAM 增强网络对病害目标的特征表示，并设计可学习的转置卷积模块，增强模型在解码阶段的细节还原能力；针对训练数据中正负样本像素失衡的问题，定义一个自适应调整参数 PRA（precision and recall adjustment，PRA），通过 PRA 动态的调整训练数据采样策略和损失值，形成顾及训练过程中精确度和召回率的循环自适应框架，以获得最佳训练权重；最终集成上述方法，提出一个用于复杂场景中于多尺度路面病害二类语义分割算法（ISTD-Disnet）。

5.1 语义分割框架分析与选择

5.1.1 深度学习下语义分割框架分析

语义分割可以看作是一种图像分类从图像级别到像素级别上的扩展。早期相关研究主要集中在基于滑窗和候选区域的语义分割框架。基于滑窗的语义分割遍历耗时长，缺乏上下文信息。基于候选区域的语义分割属于目标检测工作在语义分割的延伸，其分割性能不佳。全卷积神经网络（fully convolutional networks，FCN）彻底丢弃了图像分类任务中的全连接层，使得语义分割精确度有了大的跨越。自此，基于编码器和解码器结构的语义分割框架成为研究热点。如图 5-1 所示，在编解码结构的语义分割框架中，编码器中 CNN 用于特征提取，旨在逐渐降低特征图分辨率和使特征图富含语义信息。最为常用的卷积特征提取网络有 VGG16、ResNet 系列、轻量级的 MobileNet 系列和 ShuffleNet 系列[160]等。解码器中的 CNN 利用编码器编码特征作为输入，解码出最后的分割预测结果，但语义分割任务除语义信息外，仍需要许多细节信息。前沿的卷积特征增强网络有基于跳连接结构的 U-Net、基于特征金字塔结构的金字塔场景解析网络（pyramid scene parsing network，PSPNet）[161]和基于空洞卷积空间金字塔池化结构（atrous spatial pyramid pooling，ASPP）的 DeepLab 系列[162]等。此外，卷积特征增强网络还有跳出编码器、解码器结构将不同分辨率特征并联的高分辨率网络（high-resolution network，HRNet）[163]和顾及边缘信息的注意力机制网络的双解码器注意力网络（dual decoder attention network，DDANet）[164]。这些增强网络的局限性在于计算量过大。

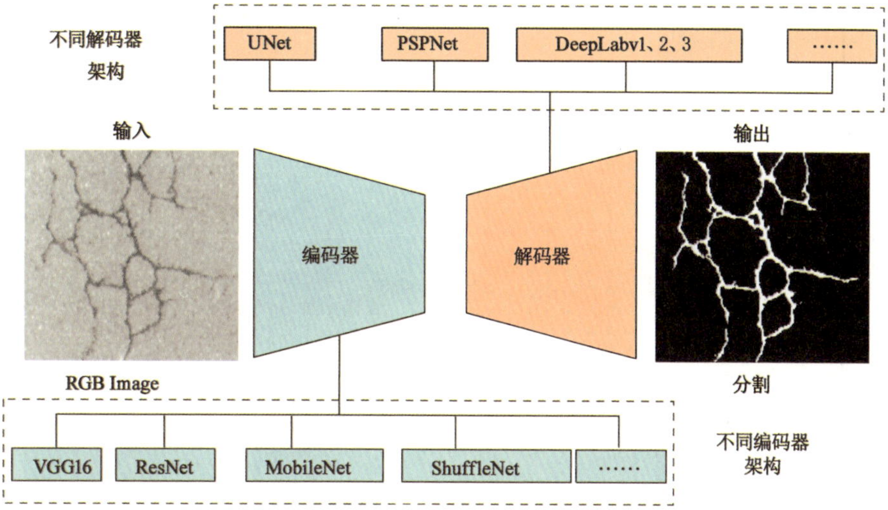

图 5-1　编码器-解码器结构的语义分割框架

诚然，基于 CNN 的语义分割框架虽然可以获得较好的局部特征信息，在诸多领域取得了较好的成果，但是对于像素级的语义分割任务仍然存在一个本质桎梏，即：图像在初始阶段送入网络时，CNN 的卷积核尺寸（3×3）决定了模型只能以局部信息理解输入图像，从而影响编码器最终提取的特征在类内和类间的可区分性。虽然已有一些即插即用的模块用于编码器与解码器之间，以获得全局上下文信息，但是模型受卷积核感受野的限制，自开始就获取了错误的特征信息，仅靠全局上下文信息提取模块是难以恢复的。此外，引入大量的经验模块，大大增加了语义分割框架的计算量和复杂度。自 VIT 首次成功应用于计算机视觉任务之后，基于 VIT 的密集预测研究呈井喷式爆发。VIT 将输入的图像标志化，然后利用自注意力机制使模型自开始就能够以全局的角度去理解图片。金字塔视觉转换器（pyramid vision transformer，PVT）[165]首次将金字塔引入转换器，证明了自注意力机制特征提取网络在密集预测任务中的巨大潜力。2021 年，Segformer[166]将转换器编码器与轻量级 MLP 解码器结合在一起，并在 ADE20K 数据集上表现接近完美。综上分析，研究基于转换器的路面病害检测网络将成为病害检测领域的热点。

5.1.2　多类型路面病害二类语义分割基准框架选择

如图 5-2 所示，分析不同算法模型在 VOC2012 数据集上的分割性能。由综合参数量和

mIoU 可以明显看出，不同结构的算法各自具有自身的独特优势。相比于其他不同特征提取网络的分割算法而言，Segformer_B2 在相对低的参数量(27.363 M)的基础上，取得了最优的 mIoU(80.38)。因此，选择 Segformer_B2 作为研究复杂场景多类型路面病害二类语义分割的基准算法。综合考虑效率、准确性和鲁棒性，通过针对性的改进以提高该算法的病害分割性能。

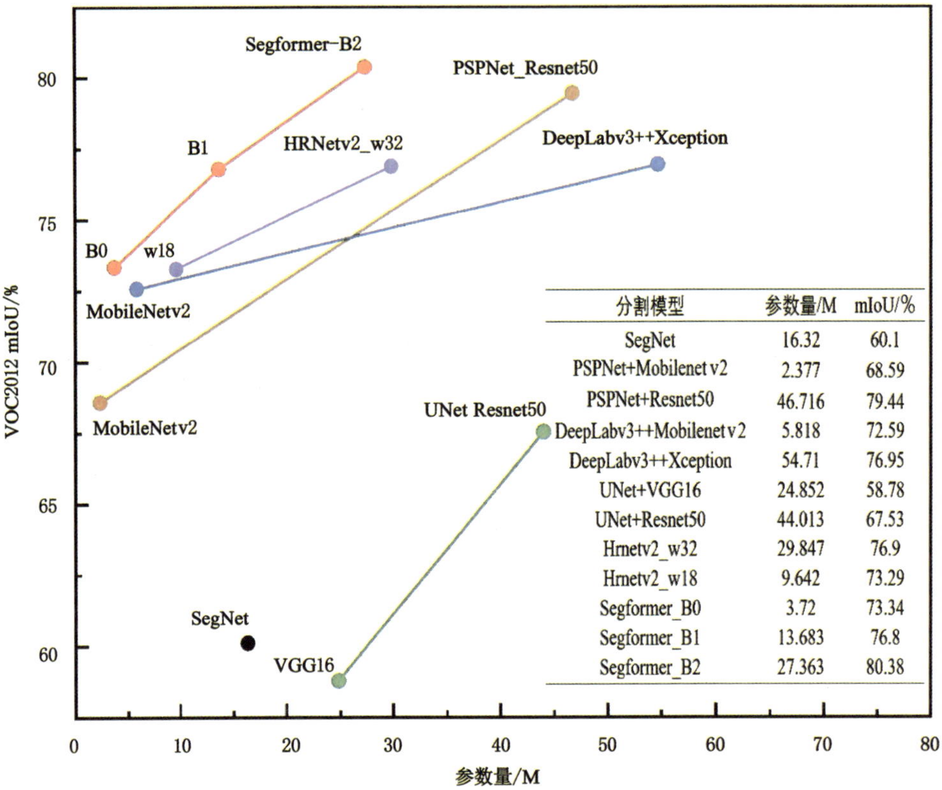

图 5-2　不同分割算法在 VOC2012 数据集上的性能比较

5.2　ISTD-Disnet 算法设计

5.2.1　ISTD-Disnet 算法网络结构设计

原始的 Segformer 首先将输入为 $H \times W \times 3$ 的图像裁剪为 4×4 大小的补丁。这与 VIT 裁剪方法不同，使用较小的补丁更有助于完成密集预测任务。首先，所有补丁被送入一个分层结构的转换器的编码器来获取 4 个不同分辨率的特征图(特征图尺寸分别为原图的 1/4、1/8、1/16 和 1/32)；之后，将编码器生成的 4 个特征图作为 ALL-MLP 的输入来预测分割掩码。最后，解码器获得分辨率为$(H/4) \times (W/4) \times N_{cls}$的特征图。$N_{cls}$为分割目标的类别数目，$N_{cls}=2$。ISTD-Disnet 算法网络结构如图 5-3 所示。

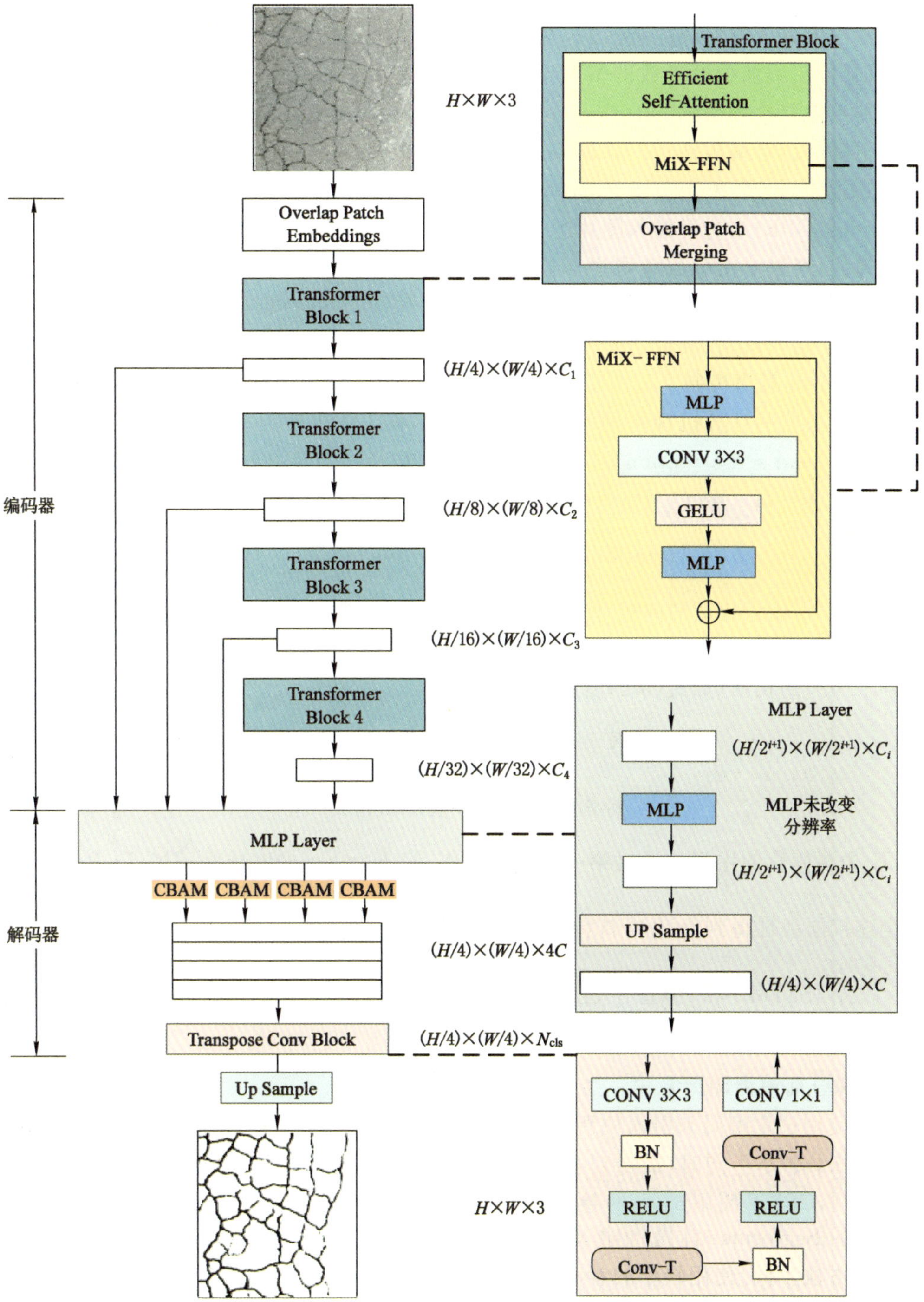

图 5-3 ISTD-Disnet 算法网络结构

5.2.1.1 分层转换器的编码器

对于语义分割任务来说，保持较大的有效感受野以获取更多的上下文信息一直是一个核心问题。Segformer 算法的编码器可以自然地产生类似于较低阶段卷积局部注意信息，同时能够输出高度非局部注意信息，有效地捕获第四阶段的上下文。通过互补两种注意信息，编码器可在增加少量参数的情况下来实现互补和强大的特征表示。此外，分层转换器的编码器不需要位置编码(position encoding，PE)，从而避免在测试分辨率与训练不同时导致性能下降的位置编码插值。如图 5-3 所示，ISTD-Disnet 保留了 Segformer 的编码结构，将输入图像的尺寸变为 512×512×3 像素，进而进入重叠贴片嵌入(overlap patch embeddings，OPE)结构对输入图片进行特征提取与下采样，然后将得到的特征输入到分层转换器模块，经过 4 次分层解码操作后，依次生成 F1＝128×128×64 像素、F2＝64×64×128 像素、F3＝32×32×320 像素、F4＝16×16×512 像素的特征图。转换器模块核心组件包括：高效注意力机制、混合前馈神经网络、重叠补丁合并。

(1) 高效注意力机制

基于转换器的计算机视觉网络的计算量主要来自自注意力机制层。在传统的多头自注意(multi-head self-attention)过程中，每个头部$[Q,K,V]$具有相同的维数 $N\times C$，其中补丁序列长度 $N=H\times W$，C 为每个补丁的维数。这个过程的计算量估值为：

$$\text{Attention}(Q,K,V)=\text{Softmax}\left(\frac{QK^{\mathrm{T}}}{\sqrt{d_{\text{head}}}}\right)V \tag{5-1}$$

式中，V 是表示输入特征的向量，Q、K 是计算 Attention 权重的特征向量。此时的计算复杂度为 $O(N^2)$，这对于分辨率高的图像是难以接受的。因此，在这个过程使用缩放因子(R)来缩减补丁序列的长度，如式(5-2)所示。

$$\begin{aligned}\hat{K}&=\text{Reshape}\left(\frac{N}{R},C\cdot R\right)(K)\\K&=\text{Linear}(C\cdot R,C)(\hat{K})\end{aligned} \tag{5-2}$$

式中，K 为要简化的序列。通过第一个重组操作，将 $K=N\times C$ 缩减为$\frac{N}{R}\times C\cdot R$；之后经过一个全连接层线性得到简化后新特征图 $K=\frac{N}{R}\times C$；故自注意力的复杂度从 $O(N^2)$降为 $O\left(\frac{N^2}{R}\right)$。在ISTD-Disnet 算法中，自转换器模块 1 至转换器模块 4，缩放因子(R)依次设置为[8,4,2,1]。

(2) 混合前馈神经网络

VIT 使用位置编码来引入位置信息，且位置编码的分辨率是固定的。因此，当测试分辨率与训练分辨率不同时，需要对位置编码进行插值，从而导致算法精确度下降。为了缓解这个问题，CPVT 使用 3×3 的卷积和位置编码来实现数据驱动的。语义分割任务属于像素级别的分类，而位置编码对于像素级分类的影响可以忽略不记。并且语义分割任务相比于分类和检测任务，具有平移不变性(即图像的尺度、角度变化不影响输出结果)。直接将 3×3 的卷积放入前馈神经网络中，组成混合前馈神经网络以传递位置信息，用数学公式可表达为：

$$X_{\text{out}}=\text{MLP}[\text{GELU}\{\text{Conv}_{3\times 3}[\text{MLP}(X_{\text{in}})]\}]+X_{\text{in}} \tag{5-3}$$

式中，X_{in}是高效注意力机制的输出特征。混合前馈神经网络将一个 3×3 卷积和一个 MLP 层混合到每个前馈神经网络中。一个 3×3 卷积足以为转换器提供位置信息，同时使用深度卷积可减少参数的数量和提高效率。

(3) 重叠补丁合并

给定一个图像补丁,VIT 将一个 $N\times N\times 3$ 的补丁合并为一个 $1\times 1\times C$ 的向量,这种合并操作设计常用于补丁与补丁不重叠的场景下,因此也就无法保证这些图片补丁周围的局部连续性。通过定义 K、S、P 三个参数来实现重叠补丁合并处理。K 为补丁大小,S 为相邻补丁的步长,P 为填充大小。在 ISTD-Disnet 中,自转换器模块 1 至转换器模块 4,[K,S,P]依次设置为[7,4,3]、[3,2,1]、[3,2,1]、[3,2,1]。

5.2.1.2 MLP 层解码器优化设计

(1) 原始轻量级 MLP 层解码器

Segformer 集成了仅由 MLP 层组成的轻量级解码器,这避免了其他方法中通常使用的手工制作和计算要求高的组件。实现这种简单解码器的关键是分层转换器编码器要比传统的 CNN 编码器具有更大的有效感受野(effective receptive field, ERF)。原始的 Segfomer 解码器解码过程包括四个主要步骤:(a) 来自编码器的多层特征 F_i 通过 MLP 层来统一通道数为 768;(b) 各特征图分别被上采样到 1/4 输入图像大小并做串联操作;(c) 采用 MLP 层对拼接后的特征 F 进行融合;(d) 另一个 MLP 层将融合后的特征预测分割掩码 M,其分辨率为$(H/4)\times(W/4)\times N_{cls}$像素。解码器解码过程可由式(5-4)表述。

$$\begin{cases} F'_i = \text{Linear}(C_i, C)(F_i), \forall i \\ F'_i = \text{Upsample}\left(\dfrac{H}{4}\times\dfrac{W}{4}\right)(F'_i), \forall i \\ F = \text{Linear}(4C, C)[\text{Concat}(F')], \forall i \\ M = \text{Linear}(C, N_{cls})(F) \end{cases} \tag{5-4}$$

式中,$\text{Linear}(C_{in}, C_{out})(\cdot)$表示分别以 C_{in} 和 C_{out} 作为输入和输出向量维数的线性层。

原基准模型的解码器,仅简单使用一个 MLP 层来将不同特种层输出的特征进行融合,然后经过一个 MLP 再进行上采样。诚然,这种解码方式会有效减少算法的参数量,但有可能带来模型细粒度不够的问题。为此对解码器进行了优化设计,具体包括:(a) 使用 CBAM 沿着两个独立的维度(通道和空间)依次推断注意力权重图,然后将注意力图与输入特征图相乘以进行自适应特征优化;(b) 在最后一个 MLP 层中,将上采样的模块更换成具有学习能力的转置卷积模块,来提升模型对细节的还原能力。

(2) 空间和通道双注意力模块(CBAM)

在 ISTD-Disnet 算法中,编码器获得的 $F_i=\mathbf{R}^{H\times W\times C_i}$,$i\in\{1,2,3,4\}$特征图通过首个 MLP 层将通道数均变为 768,之后依次送入 CBAM,使输出信息更聚焦于关键且有用的信息,减弱甚至消除无关信息的干扰,增强复杂背景下路面病害特征的表达能力。通道注意力模块操作过程如图 5-4 所示。给定一个输入特征 F_i,经过全局平均池化和最大池化操作,分别得到不同的空间语义描述算子,使二者通过一个共享多层感知机,随后将两个通道注意力特征向量使用相加方法进行融合,最终经过 Sigmoid 激活函数得到通道注意力向量。通道注意力模块的操作过程如式(5-5)所示。

$$\begin{aligned} M_C(F_i) &= \delta\{\text{MLP}[\text{AvgPool}(F_i)] + \text{MLP}[\text{MaxPool}(F_i)]\} \\ &= \delta\{W_1[W_0(F^C_{i,avg})] + W_1[W_0(F^C_{i,max})]\}, i\in\{1,2,3,4\} \end{aligned} \tag{5-5}$$

式中,F_i 为输入特征;MLP 为多层感知机;δ 是 Sigmoid 激活函数;AvgPool 为全局平均池化;MaxPool 为全局最大池化。$M_C(F_i)$和 F_i 相乘后得到特征 F'_i,作为空间注意力通道的输入特征。

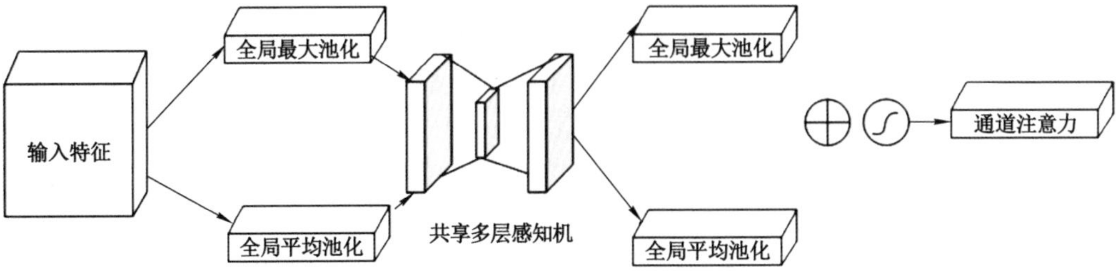

图 5-4 通道注意力模块操作过程

如图 5-5 所示,给定一个输入特征 F'_i,首先沿着通道维度同时经过全局平均池化和全局最大池化,分别得到两种不同的通道特征描述算子,将二者进行拼接,然后经过一个 7×7 的卷积操作,接着经过 Sigmoid 激活函数,最后得到空间注意力向量 $M_S(F'_i)$。空间注意力模块操作过程如式(5-6)所示。$M_S(F'_i)$与 F'_i 相乘得到最终的输出特征 F''_i,且图像尺寸不变。

$$\begin{aligned} M_S(F'_i) &= \delta[f^{(7\times7)}\{[\mathrm{AvgPool}(F'_i);\mathrm{MaxPool}(F'_i)]\}] \\ &= \delta\{f^{(7\times7)}([F'^{S}_{i,\mathrm{avg}};F'^{S}_{i,\mathrm{max}}])\},i\in\{1,2,3,4\} \end{aligned} \tag{5-6}$$

式中,δ 为 Sigmoid 激活函数,f 为卷积操作。

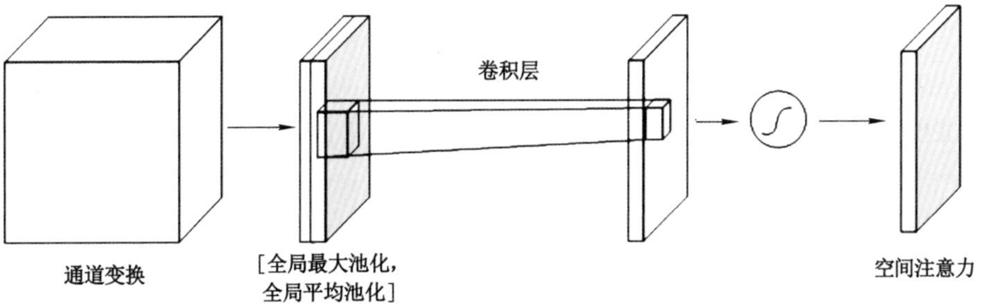

图 5-5 空间注意力模块操作过程

通道注意力模块和空间注意力模块结合,使得模型分别关注那些通道特征和那里通道特征是有意义的。实验结果发现,引入 CBAM 后可增强复杂背景下路面病害特征的表达能力,为后续多类型路面病害的精确检测奠定基础。加入 CBAM 前后特征图对比结果见图 5-6。

(3) 转置卷积模块

为了提升模型对病害细节的还原能力,将原解码器的(c)和(d)步骤用提出的转置卷积模块替换。其中,转置卷积[167]是一种可学习的卷积方式。与普通卷积不同,转置卷积会变大尺寸,即采用一种上采样方式。这里将普通上采样模块替换为转置卷积模块的目的是使模型可自发学习一种最优采样方式。如图 5-3 所示,相比于原始 Segformer 算法,转置卷积模块的 MLP 层多了一个 3×3 卷积、两个批量归一化(batch normalization,BN)和两个激活函数(ReLU 激活函数)。转置卷积模块的整个流程为首先将融合后的特征图经过填充为 1 的

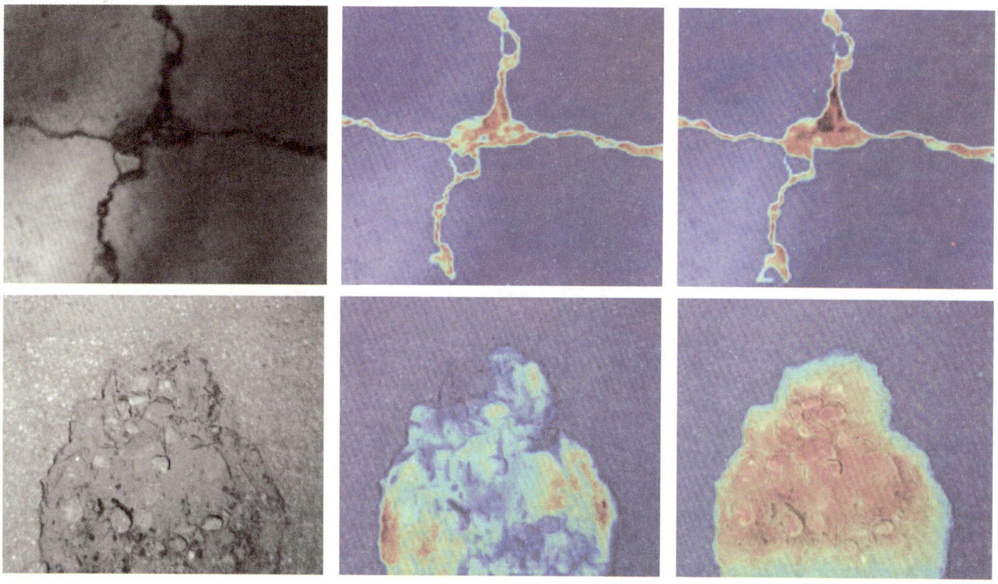

图 5-6 加入 CBAM 前后特征图对比结果

3×3 卷积由 128×128×768 激活函数变为 128×128×(768×4)，而后接上 BN、ReLU 激活函数，经过第一个内核大小为 2 的转置卷积由128×128×(768×4)变为 128×128×(768×8)；而后再接上 BN、ReLU 激活函数，送入第二个内核大小为 2 的转置卷积由 128×128×(768×8)变为 128×128×(768×16)；最后由一个 1×1 卷积将 128×128×(768×16)变为 128×128×2。

5.2.2 顾及正负样本不平衡的循环自适应训练框架

与 Pascal VOC2012 上的自然图像语义分割不同，ISTD-PDS7 中只有两个类：路面病害和背景。病害分割可以看作为一个二类语义分割问题。然而，不同路面病害分割数据集中，目标像素的占比通常较小。如图 5-7 所示，对于单像素线性标注的 CrackLS315、CrackWH100 和 CrackTree，裂缝像素占比不足 1%；在 ISTD-PDS7 中，路面病害像素占比仅为 3.17%。受监督样本的驱动，特征层也会出现不平衡问题。在主干中，深层的高级特征具有更多的语义含义，而浅层的低级特征在内容上更具描述性。少量路面病害特征产生的梯度，特别是在深层特征图上，可能会被大量路面背景特征产生的梯度淹没，致使相关算法难以获取足够的路面病害特征。路面病害分割是一类正负样本极不平衡的分割任务。正样本的随机性和稀疏性是工程数据集训练时应当考虑的关键问题。

受热力学第二定律启发，较差的阳性样本识别能力会导致精确度高、召回率低。若要在训练过程中，算法模型的精确度和召回率之间保持相对平衡，则在二者之间建立一个通道，使得精确度和召回率之间的关系状态像温度一样保持动态平衡。首先，定义一个自适应调整参数 PRA，以评价精确度和召回率在特定区间的差异；确定流动方向由 PRA 的正负值控制，流动强度由 PRA 的绝对值决定。然后，在样本水平和特征水平上构建起精确度和召回率的通道，在整个训练过程中反复调整采样方法和损失权重。最后，在精确度和召回

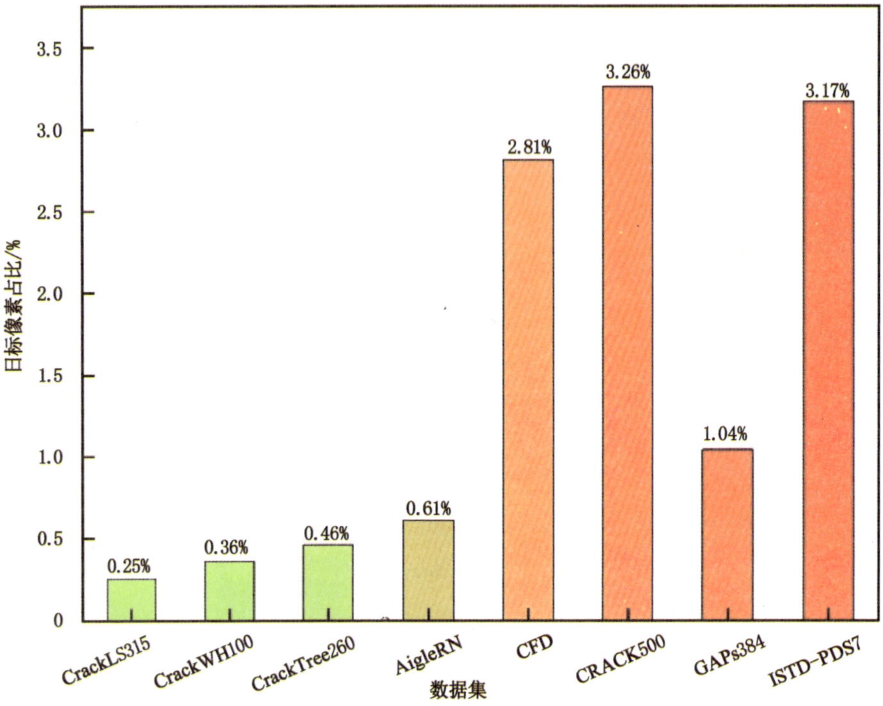

图 5-7 不同路面病害分割数据集目标像素占比

率之间实现自发流动和动态平衡，以缩小两者之间的差距，从而获得更好的训练模型。顾及正负样本不平衡的循环自适应训练框架的总体设计如图 5-8 所示。

5.2.2.1 PRA 定义、P-R 流向和强度估算

在 ISTD-PDS-TR 上预训练 1 个轮次，获得验证集(ISTD-PDS-VD)的预测结果并计算各样本的精确度和召回率，并将其存于 $L(P_i, R_i)$ 列表中，求解均值 $A(M_{Pi}, M_{Ri})$。对于不平衡数据集的监督训练，召回率和精确度之间将存在差距，且差距随着数据不平衡程度增加而增大。如图 5-8 所示，以 $A(M_{Pi}, M_{Ri})$ 绘制一个直角坐标系。取点 $A(M_P, M_R)$，以其对应的平均召回率和平均精确度为坐标，计算 OA 线的方位角为：

$$\alpha = \arctan\left(\frac{M_P}{M_R}\right), M_P \in [0,1], M_R \in [0,1] \tag{5-7}$$

则用余弦变换定义 PRA 为：

$$\mathrm{PRA} = \cos(2\alpha), \alpha \in \left[0, \frac{\pi}{2}\right], \mathrm{PRA} \in [-1,1] \tag{5-8}$$

以余弦变换得到的 PRA 参数，来确定流动方向和强度，即用正负号表示流动方向，用绝对值表示流动强度。当正样本识别能力较强时，精确度低于召回率。当精确度高于召回率时，相关算法在识别负样本方面更佳。PRA 的范围可以清楚地指示精确度和召回率的流向，可以用下式表示：

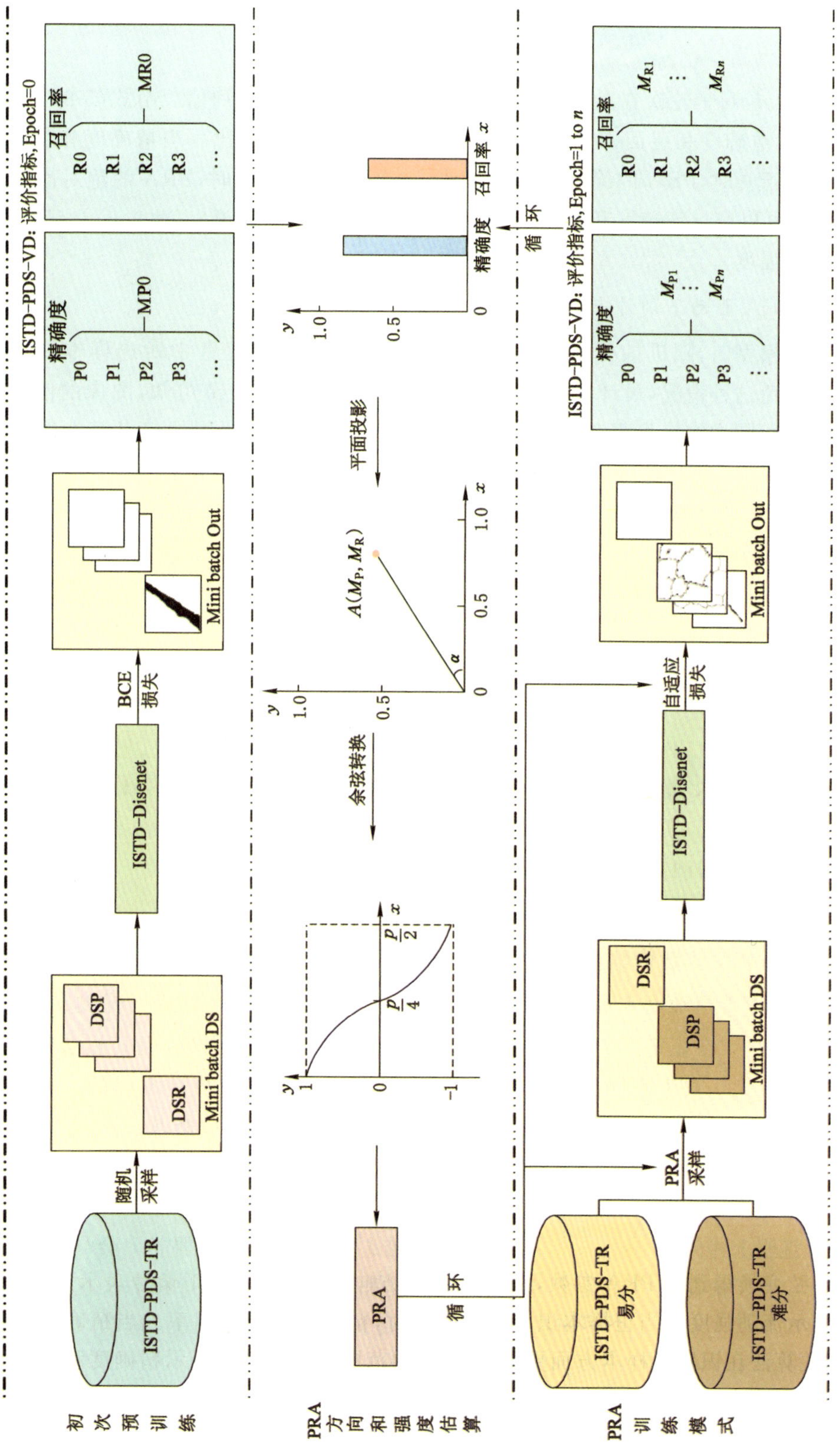

图5-8 循环自适应训练框架总体设计

$$\begin{cases} M_{\mathrm{P}} > M_{\mathrm{R}}, \mathrm{PRA} \in (0,1] \\ M_{\mathrm{P}} = M_{\mathrm{R}}, \mathrm{PRA} = 0 \\ M_{\mathrm{P}} < M_{\mathrm{R}}, \mathrm{PRA} \in [-1,0) \end{cases} \tag{5-9}$$

式中，M_{P}、M_{R} 是每个轮次在验证集上计算的精确度和召回率的均值。由式(5-8)、式(5-9)和图 5-8 可知，精确度和召回率之间的差距应该与流动强度成正比。当精确度和召回率之间的距离趋近于 0 时，PRA 的绝对值趋近于 0；当其距离趋近于 1 时，PRA 的绝对值趋近于 1。因此，PRA 可以衡量精确度和召回率偏差的程度：PRA 绝对值越大，两者偏差越严重，需要更大的流动强度。

5.2.2.2 PRA 驱动下训练采样策略

在训练模型时，随机抽样方案通常会导致道路病害分割任务中所选样本以负样本为主。为了避免这种情况，设计基于 PRA 的采样方法。由 3.2.2 节可知，图像的信息复杂度可由 IE 衡量，图像的信息复杂度与分割难度呈正比关系。按照图像信息复杂度(IE)计算结果的均值将 ISTD-PDS-TR 划分为两个子数据集：ISTD-PDS-TR 易分(负样本占比小)和 ISTD-PDS-TR 难分(负样本占比大)。在模型训练过程中，设置一个采样控制参数(S)，S 初始值设为 0.1，并采用 PRA 迭代更新 S。S 具体迭代公式如式(5-10)所示。

$$S = \begin{cases} 0.01, S < 0.01 \\ S(1 + \mathrm{PRA}), 0.01 \leqslant S \leqslant 0.2 \\ 0.2, S > 0.2 \end{cases} \tag{5-10}$$

具体采样策略为：在每一步采样前，取一个随机数 $R \in [0,1]$。当 R 小于 S 时，本世代训练数据来自 ISTD-PDS-TR 难分；否则，其来自 ISTD-PDS-TR 易分。这样，背景占比较大的 ISTD-PDS-TR 难分在抽样过程中被抑制，含有较多病害目标 ISTD-PDS-TR 易分则更有可能进入网络。S 被循环不断地修改，以确保在每个阶段保持平衡。因此，在数据采样水平上，精确度和召回率将由高流向低。

5.2.2.3 PRA 驱动下二元交叉熵损失函数

通过调整损失函数的结构或权重来解决算法性能参数不平衡问题。例如，采用 Dice 损失函数[168]来改善精确度和召回率之间的平衡，但数据极不平衡易造成梯度消失或爆炸。焦点损失函数[169]在稳定性和鲁棒性方面优于二元交叉熵损失函数，但其超参数设置对经验的依赖性较大。对于不同的网络和数据集，损失函数的超参数是不同的。在训练过程中，损失函数不可能适应普遍存在的各种场景，也不能被自适应地修改。对于裂缝，加入更大的正样本权值会导致更多的假阳性预测[102]。在监督学习的情况下，正负样本的不平衡问题大大降低模型的路面病害分割能力。

为了克服上述问题，遵循一个简单的思路：较差的阳性样本识别能力会导致精确度高、召回率低。为了使得模型在训练过程中，精确度和召回率之间保持相对平衡，在二元交叉熵损失函数基础上引入一个平衡损失权重系数(γ)来改进 PRA_Loss 函数，以自适应控制精确度和召回率。γ 具体计算过程为：

$$\gamma = |\mathrm{PRA}|, \mathrm{PRA} \in [-1,1] \tag{5-11}$$

改进的 PRA_Loss 函数的总体表达式为：

$$\text{PRA\_Loss}=\begin{cases}-\frac{1}{N}\sum_{n=1}^{N}[y_n\log(\hat{y}_n+e)(1+\gamma r_n)+(1-y_n)\log(1-\hat{y}_n)],\text{PRA}<0\\-\frac{1}{N}\sum_{n=1}^{N}[y_n\log(\hat{y}_n+e)+(1-y_n)\log(1-\hat{y}_n)],\text{PRA}=0\\-\frac{1}{N}\sum_{n=1}^{N}[y_n\log(\hat{y}_n+e)+(1-y_n)\log(1-\hat{y}_n)(1+\gamma r_n)],\text{PRA}>0\end{cases}\tag{5-12}$$

式中，$n\in[1,N]$是输入的像素，$\hat{y}_n\in(0,1)$为预测为病害的概率，y_n为属于病害的真实概率，N为该批次中的像素总数；$r_n\in(0,1)$为随机数，以增加模型的泛化性。此外，引入一个很小的参数 $e=0.000\ 01$ 来避免训练过程中的梯度消失和梯度爆炸。

将 Segformer 中的交叉熵损失函数替换为 PRA_Loss 函数(见图 5-9)，通过降低部分梯度，在不平衡的情况下，实现精确度和召回率达到动态平衡状态。PRA_Loss 函数可以在各个世代训练过程中，实现损失权重的自动平衡。

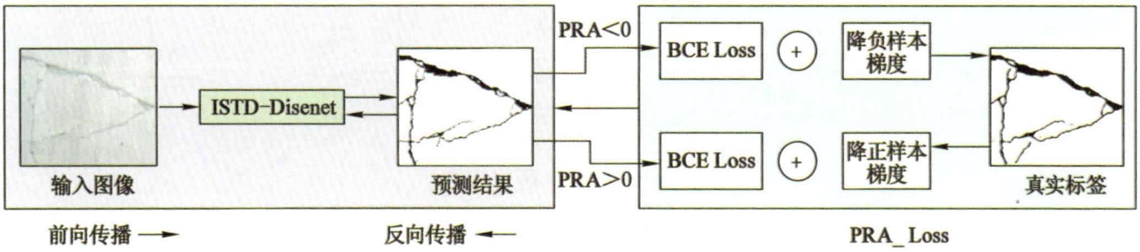

图 5-9　PRA_Loss 示意图

在图 5-9 中，BCE Loss 为二元交叉熵损失(binary cross-entropy loss)的简称。

5.3　ISTD-Disnet 实验结果及其讨论

首先，介绍实验设置。然后，以 ISTD-PDS7 为基础对提出的 ISTD-Disnet 算法的各项改进策略进行消融实验。最后，比较并详细讨论了 7 种具有代表性的端到端语义分割算法和 ISTD-Disnet 算法在测试集上的路面病害分割性能。此外，基于算法对比结果，选择一个综合表现最佳的算法，讨论了算法在其他开源数据集上的泛化性；分析了负样本数量和不同数据增强方法对路面病害分割精确度的影响。实验研究流程如图 5-10 所示。

5.3.1　实验环境及参数设置

(1) 实验环境

本实验的硬件环境和开发框架与第 4.3.1 节的相同，在此不做赘述。采用迁移学习的方法来训练所采用的算法模型及对比模型，以提升训练效率。所用实验模型的预训练权重均来自 VOC2012 上训练的骨干网的最优权值。模型训练和测试在 Windows 10 系统上使用 Python3.6 进行。模型训练分为冻结阶段(50EP)和解冻阶段(100EP)。冻结训练阶段批处理量大小设置为 4，学习率设为 1×10^{-4}。解冻阶段批处理量大小设置为 2，学习率设为 1×10^{-5}。动量和重量衰减率分别设置为 0.9 和 0。采用学习率为 1×10^{-4}的 AdamW 优

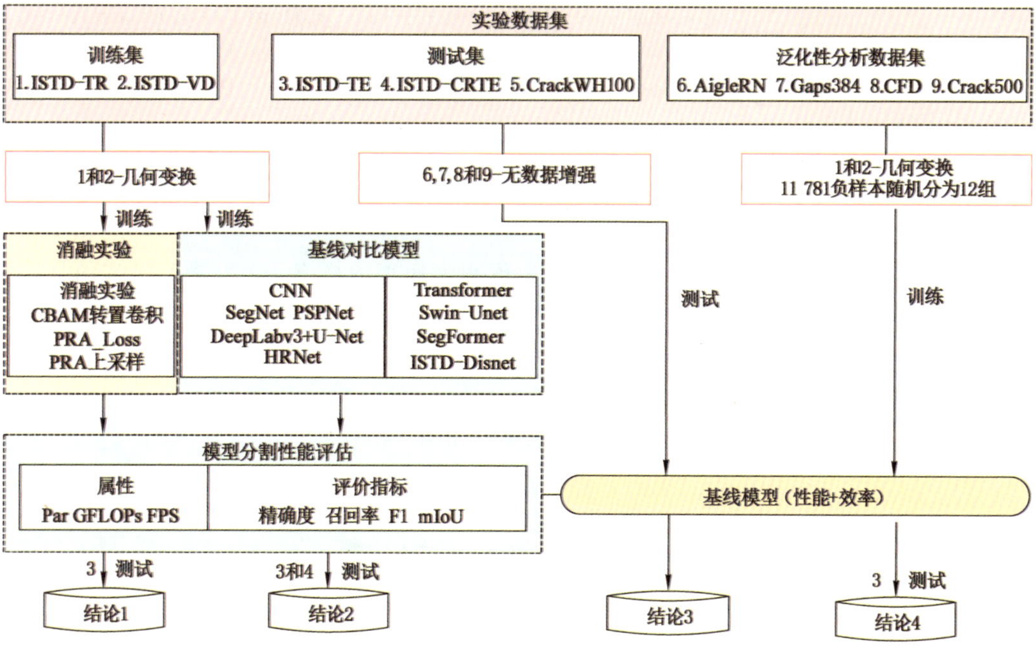

图 5-10 实验研究流程

化器对模型训练过程进行优化。所有实验都是在单一的 GeForce RTX 3060 GPU 上进行的。

(2) 对比方法

在 ISTD-PDS7 上评估 ISTD-Disnet 算法及 7 种最先进的语义分割算法的性能。这些语义分割算法主要包括:5 种基于 CNN 的语义分割算法用于图像分割的深度卷积编码器-解码器架构(a deep convolutional encoder-decoder architecture for image segmentation, SegNet)[170]、金字塔场景解析网络(pyramid scene parsing network, PSPNet)[164]、DeepLabv3+[165]、生物医学图像分割的卷积网络(convolutional networks for biomedical image segmentation,U-Net)、高分辨率网络(high-resolution network,HRNet)和 2 种基于转换器的语义分割算法(Swin-UNet[171]和 Segformer[166])。

① SegNet

该算法可以处理任意尺寸的输入图像,采用去除全连接层的 VGG16 作为编码部分来实现特征提取,通过最大池化逐阶段缩小输入图像的尺寸和降低参数量,并且记录图像中的池化索引位置。为了使输入图像与输出图像分辨率一致,解码部分通过上采样模块逐阶段恢复图像信息,最终通过 Softmax 分类器输出语义分割结果。

② PSPNet

该算法使用金字塔池化模块来聚合来自不同区域的上下文信息,以提高获取全局信息的能力。

③ DeepLabv3+

该算法在解码阶段,引入空洞卷以积增加感受野,并且使用空间金字塔池化模块来进一步提取多尺度信息。

④ U-Net

该算法包括一个收缩路径和一个对称的扩展路径来捕获上下文信息。收缩路径(即编码器),用于获取上下文信息,而扩展路径通过具有相应低级特征的快捷连接逐步恢复细节,从而实现精确定位。该算法模型是医学影像分割中最常用的模型。必须注意的是,将该模型的 padding 方式设置为相同(same),使得输入图像和输出图像大小保持一致。

⑤ HRNet

不同于前面几种算法,HRNet 算法模型是一种从传统的编码器-解码器结构中跳脱出来的模型。HRNet 通过并行连接高分辨率到低分辨率卷积来保持高分辨率表示,并通过重复跨并行卷积执行多尺度融合来增强高分辨率表示,从而学习对位置比较敏感的高分辨率表征。

⑥ Swin-UNet

该算法是一种类似于 UNet 的纯转换器图像分割算法,采用基于转换器的 U 形编码器-解码器架构,并使用跳跃连接进行局部-全局语义特征学习。

⑦ Segformer

该算法在编码阶段使用了一个新的层次结构的转换器,用于生成高分辨率的高质量特征和低分辨率的粗特征。特征提取过程不需要增加位置编码,因此该算法成功避免训练和推理阶段的因输入图像分辨率不同而引起的分割性能下降的问题。在解码阶段,该算法使用的 MLP 可以结合局部注意信息和全局注意信息,从而实现最终语义分割预测。

(3) 实验数据设置

实验涉及 9 个不同的路面病害数据集。ISTD-PDS7 是从头开始构建的,覆盖了具有不同拓扑结构和图像场景的高度多样化的路面病害。该数据集的多样性(比如分辨率、图像特征、对象复杂性和标记精确度)和分布与现有数据集的不同。为了提供一个全面的实验,对不同数据集进行如下设置。

① 数据集基准评估

ISTD-TR 和 ISTD-VD 作为消融实验和基准评估网络的训练集和验证集。对训练集和验证集中的病害样本进行几何数据增强(包括垂直翻转、水平翻转、翻转和转置)。增强后共有 30 475 张图像(含 14 620 张病害类样本)。值得注意的是,负样本没有做数据增强。所有算法的模型均以 ISTD-TE 和 ISTD-CRTE 作为测试集,以评估这些算法在复杂场景下多类型病害 DIS 任务及裂缝分割任务中的性能。

② 模型泛化性分析及数据集对比

以在基准评估网络中表现最优的算法模型作为评价工具,对按裂缝实际宽度标注的 CFD、CRACK500、AigleRN、GAPs384 进行跨数据集评测。

③ 负样本影响评价

将 ISTD-TR 和 ISTD-VD 中的 11 781 张负样本随机分为 12 组,每组分 1 000 张负样本。选择在基准评估网络中表现最优的算法模型作为评价工具。每次增加 1 组负样本参与模型训练。以 ISTD-TE 为测试集,分析负样本对于复杂场景下路面病害分割精确度的影响。

(4) 评价指标

选用精确度、召回率、F1 和 mIoU 用于比较不同算法的病害分割的性能。运算复杂度可以通过算法的参数量和浮点运算次数来表示。参数量(parameters,Par)是指模型中需要学习的参数数量,单位为M(百万)。浮点运算次数(floating point operations,FLOPs)是指运行一次网络模型需要进行浮点运算的次数,单位为G(10亿次浮点运算)。推理速度用每秒传输帧数(frames per second,FPS)表示。FPS单位为帧/秒。所有算法的效率指标均在GeForce RTX 3060 GPU上计算完成。

5.3.2 消融实验

为揭示ISTD-Disnet算法中不同改进策略的有效性,CBAM、转置卷积上采样模块、顾及正负样本不平衡的PRA_Loss及PRA动态采样训练策略分别被替换或移除。通过一系列消融实验来研究这些改进策略对于最终算法有效性的贡献程度(表5-1)。

表5-1 ISTD-Disnet每项改进策略的有效性

算法	CBAM	转置卷积	PRA_Loss	PRA上采样	mIoU/%	FLOPs/G	Par/M	FPS/(帧/秒)
Segformer	×	×	×	×	89.49	113.427	27.348	34.75
Segformer+CBAM	√	×	×	×	90.22	113.467	27.496	34.73
Segformer+转置卷积	×	√	×	×	90.25	176.325	28.863	28.35
Segformer+PRA_Loss	×	×	√	×	91.07	113.427	27.348	34.75
Segformer+PRA采样	×	×	×	√	90.64	113.427	27.348	34.75
ISTD-Disnet	√	√	√	√	91.11	176.331	28.930	28.35

注:×表示不使用该模块,√表示使用该模块。

使用mIoU作为衡量贡献程度的评价标准。从表5-1可以看出,就单一改进策略的有效性来讲,解决正负样本不平衡的PRA_Loss对于mIoU的贡献程度最大,其次是PRA动态采样训练策略,最小的是在解码阶段增加CBAM。这说明对于路面病害分割任务,关注正负样本不平衡的改进策略,相较于解码阶段的改进策略更加有效。4项改进策略的联合使用,可以让Segformer算法的mIoU提升1.62%。消融实验结果表明,ISTD-Disnet算法所涉及的改进策略均可有效提高算法的病害检测性能。综合考虑精确度、GFLOPs、Par和FPS,ISTD-Disnet算法具有最高的精确度和较少的参数量,具有最适合多类型路面病害语义分割应用的网络结构。

5.3.3 定量比较分析

为了进一步比较所提算法在复杂场景中路面病害分割性能,使用ISTD-VD、ISTD-TE和ISTD-CRTE作为性能评估数据集,将ISTD-Disnet算法与当前其他7种先进的语义分割算法进行比较分析。比较指标包括分割准确度、运算复杂度和推理效率。分割准确度以精确度、召回率、F1和mIoU表示,运算复杂度以Par和FLOPs表示,推理效率采用FPS表示。表5-2统计了所有实验算法的定量比较指标。其中V16代表VGG16[145],MV2代表MobileNetv2[153],R-50代表ResNet50[90],H-V2代表HRNetv2[163],X代表Xception[166]和ST代表Swin Transformer[171]。

表 5-2 不同算法在 ISTD-PDS7 验证集和测试集上的定量比较结果

数据集	指标	SegNet	PSPNet		DeepLabv3＋		U-Net	HRNet	Swin-UNet	Segformer	ISTD-Disnet
属性	骨干网络	V16	MV2	R-50	MV2	X	V16	H-V2	ST	MiT-B2	MiT-B2
	输入大小	416×416	473×473	473×473	512×512	512×512	512×512	480×480	224×224	512×512	512×512
	Par/M	16.32	2.38	46.71	5.813	54.709	24.89	29.538	27.18	27.348	28.93
	FLOPs/G	601.78	5.28	118.43	52.87	166.841	450.602	79.915	52.56	113.427	176.331
	FPS/(帧/秒)	57.91	131.38	75.53	100.32	47.05	26.99	23.32	110.95	34.75	28.35
ISTD-VD	精确度/%	74.84	86.31	82.69	83.41	86.87	87.05	87.22	85.02	88.39	91.67
	召回率/%	57.12	82.83	80.20	80.05	80.43	87.81	83.66	77.33	89.69	90.87
	F1/%	64.79	84.53	81.43	81.70	83.53	87.43	85.40	80.99	89.04	91.27
	mIoU/%	54.15	75.72	72.08	72.64	74.33	79.47	76.80	71.30	81.67	84.91
ISTD-TE	精确度/%	81.14	92.14	85.67	89.44	96.31	92.77	92.80	89.56	93.64	95.22
	召回率/%	63.98	87.27	80.56	87.94	83.49	91.30	92.65	88.66	94.82	95.15
	F1/%	71.55	89.64	83.04	88.68	89.44	92.03	92.72	89.11	94.23	95.18
	mIoU/%	60.4	82.27	73.55	81.03	81.13	85.96	87.07	81.64	89.49	91.11
ISTD-CRTE	精确度/%	87.31	79.16	76.08	84.46	90.62	85.17	84.15	82.79	87.22	91.10
	召回率/%	60.45	68.78	73.11	79.64	70.42	86.67	86.02	76.93	87.06	87.45
	F1/%	71.44	73.61	74.57	81.98	79.25	85.91	85.07	79.75	87.14	89.24
	mIoU/%	57.05	63.50	65.00	72.66	67.50	77.50	76.43	70.12	79.12	81.91

从表 5-2 可以发现，就 ISTD-TE 和 ISTD-CRTE 的评价结果来看，不同模型在裂缝分割任务中的性能低于多类型病害二类语义分割任务，这是因为裂缝的结构非常复杂精细。它要求模型尽可能地保留空间信息，这对大多数模型都是一个挑战。

与其他算法模型相比，ISTD-Disnet 算法模型在 4 个评估指标上都最具竞争力。原始的作为基准模型的 Segformer 算法模型在语义分割任务上取得第二名的成绩，这证明了分层转换器的编码器在多尺度路面病害特征提取方面具有优越性。与之相比，Swin-UNet 算法在 ISTD-TE 和 ISTD-CRTE 上面的 mIoU 值分别下降了 9.47 和 11.79。值得注意的是，虽然 Swin-UNet 算法拥有与 Segformer 算法相似的网络参数量，但其具有较低的计算复杂度(FLOPs＝52.56 G)和较高的计算速度(FPS＝110.95)。此外，基于卷积的 HRNet 算法和 U-Net 算法取得了中等的性能；两者相比，前者在二类语义分割任务上面表现较好，后者在裂缝分割任务上面表现较好，两种模型取得了最低的 FPS 值，推理速度慢。具有简单的编码器-解码器体系结构的 SegNet 算法表现最差。

5.3.4 定性比较分析

ISTD-Disnet 算法改进了 Segformer 算法的解码部分，以空间和通道双注意力模块来增强算法对路面病害目标的特征表示，以可学习的转置卷积模块增强模型的细节还原能力，并且在训练过程中，引入 PRA_Loss 函数和 PRA 训练图像采样策略，自适应平衡训练过程中的精确度和召回率。提升了复杂路面场景下多类型路面病害的提取准确度。为了直观的反应病害分割的性能，此处挑选了7种路面病害及含有干扰物的负样本图像，其中部分图像受到噪声的影响，如阴影、油污和车道线。8种算法在7类病害及干扰物存在的图像中的分割结果。

如图5-11所示，通过目视检查发现，在不同的自然场景中，所提出的ISTD-Disnet算法在多类型路面病害二类语义分割任务方面优于其他7种算法。特别是对于具有不同类型、尺寸、照明和干扰噪声的病害，ISTD-Disnet算法病害提取的细粒度和完整性最佳，且假阳性预测更少。

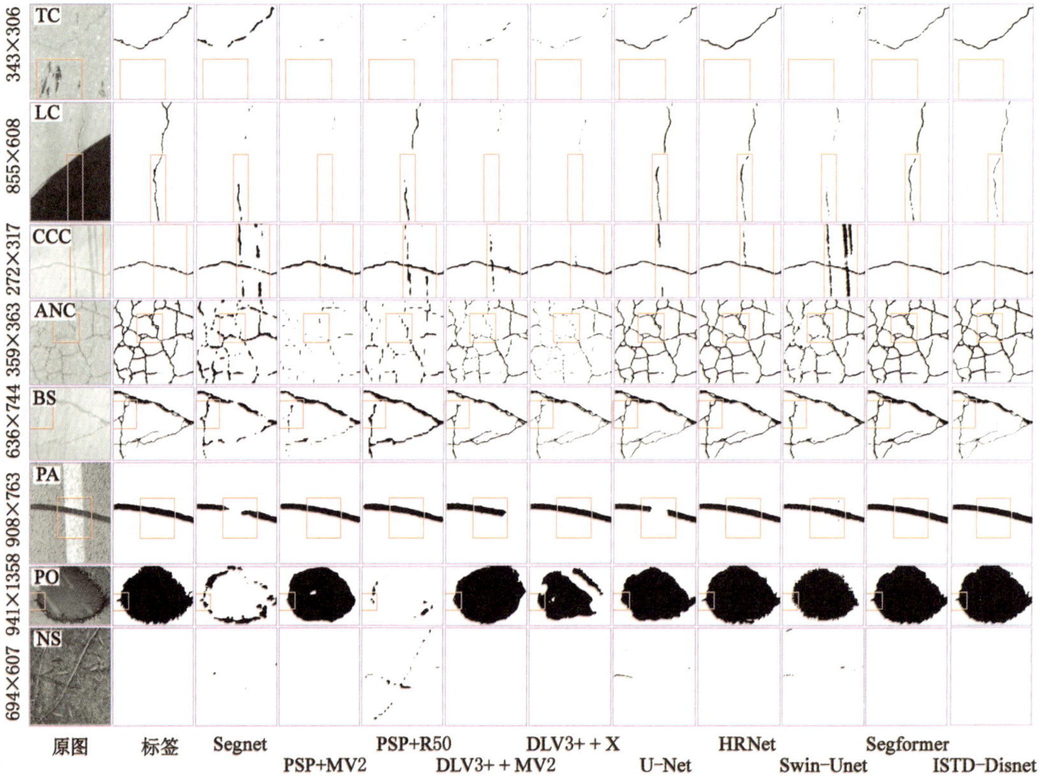

图5-11　8种算法7类病害及负样本图像中的分割结果

对于基于卷积操作的语义分割模型而言，SegNet算法（见图5-11）只能实现对病害样例的粗略分割，并且细节处理能力较差，如裂缝提取结果连续性较差、难以提取坑槽的面状区域。

由表5-4和图5-11可以发现，对于仅采用金字塔池化模块和空洞空间金字塔池化（atrous spatial pyramid pooling，ASPP）模块来聚合上下文信息的PSPNet算法和DeepLabv3+算法，由于采用多尺度池化 和空洞卷积，大量空间信息丢失和细小裂缝检测性能显著下降。相比较而言，顾及多尺度特征信息融合的U-Net算法（见图5-12）和HRNet算法（见图5-11），恢复细节非常有效，更适合路面病害密集预测任务，能够获得较好的预测结果，但是预测速度最慢（见表5-4）。

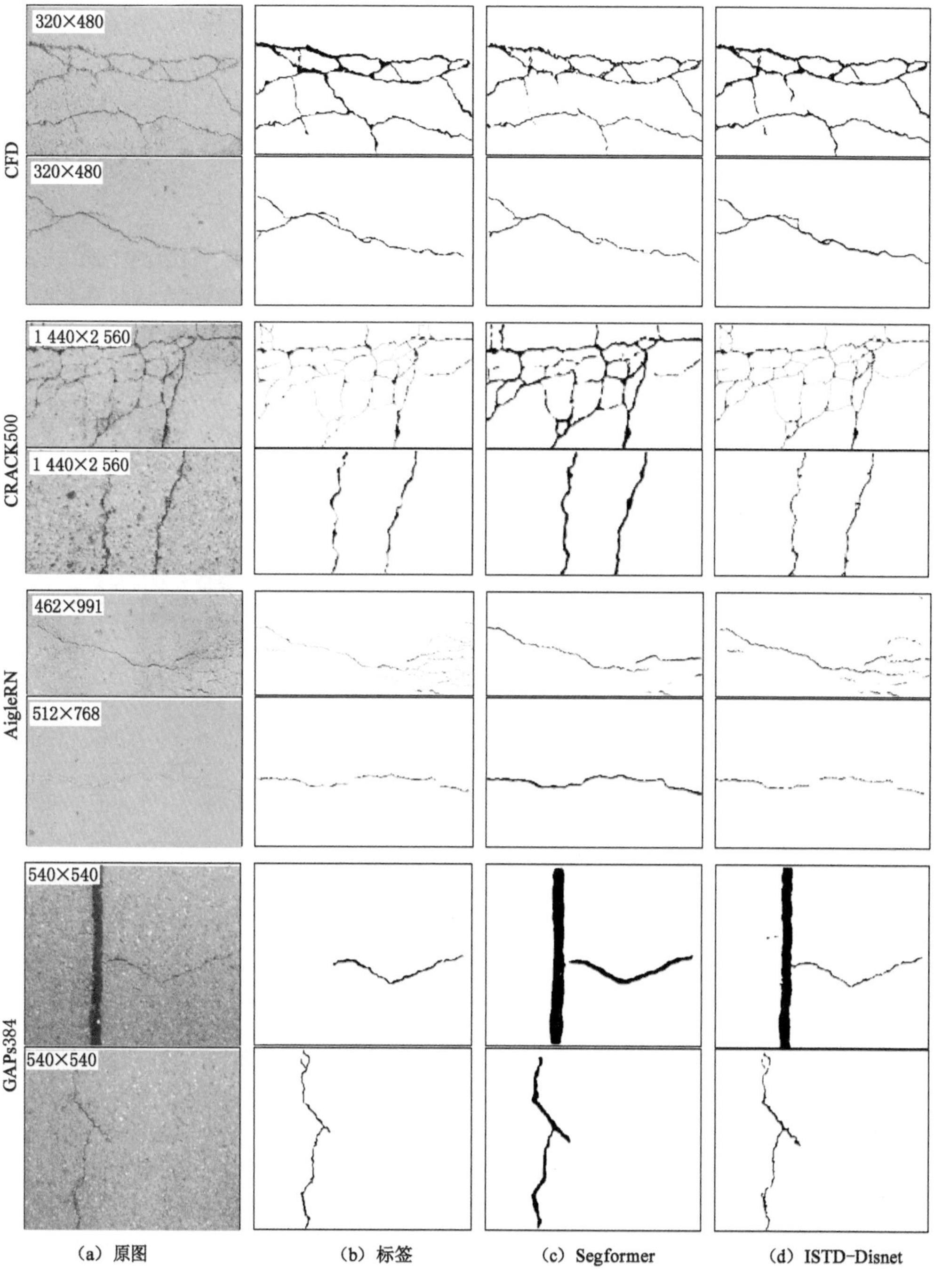

图 5-12　泛化性分析实验结果定性展示

如图 5-11 所示，与 CNN 相比，Swin-Unet 算法、Segformer 算法、ISTD-Disnet 算法展示了纯转换器主干网络在密集预测任务中的潜力。在运行速度方面，Swin-Unet 算法由于计算复杂度较低、参数较少，而获得了第二名的预测速度，但该模型纯转换器操作会导致详细信息丢失，裂缝边缘信息预测能力也不足。相比较而言，Segformer 算法使用分层结构的转换器 作为编码器，能够输出多尺度的特征图，而非像 VIT 输出的单一的低分辨率特征图。并且 Segformer 算法去除位置编码，可以避免密集预测性能下降的问题。Segformer 算法使用最简单的 MLP 层解码器来提取不同尺度的特征信息，虽然能够有效结合局部关注和全局关注，但是相比较于 ISTD-Disnet 算法，其模型预测的细粒度不足。

5.3.5 公开数据集泛化分析

为了验证 ISTD-Disnet 算法模型在不同拍摄的条件下路面病害分割的泛化性，选择原始 Segformer 算法模型作为对比基准模型，分别计算两种算法模型在 CFD [84]、CRACK500 [108]、AigleRN [101]、GAPs384[108]的路面病害分割指标。

如表 5-3 所示，相比原始的 Segformer 算法模型，ISTD-Disnet 算法模型在 4 个公开测试数据集上的 F1 得分分别提高了 2.05%、1.39%、2.92%和 2.19%；其 mIoU 得分分别提高了 2.38%、1.55%、3.53%和 2.23%，这说明 ISTD-Disnet 算法模型具有较好的鲁棒性和泛化性。ISTD-Disnet 算法模型在 4 个公开测试数据集上的 mIoU 得分没能高于其在 ISTD-CRTE 的 mIoU 得分，是因为数据集的标注精确度算法模型不一致。

表 5-3　ISTD-Disnet 算法与 Segformer 算法在 4 个公开数据集上的裂缝分割结果对比

数据集	算法	评价指标/%		拍摄设备	拍摄场景
		F1	mIoU		
CFD	Segformer	82.65	73.98	智能手机	北京城市道路
	ISTD-Disnet	84.7	76.36		
CRACK500	Segformer	81.66	72.72	智能手机	天普大学校园道路
	ISTD-Disnet	83.05	74.27		
AigleRN	Segformer	71.53	62.45	面阵 CCD 相机	法国人形道路
	ISTD-Disnet	74.45	65.98		
GAPs384	Segformer	70.46	61.91	线阵 CCD 相机	德国高速公路
	ISTD-Disnet	72.65	64.14		

在 4 个数据集上泛化性分析实验结果如图 5-12 所示。不同拍摄设备获取的路面裂缝图像具有不同的分辨率、病害拓扑结构和纹理噪声，如图 5-12(a)所示。由图 5-12(c)和(d)可以看出，相比较于 Segformer 算法模型，ISTD-Disnet 算法模型裂缝分割的完整度和精细化程度更好。这说明在编码阶段使用 CBAM 和转置卷积模块，可以有效解决 Segformer 算法模型对于细小裂缝细粒度不足的问题，可以提升模型对细节的还原能力。

对于采用线阵 CCD 相机拍摄的 GAPs384，ISTD-Disnet 算法模型可以对图像中的多类型病害进行准确分割。

在 4 个数据集上泛化性定量和定性对比分析结果表明，ISTD-Disnet 算法模型能够对大多数路面裂缝类病害进行精准分割，具有较强的鲁棒性。

5.3.6 负样本对病害分割性能的影响

ISTD-PDS7 囊括 11 974 张与路面病害在灰度特征和纹理特征方面高度相似的负样

本。以 ISTD-Disnet 算法为实验模型，按 5.3.1 节中的数据集划分策略将负样本拆分，然后依次完成训练，进而分析负样本对于复杂场景下路面病害分割精确度的影响。随着参与训练负样本数量增加，F1 和 mIoU 在 ISTD-TE 上的变化趋势如图 5-13 所示。

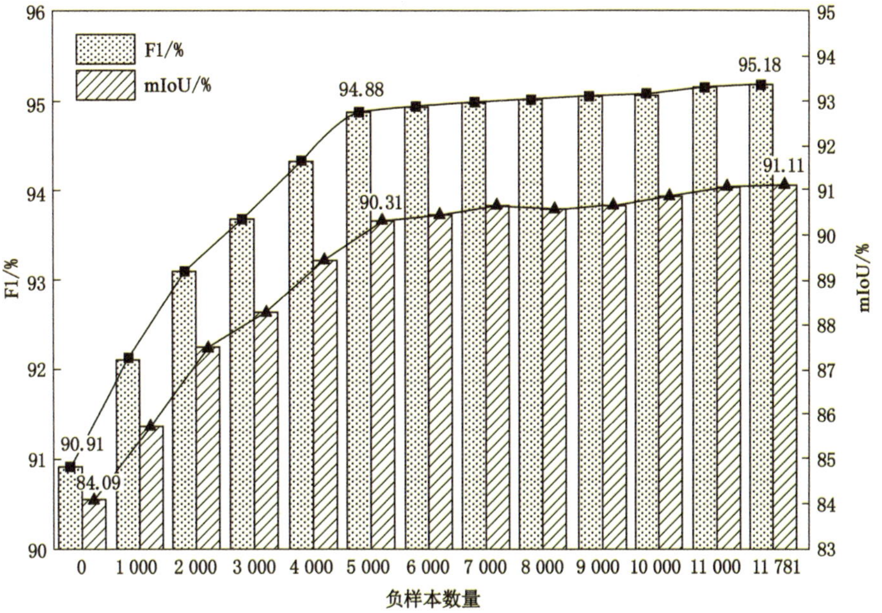

图 5-13　不同负样本数量对于病害分割性能的影响

由图 5-13 可以看出，随着负样本数量针对性增加，提出的 ISTD-Disnet 算法模型的分割性能逐步提升。当全部的负样本参与模型训练后，F1 和 mIoU 分别提高了 4.27% 和 7.02%。当参与训练的负样本规模达到 5 000 张时，F1 和 mIoU 的增长趋势减缓，但未达到饱和状态，这可能是由于此时参与训练的负样本图像，与 ISTD-PDS7 中总体负样本的差异性明显降低。

负样本对于降低路面干扰噪声假阳性预测的有效性如图 5-14 所示。当原始图像带有阴影、油污、水渍、树枝、划痕和轮胎压痕等复杂干扰噪声时(见图 5-14 中第 1 行)，若未采用负样本参与模型训练，则 ISTD-Disnet 算法虽然克服部分噪声干扰，但是面对与路面病害特征十分相似的干扰噪声，假阳性预测依然较多(见图 5-14 中第 2 行)。随着参与模型训练的负样本数量达到 5 000 张，假阳性预测明显减少(见图 5-14 中第 3 行)。当全部负样本参与模型训练时，大多数的假阳性预测消失(见图 5-14 中第 4 行)。据此可以发现，仅使用正样本进行模型训练并不能达到令人满意的路面病害分割效果。

针对性引入与路面病害特征差异性低的负样本参与模型训练，可以使模型从图像中提取更丰富的语义信息，进而判断干扰噪声和路面病害之间的差异化特征；可以使模型更加关注病害区域的特征信息，可以提高模型在复杂场景路面病害 DIS 任务的特征表达能力，可以有效降低复杂干扰噪声的误提取数量。为了满足实用工程要求，在后期数据集维护和算法研究中，将通过开发人工交互检查系统的方式，有针对性地扩大负样本数量。

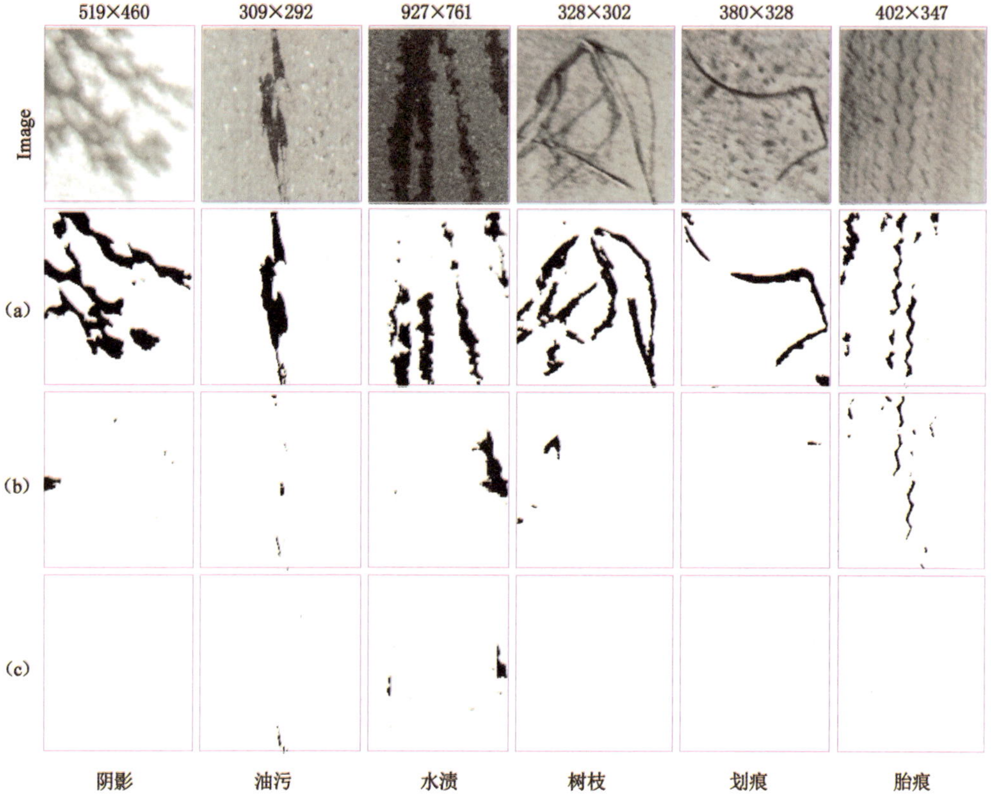

图 5-14 负试样对路面病害提取的影响

6 基于智能检测结果的路面损坏状况自动评价方法研究

提出的一个用于多类型路面病害的精确分类和定位的 ISTD-YOLO 算法在所有指标上都达到了最具竞争力的检测性能。在分析基于 CNN 与转换器的语义分割模型优缺点的基础上构建了一个端到端的多类型病害二类分割算法(ISTD-Diset),可实现复杂场景下路面病害像素的自动提取。

上述研究虽然实现了基于图像的路面病害分类、定位和像素提取,但尚且不能直接用于 PCI 的计算。按照《公路技术状况评定标准》的要求,同时考虑路面病害的类型、位置和像素密度比,研发一个鲁棒、全面的路面损坏状况自动评价体系。

6.1 PCI 分析与智能检测结果输出方案设计

6.1.1 PCI 分析

随着路龄增长,正常运营的沥青和水泥公路路面会陆续产生多种病害,如裂缝、坑槽、龟裂等。在我国,常用路面损坏状况指数(PCI)来评价路面的破损状况。按照传统的评价方法,首先使用移动检测车采集路面图像数据;然后进行图像正射校正处理,预处理后的线路数据被导入内业处理软件(图 6-1),结合人工目视判别的方式对图像中的路面病害进行矩形框标记,生成每张图像的病害信息文件(图 6-1);最后根据人工判别结果,使用公式(6-1)计算该线路各评价单元(100 m 或 1 000 m)的路面综合破损率(DR),并使用公式(6-2)计算得出 PCI 指标。

$$DR = 100 \times \sum_{i=1}^{i_0} \frac{w_i A_i}{A} \tag{6-1}$$

其中,DR 为路面综合破损率,是各种病害的折合面积之和与路面调查面积的百分比,%;i 为病害类型;i_0 为病害类型总数;A_i 为第 i 类路面病害损坏的面积,m^2;A 为调查的路面面积(调查长度与路面宽度之积),m^2;w_i 为第 i 类路面病害损坏的权重。不同病害类型的权重取值不同。8 类主要路面病害的权重系数见表 6-1。

$$PCI = 100 - a_0 \times DR^{a_1} \tag{6-2}$$

式中,a_0:沥青路面采用 15.00,水泥路面采用 10.66;a_1:沥青路面采用 0.412、水泥路面采用 0.461。此外,对于三级及以下的农村公路,按照《低等级农村公路技术状况评定指南》要求,a_0:沥青路面采用 14.03,水泥路面采用 10.91;a_1:沥青路面采用 0.37,水泥路面采用 0.392。

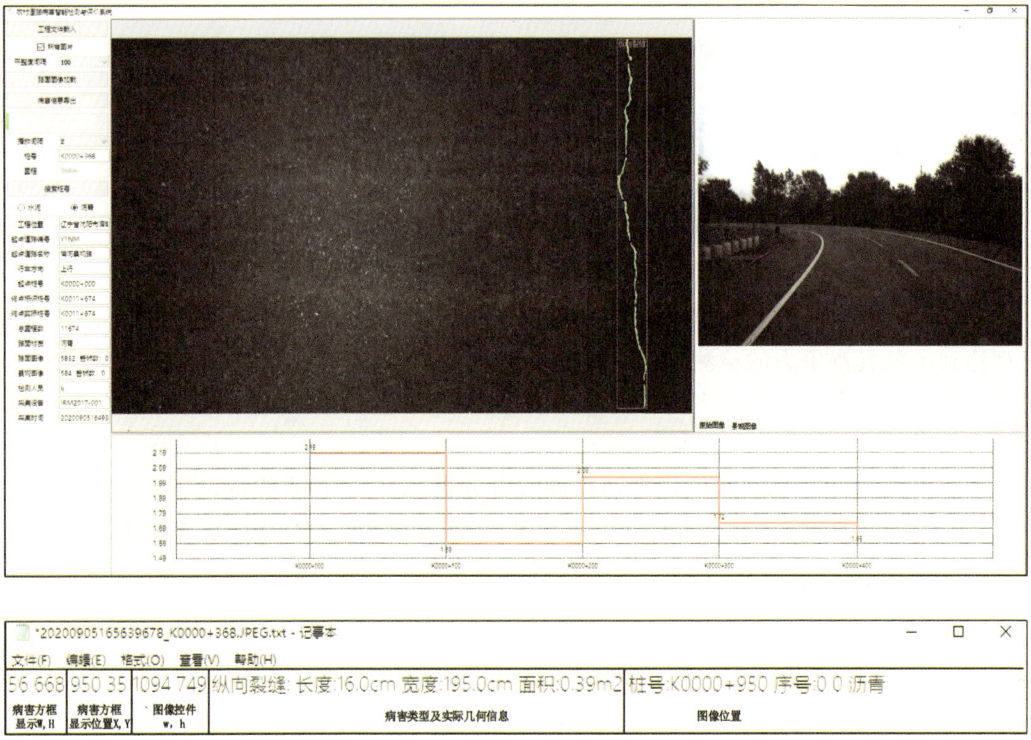

图 6-1　传统的路面损坏状况内业处理软件

表 6-1　不同路面病害的权重系数

类型 i	病害名称	计量单位/m^2	权重系数 w_i(人工勾画)	权重系数 w_i(自动化检测)	铺装类型
1	横向裂缝	长度×0.2	0.6	2	沥青
			1		
2	纵向裂缝	长度×0.2	0.6	2	
			1		
3	龟网裂	面积	0.6	1	
			0.8		
			1		
4	修补	面积	0.2	0.2	
5	坑槽	面积	0.8	1	
			1		

表 6-1(续)

类型 i	病害名称	计量单位/m²	权重系数 w_i(人工勾画)	权重系数 w_i(自动化检测)	铺装类型
6	水泥裂缝	长度×1.0	0.6	10	水泥
			0.8		
			1		
7	破碎板	面积	0.8	1	
			1		
8	坑洞	面积	1	1	

备注:“长度”为病害矩形框的对角线长度。

PCI 的取值范围为 0～100。PCI 数值越大,代表路面使用状况越好。根据 PCI 数值,将公路技术状况评定指标划分为优、良、中、次、差五个等级,如表 6-2 所示。

表 6-2　路面 PCI 等级划分标准

评价指标	优	良	中	次	差
PCI	≥90	≥80,<90	≥70,<80	≥60,<70	<60

6.1.2　智能检测结果输出方案设计

基于已训练的最优检测网络模型,如何快速、准确输出病害检测结果输出方案,是实现大规模路面损坏状况自动化评价的前提。考虑到所使用的采集设备获取的路面图像分辨率为 3 517×2 193 像素,对应的实际尺寸为 3.2 m(宽)×2.0 m(高)。从原始采集数据中,随机挑选了共 12 个百米评价单元,共计 565 张图像。设置两种智能检测结果输出方案:大图分别输入 ISTD-YOLO 与 ISTD-Disnet 直接预测(方案一);大图输入 ISTD-YOLO 获得预测结果,根据定位信息裁剪病害 RoI 区域图像并输入 ISTD-Disnet 进行分割(方案二)。统计两种方案的准确度、漏检率、误检率和检测总时间以评估两种方案的综合性能。其中,准确度为检测正确病害数量和实际病害数量的比值,漏检率为两种模型均未检出病害数量与实际病害数量的比值,误检率为两种模型错误检测的病害数量和总检测病害数量的比值。两种方案的统计结果见表 6-3。

表 6-3　两种智能检测结果输出方案性能参数对比

输出方案	检测总时间/s	准确度/%	漏检率/%	误检率/%
方案一	448	90.23	8.77	3.30
方案二	122	91.01	7.99	0.52

由表 6-3 可知,方案二较方案一,预测准确度高 0.78%,漏检率低 0.78%。方案二的误

检率为 0.52%，方案一的误检率为 3.30%。对比检测结果发现，漏检现象多发生在具有细小裂缝图像中，误检现象发生在含有边缘不明显的伸缩缝图像中。相比较于方案一，方案二根据 ISTD-YOLO 检测结果裁剪小图进行分割，可排除大部分非病害区域的预测干扰，减少假阳性预测，有效减少误检现象。基于大图直接分割的方案一耗时 448 s，而以 RoI 裁剪后再分割的方案二耗时 122 s，方案二的效率是方案一的约 3.7 倍。

2 种不同智能检测结果输出方案的定性比较结果如图 6-2 所示。由图 6-2 可以明显看出，在不同亮度条件和阴影干扰的情况下，方案二在裂缝分割结果的边缘准确度以及细粒度要远高于方案一的，即集成 ISTD-YOLO 与 ISTD-Disnet 的分割结果与裂缝的实际宽度更吻合，更能反映裂缝损坏程度。综上分析，在后续实验中，选择集成 ISTD-YOLO 与 ISTD-Disnet 的病害检测结果输出方案，这样可以更加准确、高效地反映路面的实际破损状况。

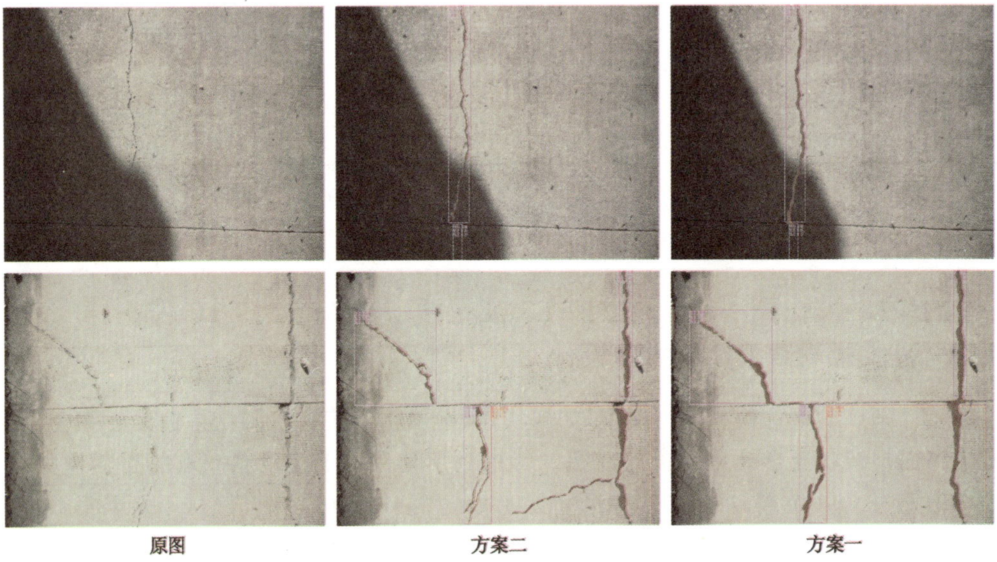

图 6-2　不同方案的病害检测结果对比

6.2　基于智能检测结果的 PCI 评价方法研究

6.2.1　实验数据

为了建立一个鲁棒的、全面的路面损坏状况评价模型，需要考虑路面病害的类型和像素密度比(pixel density ratio，PDR)。为此，从辽宁省 2022 年实测公路数据，按铺装类型、病害类型和场景筛选了 66 个百米评价单元，作为 PCI 计算模型研究的实验数据。首先由 3 位病害检查领域的专家采用人工目视判别的方式，准确勾画各评价单元图像中的路面病害，进而计算各评价单元的 PCI 得分，以此作为模型构建的真值，并统计所需时间；然后通过提出的 ISTD-YOLO 算法检测所有图像，并根据目标检测结果计算各评价单元的破损率；最后通过提出的 ISTD-Disnet 算法提取各评价单元中的病害像素，并计算病害像素密度比，以作为基于融合结果的 PCI 计算模型的新特征。66 个评价单元中的病害数量统计见图 6-3。自变量 DR、PDR 和因变量 PCI 统计见表 6-4。

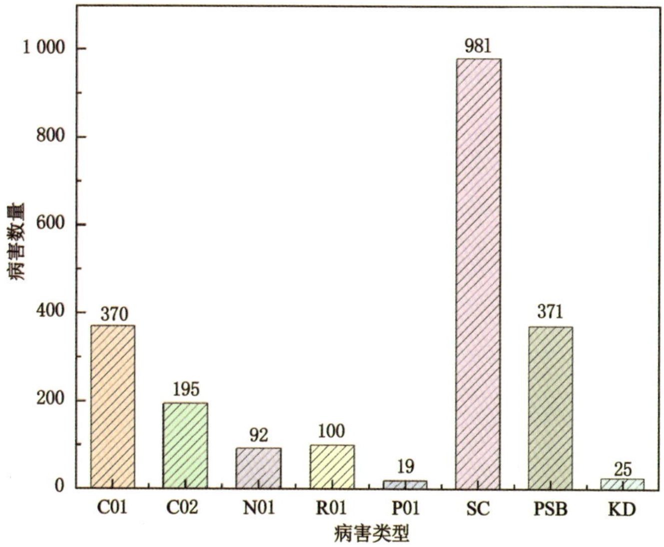

图 6-3 实验数据中各类病害数量分布

表 6-4 自变量 DR、PDR 和因变量 PCI 统计

评价单元 ID	DR	PDR	PCI(人工)	备注
1	0.072 86	0.000 50	95.67	沥青
2	0.082 64	0.001 16	95.13	沥青
3	0.048 69	0.000 34	96.39	沥青
4	0.073 95	0.000 35	96.26	沥青
5	0.104 21	0.001 94	94.36	沥青
6	0.074 50	0.001 12	95.44	沥青
7	0.090 78	0.002 26	94.68	沥青
8	0.049 51	0.000 91	96.23	沥青
9	0.059 79	0.001 17	95.43	沥青
10	0.070 87	0.001 19	95.65	沥青
11	0.074 17	0.001 51	95.40	沥青
12	0.059 00	0.001 56	95.73	沥青
13	0.044 88	0.001 24	96.12	沥青
14	0.021 12	0.000 26	97.39	沥青
15	0.093 95	0.000 78	95.20	沥青
16	0.108 98	0.002 42	94.60	沥青

表 6-4(续)

评价单元 ID	DR	PDR	PCI(人工)	备注
17	0.122 34	0.001 26	94.49	沥青
18	0.093 72	0.001 74	95.00	沥青
19	0.102 07	0.001 72	95.24	沥青
20	0.160 46	0.002 77	94.20	沥青
21	0.045 64	0.000 72	96.88	沥青
22	0.046 00	0.000 58	96.18	沥青
23	0.073 71	0.001 75	95.12	沥青
24	0.093 07	0.001 97	95.26	沥青
25	0.071 74	0.001 34	95.21	沥青
26	0.072 38	0.000 46	96.70	沥青
27	0.058 49	0.000 93	96.03	沥青
28	0.074 63	0.000 98	95.61	沥青
29	0.096 02	0.001 64	95.00	沥青
30	0.101 47	0.000 87	95.01	沥青
31	0.170 88	0.002 41	93.40	沥青
32	0.095 05	0.002 00	94.64	沥青
33	0.141 62	0.001 63	94.51	沥青
34	0.135 20	0.001 82	94.72	沥青
35	0.074 51	0.001 53	95.39	沥青
36	0.046 80	0.000 30	96.68	沥青
37	0.067 20	0.000 47	95.80	沥青
38	0.096 49	0.000 57	95.63	沥青
39	0.102 78	0.000 94	95.53	沥青
40	0.122 75	0.002 63	94.18	沥青
41	0.078 50	0.001 38	95.31	沥青
42	0.077 90	0.000 88	95.10	沥青
43	0.787 34	0.005 01	90.45	水泥
44	0.090 42	0.000 25	96.48	水泥
45	0.408 21	0.001 70	92.95	水泥
46	0.138 08	0.000 29	95.72	水泥
47	0.260 79	0.001 16	94.26	水泥
48	1.735 33	0.017 19	86.58	水泥
49	0.447 31	0.002 69	92.64	水泥

表 6-4(续)

评价单元 ID	DR	PDR	PCI(人工)	备注
50	1.940 25	0.016 74	85.53	水泥
51	1.806 63	0.016 94	86.00	水泥
52	0.569 98	0.002 93	91.77	水泥
53	0.359 77	0.002 06	93.35	水泥
54	0.081 52	0.001 01	96.64	水泥
55	0.987 60	0.007 44	89.40	水泥
56	0.611 92	0.002 21	91.50	水泥
57	0.521 71	0.000 32	91.65	水泥
58	0.968 84	0.008 83	89.36	水泥
59	0.611 48	0.003 23	91.11	水泥
60	0.242 32	0.000 29	94.88	水泥
61	0.527 31	0.008 58	89.94	水泥
62	2.106 59	0.022 28	86.15	水泥
63	2.477 95	0.040 44	83.30	水泥
64	3.082 71	0.038 81	81.47	水泥
65	1.756 03	0.011 07	87.37	水泥
66	1.687 37	0.015 80	85.93	水泥

6.2.2 基于 ISTD-YOLO 算法输出结果的 PCI 计算方法研究

(1) ISTD-YOLO 算法输出结果转换

目标检测模型的输出结果和人工目视判别的结果较为类似，两者均基于病害的最优外接矩形进行定位和分类。ISTD-YOLO 算法的预测结果见图 6-4。如图 6-4 所示，单行共 5 个数据。在图 6-4 中，Label 代表类别，bbox 为边界框。据此可以看出，ISTD-YOLO 算法的预测结果，并不能直接用于计算第 i 类路面病害的损坏面积。因此，需要将预测文件进行必要转换，以获得图像中每个病害边界框(bbox)的实际宽度、高度和对角线长度。实验所使用的路面 CCD 图像经过几何校正后的宽度×高度($W\times H$)为 3 517 mm×2 193 mm，对应的实际路面宽度和高度为 3.2 m×2.0 m。

假设 bbox 在图像上的左上角坐标为(x_1, y_1)，右下角坐标为(x_2, y_2)，则实际宽度 W_T、高度 H_T 和对角线长度 L_T 的计算过程如下：

$$\begin{cases} x_1 = W\times x\_ - 0.5\times W\times w\_ \\ x_2 = W\times x\_ + 0.5\times W\times w\_ \\ y_1 = H\times y\_ - 0.5\times H\times h\_ \\ y_2 = H\times y\_ + 0.5\times H\times h\_ \end{cases} \tag{6-3}$$

式中，$x_$代表 bbox 中心点坐标 x_c 与 W 比值，$y_$代表 bbox 中心点坐标 y_c 与 H 比值，$w\_$

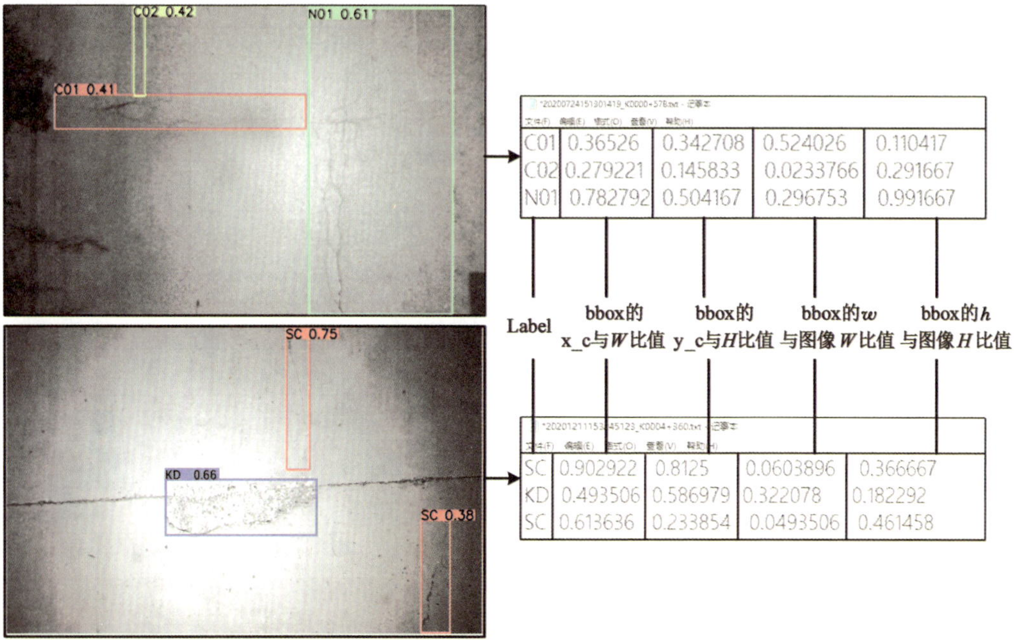

图 6-4　ISTD-YOLO 算法预测结果展示

代表 bbox 的 w 与 W 比值，h_代表 bbox 的 h 与 H 比值。

由此可得：

$$\begin{cases} W_{\mathrm{T}} = \dfrac{\sqrt{(x_1 - x_2)^2} \times 3.2}{W} \\ H_{\mathrm{T}} = \dfrac{\sqrt{(y_1 - y_2)^2} \times 2.0}{H} \\ L_{\mathrm{T}} = \sqrt{(W_{\mathrm{T}})^2 + (H_T)^2} \end{cases} \tag{6-4}$$

根据式(6-3)和式(6-4)，即可实现单张图像上各类病害矩形框面积 $S_{\mathrm{T}i} = W_{\mathrm{T}i} \times H_{\mathrm{T}i}$ 及对角线长度 $L_{\mathrm{T}i} = \sqrt{W_{\mathrm{T}i}^2 + H_{\mathrm{T}i}^2}$ 的计算，进而结合表 6-1 计算单张图像上每类病害的加权损坏面积，获取各线路评价单元中的每类病害的总损坏面积 A_i。根据式(6-1)、式(6-2)计算各线路评价单元的 DR 和 PCI 指标。

(2) 基于 ISTD-YOLO 算法检测结果的 PCI 分析

结合表 6-4 的实验数据和上述 PCI 计算方法，统计人工目视判别与基于 ISTD-YOLO 算法输出结果所计算的 66 个百米评价单元的 PCI 得分。注意，此处使用式(6-2)时，a_0：沥青路面时采用 15.00，水泥路面时采用 10.66；a_1：沥青路面时采用 0.412、水泥路面时采用 0.46。由表 6-5 可以看出，基于 ISTD-YOLO 算法检测结果计算 PCI 方法与人工目视判别方法的差值绝对值的均值仅为 0.78，中误差为±0.89，说明提出的方法具有较高的检测精确度。此外，该方法的计算效率是人工方法的 35 倍。综合对比表明，基于 ISTD-YOLO 检测结果计算 PCI 的方法，对于不考虑病害路面病害损坏程度的大规模路面损坏状况评估具有较高工程参考价值。

表 6-5 基于 ISTD-YOLO 输出结果的 PCI 计算分析

评价单元 ID	PCI		差值	备注
	人工	ISTD-YOLO		
1	95.67	94.90	0.77	沥青
2	95.13	94.63	0.50	沥青
3	96.39	95.68	0.71	沥青
4	96.26	94.87	1.39	沥青
5	94.36	94.09	0.27	沥青
6	95.44	94.85	0.58	沥青
7	94.68	94.42	0.26	沥青
8	96.23	95.65	0.58	沥青
9	95.43	95.30	0.13	沥青
10	95.65	94.96	0.69	沥青
11	95.40	94.86	0.54	沥青
12	95.73	95.33	0.40	沥青
13	96.12	95.82	0.29	沥青
14	97.39	96.94	0.45	沥青
15	95.20	94.34	0.86	沥青
16	94.60	93.98	0.62	沥青
17	94.49	93.69	0.81	沥青
18	95.00	94.34	0.65	沥青
19	95.24	94.14	1.10	沥青
20	94.20	92.94	1.26	沥青
21	96.88	95.80	1.09	沥青
22	96.18	95.78	0.40	沥青
23	95.12	94.88	0.24	沥青
24	95.26	94.36	0.90	沥青
25	95.21	94.93	0.27	沥青
26	96.70	94.92	1.79	沥青
27	96.03	95.34	0.68	沥青
28	95.61	94.85	0.75	沥青
29	95.00	94.29	0.72	沥青
30	95.01	94.16	0.85	沥青
31	93.40	92.76	0.65	沥青
32	94.64	94.31	0.33	沥青
33	94.51	93.30	1.21	沥青
34	94.72	93.42	1.30	沥青
35	95.39	94.85	0.53	沥青

表 6-5(续)

评价单元 ID	PCI		差值	备注
	人工	ISTD-YOLO		
36	96.68	95.75	0.93	沥青
37	95.80	95.07	0.73	沥青
38	95.63	94.28	1.35	沥青
39	95.53	94.13	1.41	沥青
40	94.18	93.68	0.50	沥青
41	95.31	94.74	0.57	沥青
42	95.10	94.76	0.34	沥青
43	90.45	88.81	1.64	水泥
44	96.48	96.50	−0.02	水泥
45	92.95	91.68	1.27	水泥
46	95.72	96.12	−0.40	水泥
47	94.26	92.36	1.90	水泥
48	86.58	86.26	0.32	水泥
49	92.64	90.74	1.90	水泥
50	85.53	82.81	2.72	水泥
51	86.00	85.26	0.74	水泥
52	91.77	91.42	0.35	水泥
53	93.35	92.67	0.68	水泥
54	96.64	95.52	1.12	水泥
55	89.40	89.29	0.11	水泥
56	91.50	91.05	0.45	水泥
57	91.65	92.10	−0.45	水泥
58	89.36	89.49	−0.13	水泥
59	91.11	91.50	−0.39	水泥
60	94.88	94.45	0.43	水泥
61	89.94	92.06	−2.12	水泥
62	86.15	84.97	1.18	水泥
63	83.30	83.80	−0.50	水泥
64	81.47	82.09	−0.61	水泥
65	87.37	86.18	1.19	水泥
66	85.93	86.43	−0.50	水泥
总耗时/s	15 840	455.73	—	—
差值绝对值均值	—	—	0.78	—
中误差	—	—	±0.89	—

值得注意的是，在测试所用的 66 个评价单元中，基于 ISTD-YOLO 算法预测结果计算的 PCI，有 57 个单元的 PCI 出现低于人工目视判别的。通过检查预测结果发现，当单幅图像中出现多类病害或病害拓扑结构较为复杂时，病害检测矩形框会发生交叉（见图 6-5），从而导致计算破损面积略大于人工勾画的，进而降低了 PCI 分值。这种情况不利于道路维护部门制定精准的维修和养护方案。

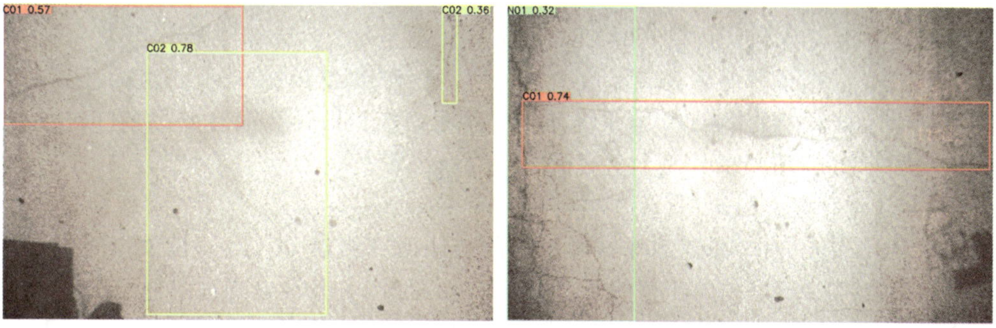

图 6-5 ISTD-YOLO 算法检测矩形框交叉示例

6.2.3 基于 ISTD-Disnet 算法输出结果的 PCI 计算模型研究

（1）病害像素密度比计算

仅基于 ISTD-Disnet 算法的输出结果，开发一种新的路面损坏状况指数计算方法。使用 ISTD-Disnet 算法的最优权重模型，提取表 6-4 涉及的 66 个评价单元中的所有病害像素，按式(6-5)计算各评价单元中病害像素的密度比。

$$\mathrm{PDR}_i = \frac{\sum_{j=1}^{50} NP_j}{A_j \times 50} \tag{6-5}$$

式中，$i \in [1,66]$ 为实验所用的 66 个评价单元序号；NP_j 为某评价单元中图像 j 病害像素总数；A_j 为图像 j 的总像素数，$A_j = 3\ 517 \times 2\ 193$。

（2）PDR 与 PCI 相关性分析

根据表 6-4，按式(6-6)和式(6-7)计算 PDR 与 PCI 相关性系数 $r_{\mathrm{PDR,PCI}}$，以判断 PDR 和 PCI 指标的相关程度，分析自动化计算模型构建的可行性。

$$\begin{cases} s_{\mathrm{PDR}} = \sqrt{\dfrac{\sum_{i=1}^{i=n} (\mathrm{PDR}_i - \mathrm{PDR}_{\mathrm{mean}})^2}{n-1}} \\ s_{\mathrm{PCI}} = \sqrt{\dfrac{\sum_{i=1}^{i=n} (\mathrm{PCI}_i - \mathrm{PCI}_{\mathrm{mean}})^2}{n-1}} \\ S_{\mathrm{PDR,PCI}} = \dfrac{\sum_{i=1}^{i=n} (\mathrm{PDR}_i - \mathrm{PDR}_{\mathrm{mean}})(\mathrm{PCI}_i - \mathrm{PCI}_{\mathrm{mean}})}{n-1} \end{cases} \tag{6-6}$$

式中，$n=66$ 为评价单元数；$\mathrm{PDR}_{\mathrm{mean}}$ 和 $\mathrm{PCI}_{\mathrm{mean}}$ 分别为两种样本的算术平均值；s_{PDR} 和 s_{PCI} 分别

为两种样本的标准差；$S_{PDR,PCI}$为 PDR 和 PCI 的协方差。按式(6-7)计算相关性系数 $r_{PDR,PCI}$。

$$r_{PDR,PCI} = \frac{S_{PDR,PCI}}{s_{PDR} \times s_{PCI}} \tag{6-7}$$

值得注意的是，当$|r_{PDR,PCI}|>0.95$时，两者显著性相关；当$0.95 \geqslant |r_{PDR,PCI}| \geqslant 0.8$时，两者高度相关；当$0.5 \leqslant |r_{PDR,PCI}| < 0.8$时，两者中度相关；当$0.3 \leqslant |r_{PDR,PCI}| < 0.5$时，两者低度相关；当$|r_{PDR,PCI}|<0.3$时，两者弱相关[172]。结合表 6-4，并通过上述公式分别计算 42 个沥青评价单元和 24 个水泥评价单元的 PDR 和 PCI 相关系数。其计算结果为：$r_{沥青}=-0.824$，$r_{水泥}=-0.965$。这说明两者具有高度的相关性，即：使用 ISTD-Disnet 算法的计算结果去计算评价单元的病害像素密度比，并将其作为路面损坏指数计算的自变量，可以反映路面的破损程度，实现 PCI 计算模型的构建。

(3) PCI 计算模型构建

基于 PDR 指标，采用线性和非线性拟合的方法研究构建 PCI 计算模型，并使用 R^2 评价模型的性能。R^2 可反映因变量的全部变异能通过回归关系被自变量解释的比例。R^2 越接近 1，说明模型性能越好。基于简单线性拟合方法的 PCI 计算模型见图 6-6。由图 6-6 可以看出，对于两类铺装类型的路面，基于 PDR 构建的线性函数模型的决定性系数分别为 0.672、0.808。

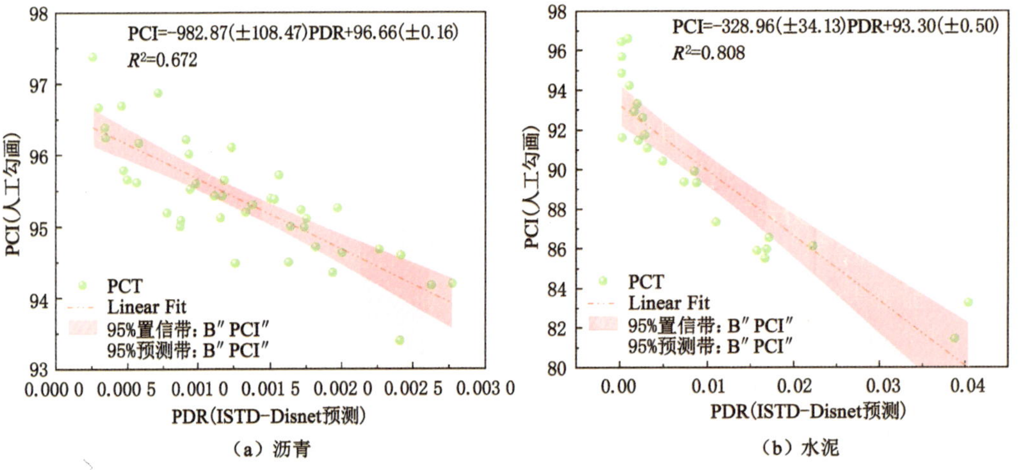

图 6-6　基于线性拟合算法的 PCI 计算模型

鉴于非线性方程组在电学、力学、经济管理、工程技术、生物医学、运筹优化等方面有着广泛的应用[173]。且由式(6-2)可以看出，PCI 与 DR 之间为非线性关系，满足一种 2 个系数的指数函数。考虑到所用的 PDR 与 DR 大小差异较大，选择式(6-8)作为 PDR(自变量)和 PCI(因变量)的非线性拟合函数。式(6-8)中，A_1 和 A_2 是两个待求系数，ε 为修正参数。采用 Levenberg-Marquardt(LM)算法[174]求解非线性函数最小二乘系数解。该算法通过引入一个有阻尼参数克服 $\boldsymbol{J}^{\mathrm{T}}\boldsymbol{J}$ 奇异或接近奇异时迭代步无法求解的问题。

$$\mathrm{PCI} = 100 - A_1 \times \mathrm{PDR}^{A_2} + \varepsilon \tag{6-8}$$

选用 LM 算法，求解式(6-8)的迭代最优解。迭代 29 次后基于 PDR 的 PCI 计算模型如图 6-7 所示。由图 6-7 可以看出，相比于简单的线性拟合模型，使用图 6-7 中 PCI 计算模型，

R^2 分别提高了 0.036、0.144，这说明所提出的非线性拟合模型性能更佳。

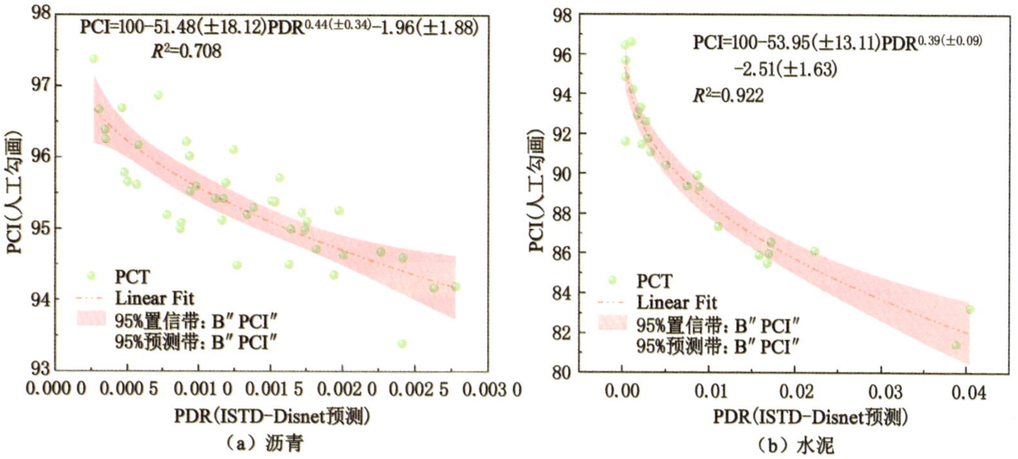

图 6-7 基于 ISTD-Disnet 算法的 PCI 计算模型

然而，必须说明的是，ISTD-Disnet 算法输出的是能够反映路面破损程度的路面病害二类语义分割结果。若按图 6-7 中的计算模型，则可以实现根据病害像素密度比对各评价单元 PCI 进行计算和排序。但是该模型不能区分病害的类型，可能导致一个误导性的结论。例如，如图 6-8 所示，该模型不能区分修补和裂缝，前者通常比后者宽，故而前者病害像素的比例更高，这导致不公平地惩罚一个评价单元得分的问题。因此，基于 ISTD-Disnet 算法去计算 PCI 主要问题是：该模型只依赖于分割的密度，而未能考虑路面病害的类型和表 6-1 中所示的权重系数。众所周知，不同的路面病害对路面状况的影响是不同的。

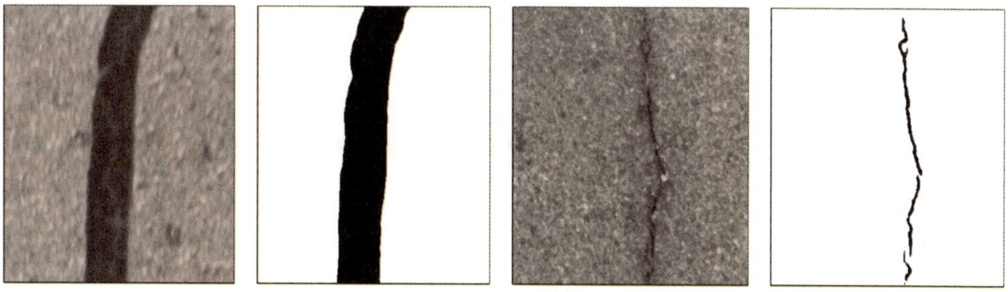

图 6-8 基于 ISTD-Disnet 算法的病害密度相关问题示例

6.2.4 基于融合结果的 PCI 计算模型研究

(1) 计算模型构建

针对 ISTD-YOLO 算法和 ISTD-Disnet 算法各自的局限性，提出一种新的基于混合算法检测结果的 PCI 计算模型。该模型既考虑路面病害的类型，以顾及不同路面病害的权重系数；又考虑病害像素的密度，以顾及路面病害的破损程度。结合式(6-2)，融合目标检测与二类语义分割的结果，设计一个新的 PCI 计算模型，如式(6-9)所示。

$$\mathrm{PCI} = 100 - a \times \mathrm{DR}^b + \mathrm{PDR}^c \tag{6-9}$$

式中，DR 由 ISTD-YOLO 算法检测结果求得，为兼顾路面病害类别与权重系数计算的路面破损率；PDR 由 ISTD-Disnet 算法分割结果求得，为顾及路面病害损坏程度的路面病害像素密度比；a，b，c 为待求系数。

（2）模型分析

本节以表 6-4 为实验数据，采用 LM 算法求解式(6-9)所示的非线性曲面模型中的参数迭代最优解。沥青和水泥路面实验数据分别经过 17 次、21 次迭代至模型收敛。基于融合结果的 PCI 计算模型的解算结果如图 6-9 所示。由图 6-9 可以看出，使用图 6-9 中 PCI 计算模型，两类铺装类型路面的 PCI 计算模型的决定系数 R^2 分别为 0.8、0.978。相比于仅考虑 PDR 的 PCI 计算模型(图 6-7)的决定系数 R^2，该模型 R^2 分别提升了 0.092、0.056，该模型拟合性能更佳。

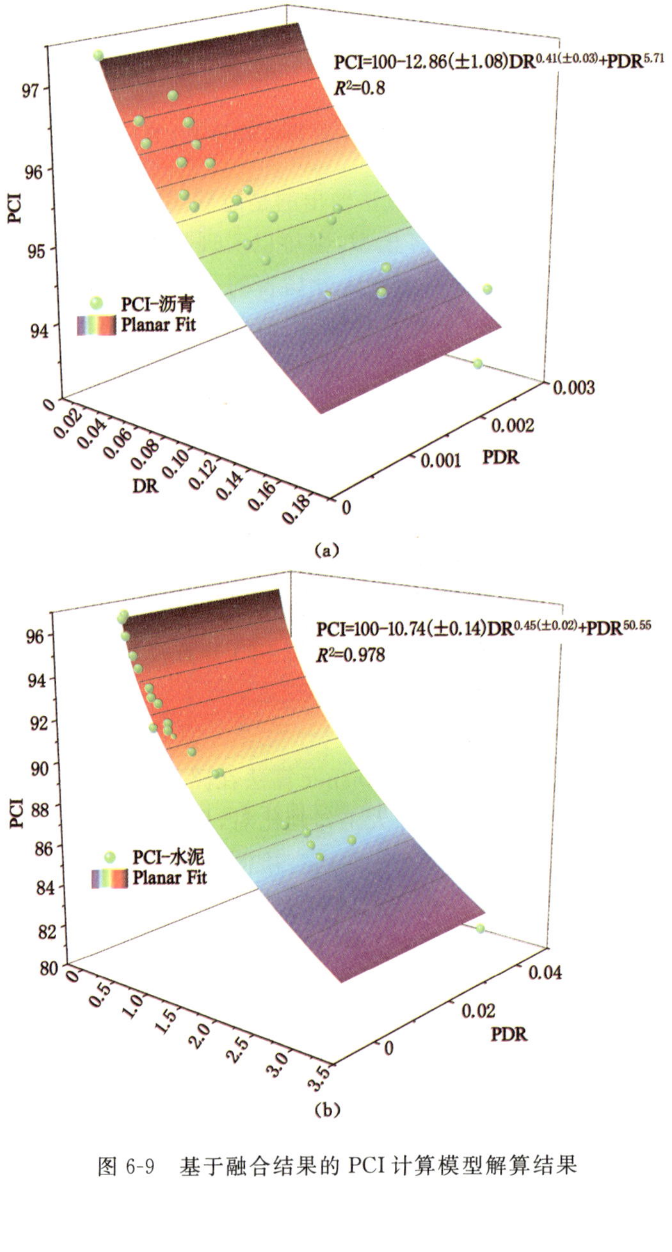

图 6-9　基于融合结果的 PCI 计算模型解算结果

6.3　综合应用性能分析

6.3.1　实验设置说明

（1）验证数据

从 2022 年辽宁省路面影像数据中选择 35 个沥青路面百米评价单元和 47 个水泥混凝土路面百米评价单元作为模型性能的验证数据。首先由 3 位路面病害检查领域的专家采用人工目视判别的方法，给出各评价单元的 PCI 得分以作为评价的真值，并统计人工目视判别所需时间。

（2）自动检测准确性和效率分析

按 6.2 节所述方法，使用 ISTD-YOLO 算法和 ISTD-Disnet 算法从所有评价单元图像中提取病害特征（类别 i、病害矩形框面积 S_i、对角线长度 L_i 及病害像素密度比 PDR），统计病害的漏检率、误检率和推理时间，以进一步评估所提出的两种病害检测算法的鲁棒性。

（3）PCI 计算模型的综合性能分析

将计算得来的病害特征分别使用方法一（基于 ISTD-YOLO 算法输出结果的 PCI 计算方法）、方法二（基于 ISTD-Disnet 算法输出结果的 PCI 计算方法）和方法三（基于融合结果的 PCI 计算方法）自动计算各评价单元的 PCI 得分，统计三类方法的差值绝对值的平均值、中误差和计算时间，对比分析三类方法在 PCI 计算方面的综合性能，并讨论其应用场景，给出基于智能检测结果的最佳 PCI 计算模型。

（4）PCI 计算模型泛化能力分析

研究使用的数据均来自我国东北地区。为了进一步分析 PCI 计算模型的泛化能力，从湖北省 2022 年路面影像数据中选择 6 条（115 个百米评价单元）不同路面铺装类型和损坏程度的线路。由 3 位路面病害检查领域的专家通过人工目视判别的方法，给出各评价单元的 PCI 得分和评价等级；以两类综合性能较好的 PCI 计算模型，自动计算各路线的 PCI 得分和评价等级；计算人工与自动计算 PCI 差值绝对值的均值，统计差值绝对值小于 5 分和等级一致的评价单元在各被检测线路的占比，分析 PCI 计算模型的泛化性能。

6.3.2　自动检测准确性和效率分析

为了评估 ISTD-YOLO 算法和 ISTD-Disnet 算法在路面病害检测方面的综合性能，通过对 82 个评价单元图像进行自动检测和人工勾画比对，最终获得不同检测指标下的统计结果。由表 6-3 可知，基于 ISTD-YOLO 算法的病害检测效率是人工勾画方法的 72 倍，基于 ISTD-Disnet 算法的病害检测效率是人工勾画方法的 12 倍。进一步地，通过表 6-6 统计结果，计算两种算法的病害识别精确度、漏检率、误检率和病害数量识别精确度，其结果见图 6-10。由图 6-10 可以看出，在沥青和水泥路面评价图像上，ISTD-YOLO 和 ISTD-Disnet 两种算法的病害识别精确度分别为 94.7%（沥青路面）、91.6%（沥青路面）、97.5%（水泥路面）和93.9%（水泥路面），说明两种算法具有较高的病害识别精确度；此外，两种算法均获得了较低的漏检率和误检率，说明自动识别算法的可靠性较高。值得注意的是，相较于 ISTD-Disnet 算法，ISTD-YOLO 算法的漏检率和误检率更低，如图 6-10（a）所示。如

图 6-10(b)所示,从病害个数的识别精确度计算结果可以看出,两种算法在不同铺装路面的病害个数识别精确度均高于 85%,水泥路面的识别精确度相比沥青路面的更高,这与后者具有的更多的路面颗粒噪声有关。综合分析表明,所提出的两类自动检测算法具有较高的鲁棒性。

表 6-6 两种算法在评价数据上的检测结果统计

数据	沥青路面 35 评价单元			水泥混凝土路面 47 个评价单元		
检测方法	人工检测	ISTD-YOLO	ISTD-Disnet	人工检测	ISTD-YOLO	ISTD-Disnet
总图像数量/张	1 750			2 350		
病害图像数量/张	1 089			1 223		
病害个数/个	1 439			1 869		
识别正确图像数量/张	1 089	1 031	995	1 223	1 193	1 118
识别正确病害数量/张	1 439	1 239	1 229	1 869	1 724	1 692
误判图像数量/张	0	23	41	0	4	17
漏检图像数量/张	0	58	94	0	30	105
时间/s	8 400	117.5	700	11 280	157.5	940

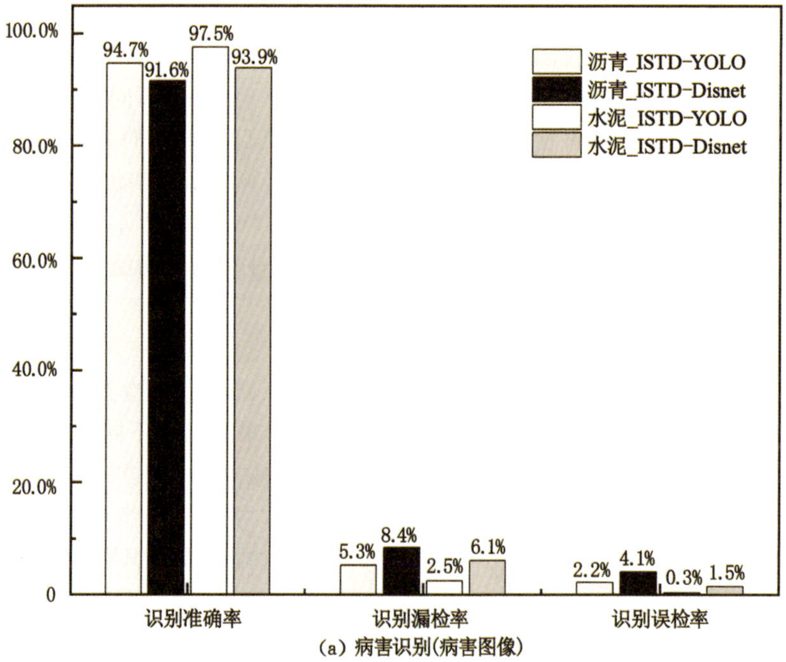

图 6-10 两种算法在评价数据上的病害识别性能

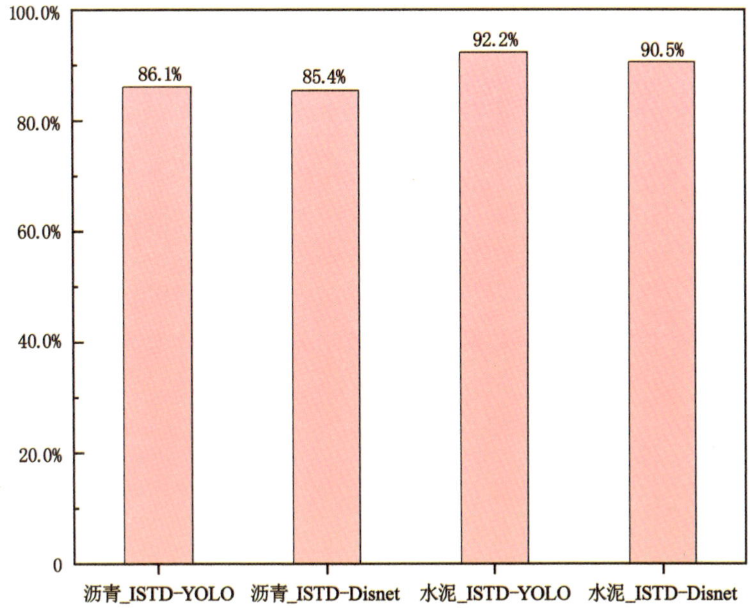

(b) 病害个数识别准确率

图 6-10(续)

6.3.3 PCI 计算模型综合性能分析

依据 82 个百米评价单元影像数据作为验证集，以 6.3.2 解算的病害特征信息作为数据集，按 6.2 节所提出的三种计算模型，分别获得各评价单元的 PCI 值，以 PCI 差值绝对值的平均值、中误差和计算时间评估三种 PCI 计算模型的优缺点。在分析结果的基础上，讨论三种 PCI 计算模型最适配的应用场景。表 6-7、表 6-8 统计了三种 PCI 计算模型在两类铺装路面验证数据的计算结果。

表 6-7 三种 PCI 计算模型在沥青路面验证数据的结果对比

评价单元 ID	识别输出病害特征值		PCI				差值绝对值		
	DR(ISTD-YOLO)	PDR(ISTD-Disnet)	人工	方法一	方法二	方法三	差值 1	差值 2	差值 3
1	0.291 91	0.005 74	90.87	90.97	92.72	92.22	0.10	1.85	1.35
2	0.299 98	0.009 06	92.59	90.87	91.54	92.14	1.72	1.05	0.45
3	0.219 01	0.002 64	91.99	91.98	94.26	93.09	0.01	2.27	1.10
4	0.207 29	0.002 36	92.35	92.16	94.45	93.24	0.19	2.10	0.89
5	0.217 50	0.004 08	91.92	92.00	93.47	93.11	0.08	1.55	1.19
6	0.244 95	0.003 29	92.22	91.60	93.88	92.76	0.62	1.66	0.54
7	0.244 44	0.003 01	91.70	91.61	94.04	92.77	0.09	2.34	1.07
8	0.057 01	0.001 03	95.01	95.39	95.55	96.01	0.38	0.54	1.00
9	0.076 33	0.000 90	95.95	94.80	95.68	95.51	1.15	0.27	0.44

表 6-7(续)

评价单元 ID	识别输出病害特征值		PCI				差值绝对值		
	DR(ISTD-YOLO)	PDR(ISTD-Disnet)	人工	方法一	方法二	方法三	差值 1	差值 2	差值 3
10	0.234 31	0.001 84	91.83	91.75	94.82	92.89	0.08	2.99	1.06
11	0.204 99	0.002 65	93.02	92.19	94.26	93.27	0.83	1.24	0.25
12	0.222 17	0.002 07	92.68	91.93	94.65	93.05	0.75	1.97	0.37
13	0.159 11	0.000 29	93.94	92.97	96.61	93.93	0.97	2.67	0.01
14	0.108 06	0.000 69	95.75	94.00	95.94	94.82	1.75	0.19	0.93
15	0.273 24	0.004 44	91.19	91.21	93.29	92.43	0.02	2.10	1.24
16	0.176 72	0.002 36	92.68	92.66	94.44	93.67	0.02	1.76	0.99
17	0.209 67	0.002 81	93.96	92.12	94.16	93.21	1.84	0.20	0.75
18	0.218 14	0.002 52	92.31	91.99	94.34	93.10	0.32	2.03	0.79
19	0.045 82	0.000 23	96.92	95.79	96.75	96.35	1.13	0.17	0.57
20	0.107 66	0.001 21	95.12	94.01	95.36	94.83	1.11	0.24	0.29
21	0.112 62	0.001 66	94.79	93.90	94.96	94.73	0.89	0.17	0.06
22	0.097 84	0.001 66	95.08	94.24	94.96	95.03	0.84	0.12	0.05
23	0.125 64	0.001 21	94.26	93.62	95.37	94.49	0.64	1.11	0.23
24	0.035 29	0.000 10	96.93	96.22	97.14	96.72	0.71	0.21	0.21
25	0.037 20	0.006 85	95.54	96.13	92.29	96.65	0.59	3.25	1.11
26	0.036 13	0.004 68	96.65	96.18	93.18	96.69	0.47	3.47	0.04
27	0.017 30	0.008 40	97.48	97.18	91.75	97.55	0.30	5.73	0.07
28	0.025 91	0.014 65	97.70	96.67	90.01	97.11	1.03	7.69	0.59
29	0.026 90	0.010 27	96.90	96.62	91.17	97.07	0.28	5.73	0.17
30	0.015 13	0.010 96	97.73	97.33	90.97	97.68	0.40	6.76	0.05
31	0.021 95	0.005 31	97.31	96.89	92.90	97.30	0.42	4.41	0.01
32	0.005 14	0.001 09	97.95	98.29	95.48	98.51	0.34	2.47	0.56
33	0.084 58	0.002 76	96.23	94.58	94.19	95.31	1.65	2.04	0.92
34	0.000 66	0.000 67	98.86	99.27	95.97	99.36	0.41	2.89	0.50
35	0.025 01	0.000 27	97.38	96.72	96.65	97.15	0.66	0.73	0.23
平均值							0.65	2.17	0.57
中误差							±0.83	±2.88	±0.71
总时间/s			8 400	272	289	548			

表 6-8　三种 PCI 计算模型在水泥混凝土路面验证数据的结果对比

评价单元 ID	识别输出病害特征值		PCI				差值绝对值		
	DR(ISTD-YOLO)	PDR(ISTD-Disnet)	人工	方法一	方法二	方法三	差值 1	差值 2	差值 3
1	0.658 77	0.00140	91.03	91.21	93.33	91.10	0.18	2.30	0.07
2	2.195 27	0.001 47	84.57	84.68	93.24	84.71	0.11	8.67	0.14

表 6-8(续)

评价单元 ID	识别输出病害特征值		PCI				差值绝对值		
	DR(ISTD-YOLO)	PDR(ISTD-Disnet)	人工	方法一	方法二	方法三	差值 1	差值 2	差值 3
3	2.497 11	0.004 20	82.82	83.75	91.10	83.80	0.93	8.28	0.98
4	1.412 15	0.001 12	87.16	87.50	93.65	87.46	0.34	6.49	0.30
5	2.279 18	0.000 86	84.46	84.42	94.02	84.45	0.04	9.56	0.01
6	3.240 36	0.005 19	81.57	81.67	90.53	81.78	0.10	8.96	0.21
7	3.961 26	0.004 22	79.94	79.89	91.09	80.06	0.05	11.15	0.12
8	1.649 86	0.000 90	86.54	86.57	93.95	86.55	0.03	7.41	0.01
9	0.688 98	0.001 42	91.09	91.02	93.30	90.92	0.07	2.21	0.17
10	0.722 33	0.000 43	90.72	90.82	94.78	90.73	0.10	4.06	0.01
11	1.182 62	0.001 27	89.24	88.48	93.47	88.42	0.76	4.23	0.82
12	3.527 96	0.008 00	80.68	80.94	89.19	81.07	0.26	8.51	0.39
13	3.997 30	0.031 15	79.21	79.81	82.89	79.98	0.60	3.68	0.77
14	4.321 81	0.059 55	78.39	79.07	78.26	79.26	0.68	0.13	0.87
15	6.007 66	0.027 40	75.30	75.64	83.66	75.95	0.34	8.36	0.65
16	4.746 04	0.004 74	78.77	78.15	90.78	78.37	0.62	12.01	0.40
17	3.902 93	0.006 75	80.18	80.03	89.75	80.19	0.15	9.57	0.01
18	4.701 41	0.005 50	78.11	78.24	90.36	78.46	0.13	12.25	0.35
19	4.988 72	0.013 91	77.65	77.64	87.07	77.88	0.01	9.42	0.23
20	3.182 55	0.072 26	82.64	81.82	76.61	81.93	0.82	6.03	0.71
21	4.886 65	0.052 90	77.68	77.85	79.21	78.09	0.17	1.53	0.41
22	3.734 88	0.014 93	80.96	80.43	86.76	80.58	0.53	5.80	0.38
23	5.637 88	0.011 00	76.40	76.34	88.04	76.63	0.06	11.64	0.23
24	6.531 81	0.045 65	75.04	74.68	80.32	75.03	0.36	5.28	0.01
25	3.726 19	0.083 21	80.45	80.45	75.31	80.60	0.00	5.14	0.15
26	3.661 65	0.068 78	81.20	80.61	77.04	80.75	0.59	4.16	0.45
27	4.560 12	0.064 66	77.98	78.54	77.58	78.76	0.56	0.40	0.78
28	6.443 92	0.012 06	75.06	74.84	87.67	75.18	0.22	12.61	0.12
29	6.899 07	0.016 05	74.27	74.03	86.43	74.41	0.24	12.16	0.14
30	4.107 55	0.032 00	81.83	78.55	82.72	79.73	3.28	0.89	2.10
31	6.699 32	0.015 08	73.75	74.38	86.72	74.75	0.63	12.97	1.00
32	4.909 73	0.020 52	79.42	77.80	85.24	78.04	1.62	5.82	1.38
33	1.735 33	0.017 19	86.58	86.26	86.11	86.24	0.32	0.47	0.34
34	1.159 90	0.000 88	88.51	88.59	93.99	88.52	0.08	5.48	0.01

表 6-8(续)

评价单元 ID	识别输出病害特征值		PCI				差值绝对值		
	DR(ISTD-YOLO)	PDR(ISTD-Disnet)	人工	方法一	方法二	方法三	差值 1	差值 2	差值 3
35	2.039 22	0.002 03	86.68	85.19	92.68	85.21	1.49	6.00	1.47
36	1.241 84	0.001 75	87.14	88.22	92.95	88.17	1.08	5.81	1.03
37	1.329 99	0.001 08	86.53	87.84	93.71	87.80	1.31	7.18	1.27
38	2.683 27	0.002 65	82.43	83.20	92.16	83.27	0.77	9.73	0.84
39	0.429 94	0.000 16	92.53	92.78	95.53	92.66	0.25	3.00	0.13
40	0.438 83	0.000 22	92.42	92.71	95.31	92.59	0.29	2.89	0.17
41	0.521 71	0.000 32	91.65	92.10	95.03	91.99	0.45	3.38	0.34
42	1.004 98	0.000 52	89.29	89.32	94.59	89.24	0.03	5.30	0.05
43	1.772 57	0.006 68	85.62	86.12	89.78	86.11	0.50	4.16	0.49
44	0.408 11	0.000 00	93.68	92.95	96.61	92.83	0.73	2.93	0.85
45	0.302 57	0.000 19	92.87	93.86	95.42	93.73	0.99	2.55	0.86
46	0.242 32	0.000 29	94.88	94.45	95.10	94.33	0.43	0.22	0.55
47	0.225 68	0.000 16	95.45	94.63	95.53	94.50	0.82	0.08	0.95
平均值							0.51	5.98	0.50
中误差							±0.77	±7.05	±0.68
总时间/s	—	—	11 280	473	512	953			

由表 6-7 和表 6-8 可以看出,相对于人工目视判别的方法,所提出的三类 PCI 计算模型均极大提高了路面损坏状况评价的效率。就人工目视判别方法与三类方法的 PCI 差值绝对值的平均值和中误差而言,方法三表现最佳,说明融合 ISTD-YOLO 算法和 ISTD-Disnet 算法识别结果的 PCI 计算模型可以有效提高 PCI 计算的精准度。

方法一为直接利用 ISTD-YOLO 算法的检测结果去计算 PCI 的方法,其原理与我国农村道路内业数据处理模式的较为类似,即只需标记出图像中病害的矩形框位置和类别,不考虑各类病害的严重程度。由表 6-7、表 6-8 可以看出,该方法虽然在准确性方面略次于方法三的,但具有最高的计算效率。按照《关于进一步加强农村公路技术状况检测评定工作的通知》有关要求,至 2022 年,农村公路路面自动化检测比例达到 40%以上;至 2025 年,基本实现具备检测条件的农村公路路面自动化检测全覆盖。以辽宁省、内蒙古自治区为例,2023 年年度农村公路检测里程分别为 6 万千米和 8 万千米,检测任务巨大。因此,基于 ISTD-YOLO 算法检测结果的 PCI 计算方法,可为我国大规模农村公路路面损坏状况智能化评定提供高效、可靠的技术支撑。

方法二为直接利用 ISTD-Disnet 算法的分割结果计算 PDR,进而计算 PCI 的方法。该计算模型未能考虑病害的类别及其权重系数,故而 PCI 计算结果与实际情况偏离最大,检测准确性最低。因此，不建议直接使用 PDR 计算路面损坏状况。

方法三为基于所提出的两种算法的检测结果来计算 PCI 的方法。表 6-7、表 6-8 所示的对比结果表明，该方法相比仅使用已开发的病害检测与分割算法（ISTD-YOLO 算法和 ISTD-Disnet 算法）对图像进行分析和 PCI 计算的方法，效率略低（仅为人工目视识别方法的 12～15 倍）。但相关对比结果表明，通过引入反应路面破损程度的路面病害像素密度比，来弱化由于目标检测矩形框交叉而带来的影响是有效的，且取得了最高的计算精确度。因此，建议将该方法应用在国道、省道和高速公路的路段，以进行精确的破损状况评价，帮助道路养护部门制定精细化的养护方案。

6.3.4 PCI 计算模型泛化能力分析

6.3.3 节验证了所提出的三类 PCI 计算模型的综合性能，证明了方法一、方法三在路面损坏状况自动化评价方面的有效性。考虑到不同地区路面情况的差异性，选择湖北省天门市、十堰市 115 个百米评价单元，以进一步探究所提方法的泛化性能。图 6-11 统计了人工目视识别方法、方法一和方法三在各评价单元上的 PCI 得分。其中，人工目视识别方法与方法一的 PCI 最大差值为 9.7，PCI 差值绝对值均值为 2.41；其与方法三的 PCI 最大差值为 −7.34，PCI 差值绝对值均值为 1.52。相关统计结果表明，方法三的 PCI 计算结果更接近人工目识别方法的，其可靠性更高。图 6-12 进一步统计了两种方法与人工勾画 PCI 差值绝对值小于 5 分和 PCI 等级相同的评价单元在各被检测线路的占比。由图 6-12 可以看出：就 PCI 差值绝对值小于 5 分的评价单元占比而言，方法三表现明显优于方法一，其占比为 93.91%。就 PCI 等级相同的评价单元占比而言，两种方法计算所得各线路的 PCI 等级一致的占比最大为 100%，最小为 70.0%；方法一的 PCI 评价等级相同占比均值为 80.0%，方法三的 PCI 评价等级相同占比均值为 91.3%；方法三在评价等级一致性方面表现更佳。据上述分析所提方法三具有最高的泛化性。

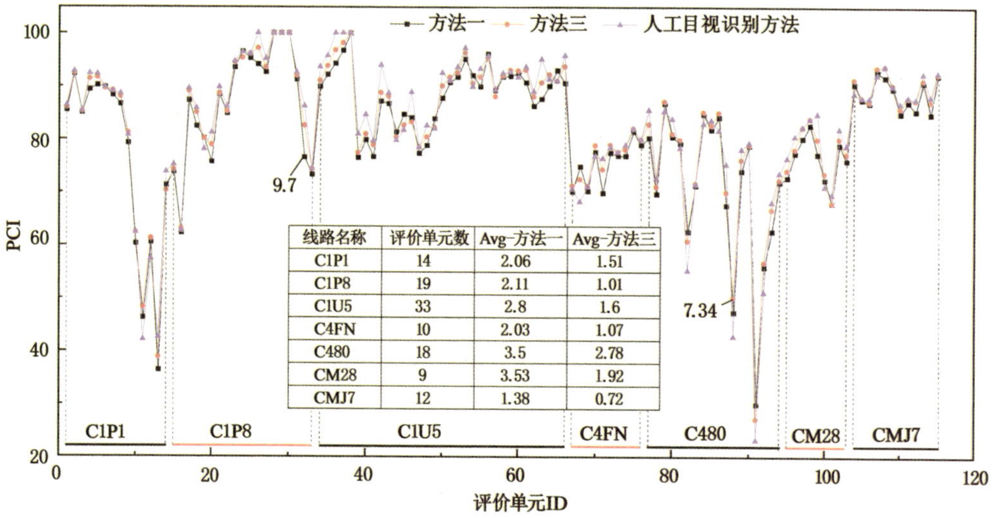

图 6-11 三类方法在各评价单元上的 PCI 得分对比

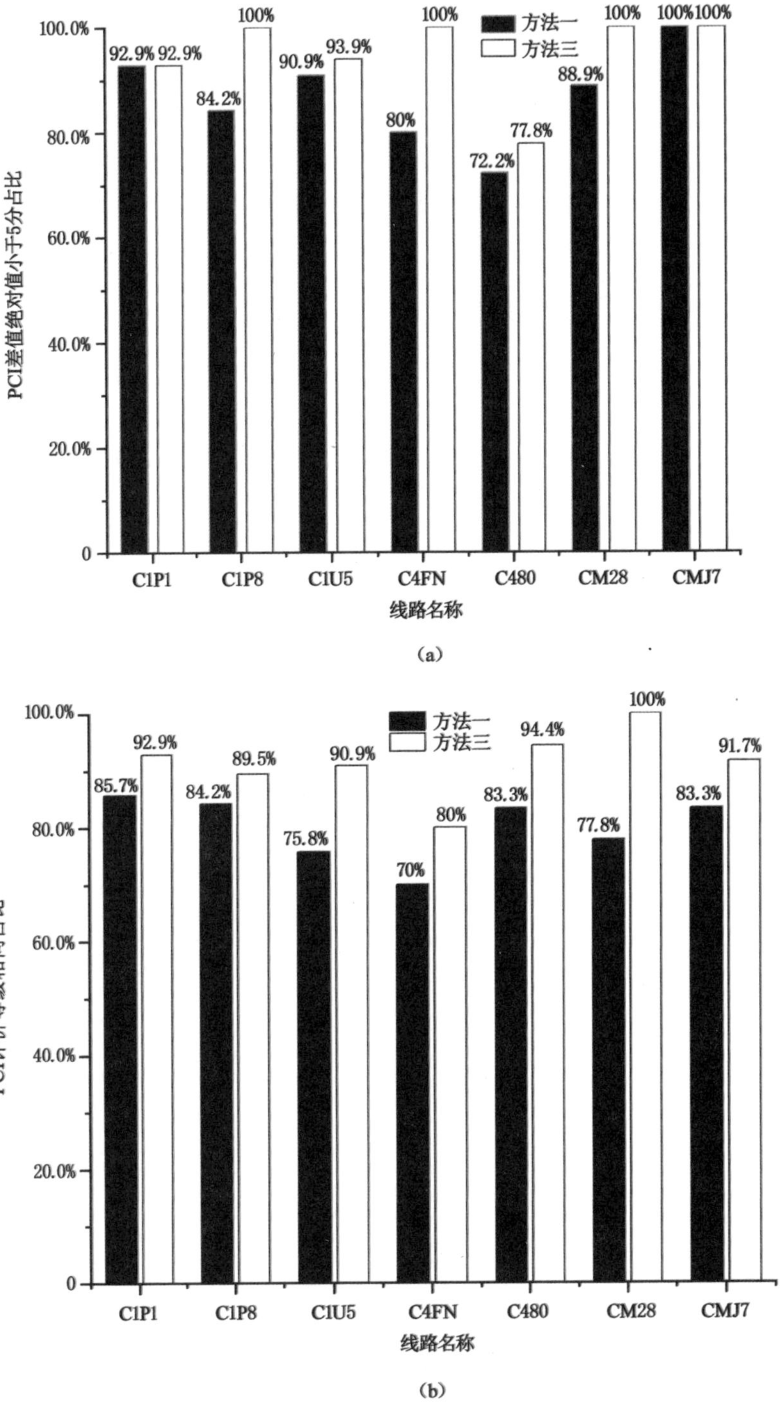

图 6-12　PCI 差值绝对值小于 5 分及评价等级相同的评价单元在各路线中的占比

6.4 评价结果空间可视化研究

为了实现基于方法三的 PCI 计算结果的空间可视化，需要建立评价结果与基础路网数据之间的线性参考。道路养护管理部门在诸多应用中，常按行业习惯采用桩号定位，而非传统的坐标定位。例如，线路 X433 从桩号为 4.256 到桩号 9.822 段为二级沥青公路，这比“线路 X433 从坐标(124.452 79,41.415 28)到(124.471 79,41.423 62)段为二级沥青公路”更容易定位。线路路面损坏状况评价数据是没有空间信息的，且与基础路网数据并无关联，但二者拥有相同的路线名称、路线编码、起点桩号和止点桩号。因此要通过动态分段技术将线路路面空间化。动态分段技术操作流程如图 6-13 所示。动态分段技术可以在不改变原有空间数据结构的前提下，建立公路的任意部分与 PCI 的关联关系，实现评价数据在路网地图上动态地显示、分析及输出等。

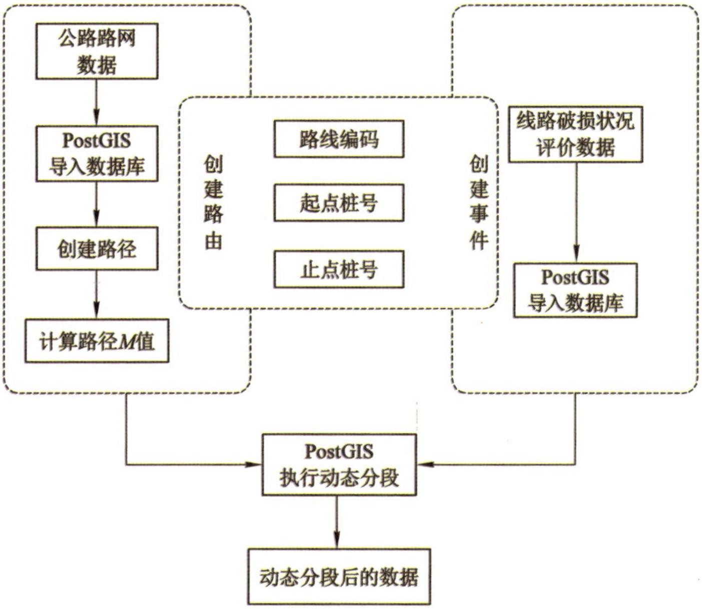

图 6-13　动态分段技术流程

在完成路面智能识别及 PCI 自动计算后，将路面损坏状况评价结果同步更新至检评数据库中，通过动态分段技术建立路网基础数据与评价结果数据的空间关系，即可实现基于全路网的路面 PCI 专题图制作和在线展示。

为了使决策者从宏观角度掌握某地区的不同等级公路的路面损坏状况，对智能检测结果进行了统计。辽宁省三类路网在不同评价等级下的里程统计结果见图 6-14(a)。如图 6-14(b)所示，对某路线某评价单元在不同年份下的历史检评数据进行综合展示，以便分析该线路 PCI 的变化趋势，制定合理的道路养护方案。

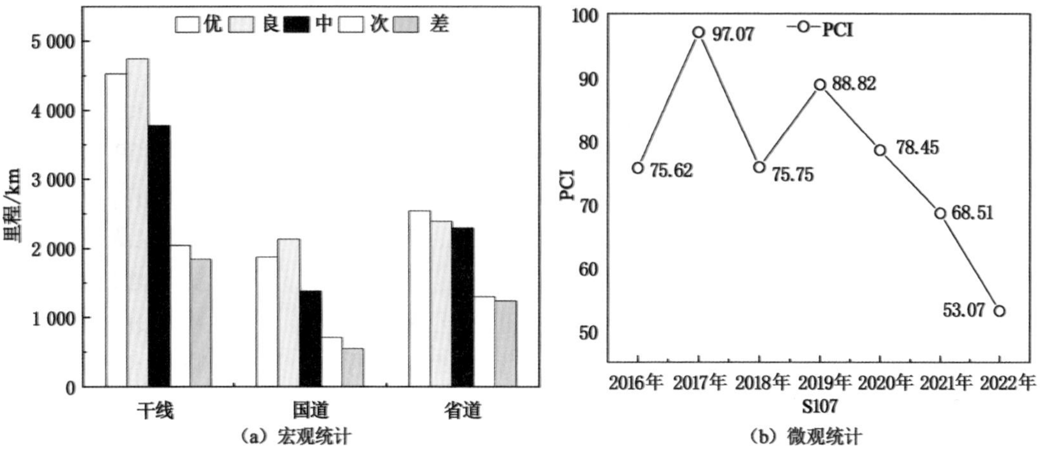

图 6-14　PCI 统计结果展示

7　主要结论和创新点

7.1　主要结论

基于深度学习和计算机视觉技术系统研究了复杂场景下多类型路面病害智能化检测和自动评价的关键技术。本书主要结论如下：

① 构建了两套用于多类型路面病害智能检测及分割的基准数据集（ISTD-PDD8 和 ISTD-PDS7），创新性地提供了精细的手工标注框和高精确度的二值分割掩码。与公开数据集的多角度对比分析结果表明，新构建的数据集可满足复杂场景下模型训练及性能评估所遇到的各类挑战。新数据集的开源可为后续该领域算法研究及路面损坏状况评价提供科学的数据支撑。

② 提出了一个用于复杂场景下多类型病害检测算法（ISTD-YOLO）。首先，以 YOLOv5 算法模型为基准模型，设计了融合基于交并比计算样本间距的 K-means 聚类和遗传算法的初始锚框选择方法，有效增加了先验锚框与 ISTD-PDD8 训练集的适应度；其次，在特征增强阶段设计引入了 3 个增强路面病害特征表示的协同注意力机制模块，以及 2 个具有较大感受野且能顾及输入特征图像语义信息的轻量级上采样模块；最后，通过充分的消融实验研究和全面的基准测试，证实了所提出的针对性改进策略在平衡病害检测的精确度和速度方面是有效的。相比于其他目标检测算法，ISTD-YOLO 算法在沥青和水泥路面病害测试集上面均取得了最高的 mAP 得分。在 CFD 和 CRACK500 上的泛化性实验结果表明 ISTD-YOLO 算法，具有较强的鲁棒性。与原始 YOLOv5 算法相比，在 CFD 和 CRACK500 上，ISTD-YOLO 算法的 mAP 分别提升了 6.14％和 3.07％。此外，在预测过程中 TTA 对改善算法检测性能有积极作用，但是会大大增加算法推理时间。

③ 设计了一个用于复杂场景中的路面病害目标检测的语义分割算法（ISTD-Disnet）。首先，以 Segformer 算法模型为基准模型，在解码阶段采用了 4 个 CBAM 增强复杂背景中路面病害检测目标的显著度，优化路面病害特征表达；其次，针对基准网络分割结果细粒度不足的问题，设计了一个具有学习能力的转置卷积上采样模块替换原有的双线性差值上采样模块，来提升模型对细节的还原能力；再次，分析了 ISTD-PDS7 中路面病害像素的占比，提出一个自适应调整参数（PRA）平衡训练过程中精确度和召回率，设计出基于该参数的训练数据的采样策略和损失函数，来解决训练过程中数据集目标像素失衡的问题；最后，实现复杂场景下多类型路面病害的二类语义分割任务。通过充分的消融实验研究和全面的基准测试，证实了所提出了算法改进策略和模型训练策略可有效提高 ISTD-Disnet 算法的路面病害的分割性能。相比于其他算法，ISTD-Disnet 算法在测试集上取得了最优的预测性能，能胜任复杂场景下多类型路面病害二类语义分割任务。泛化性分析实验结果表明，

ISTD-Disnet 算法具有较好的鲁棒性和泛化性。

④ 发展了一套基于 ISTD-YOLO 算法和 ISTD-Disnet 算法智能检测结果的路面损坏状况自动评价方法。首先，介绍了路面损坏状况的人工评价过程、PCI 计算方法和等级定义；其次，依托辽宁省实测 66 个百米评价单元的 CCD 图像数据和人工 PCI 评价结果，提出了基于 ISTD-YOLO 算法检测结果的 PCI 计算方法、基于 ISTD-Disnet 算法分割结果的 PCI 计算模型和基于融合结果的 PCI 计算模型，实现了基于智能识别结果的路面损坏状况定量评价。综合应用性能分析结果证明：基于 ISTD-YOLO 算法检测结果的 PCI 计算方法的检测效率最高，适用于不考虑各类病害的严重程度的大规模农村公路路面损坏状况评价；基于融合结果的 PCI 计算模型，同时顾及路面病害的位置、类别和像素密度比，其计算结果和人工目视判别结果最吻合。

7.2 创新点

本书主要创新点如下：

① 针对路面病害公开数据集规模小、场景少、类别单一的问题，构建并发展了两套基于“应用驱动”的路面病害基准数据集（ISTD-PDD8 和 ISTD-PDS7），涉及两类铺装类型、9 类场景下的 8 类常见路面病害。ISTD-PDD8 和 ISTD-PDS7 分别用于复杂场景下多类型路面病害目标检测及二类语义分割。ISTD-PDD8 涵盖 32 764 图像及其精确的标注框；ISTD-PDS7 涵盖 31 475 图像及其高精确度的二值分割掩码，可满足复杂场景下模型训练及性能评估所遇到的各类挑战。

② 针对现有路面病害特征提取模型存在检测类型单一、检测精确度和推理速度难以平衡等问题，设计了高鲁棒性的多类型路面病害目标检测算法（ISTD-YOLO）与二类语义分割算法（ISTD-Disnet）。ISTD-YOLO 算法提出了一种结合基于交并比计算样本间距的 K-means 聚类和遗传算法的初始锚框选择方法，增加了初始锚框与 ISTD-PDD8 的适应度。在特征增强阶段，ISTD-YOLO 算法引入协同注意力机制模块和具有较大感受野的轻量级上采样模块，增强了路面病害的特征表示，最终在提升算法检测精确度的前提下，实现路面病害的快速分类和定位。ISTD-Disnet 算法充分利用空间通道注意力机制和转置卷积上采样模块优化了多尺度病害特征表达，并提升模型对细节的还原能力，最终实现高背景噪声下路面病害的精细分割。

③ 针对基于 ISTD-YOLO 算法和 ISTD-Disnet 算法智能检测结果在计算 PCI 时各自的局限性，发展了一种新的融合目标检测结果和二类语义分割结果的 PCI 计算模型。该模型既考虑路面病害的类型、位置和权重系数，又兼顾与破损程度相关的病害像素密度，有效提升了 PCI 的计算准确度，从根本上避免了在路面状况评价过程中对人工判断的依赖，能够助力道路养护部门快速制定精细的养护方案。

附　　录

变量注释见附表 1。

附表 1　变量注释

mean	图像均值
std	图像标准差
IE	信息熵
IPQ	等周不等式商
C_{num}	闭合轮廓的数量
P_{num}	轮廓标注点数
d	样本至聚类中心的距离
X	输入特征向量
Y	输出特征向量
z_c	第 c 通道的挤压步长
σ	上采样倍率
$X'_{l'}$	特征重组输出值
$p_j^c, \hat{p}_j^c$	第 c 类的第 j 个网格的真实标签和模型预测结果
FP	被错误地划分为正例的个数
TP	被正确地划分为正例的个数
FN	被错误地划分为负例的个数
precision	精确度
recall	召回率
F1	精确度与召回率的调和平均值
AP	平均精确度
mIoU	平均交并比
H_i	第 i 个尺度的平衡参数
B_{jm}^t, B_{jm}^p	第 j 个网格的第 m 个边界框的目标框和预测框
R	序列缩减比
K, S, P	补丁大小，相邻补丁的步长，填充大小
PRA	精确度和召回率自适应调整参数
$M_{\text{P}}, M_{\text{R}}$	每个轮次在验证集上计算的精确度和召回率的均值

附表 1(续)

S	采样控制参数
γ	平衡损失权重系数
r_i	泛化性调整参数
$\hat{y}_{\mathrm{n}}$	预测为病害的概率
X	输入数据
k_1	卷积核
H,W	输入图像的高、宽
x_c,y_c	bbox 中心点 x、y 坐标
h,w	bbox 的高、宽
x_-,y_-	bbox 中心点 x、y 坐标与图像高、宽的比
h_-,w_-	bbox 的高、宽与图像高、宽的比
$W_{\mathrm{T}},H_{\mathrm{T}}$	bbox 实际宽、高
L_{T}	bbox 实际对角线长度
A_i	第 i 类病害的总损坏面积
w_i	第 i 类路面病害损坏的权重
A	调查路面面积
NP_j	评价单元中图像 j 病害像素总数
A_j	图像 j 的总像素数
PDR	评价单元中病害像素的密度比

参考文献

[1] 中华人民共和国交通部. 2023 年交通运输行业发展统计公报[EB/OL]. 2024-06-18. https://xxgk.mot.gov.cn/2020/jigou/zhghs/202406/t20240614_4142419.html.

[2] 程海潜,李洪军. 路基路面病害处治[M]. 北京:人民交通出版社,2022.

[3] AHMED F E. Investigating correlations of pavement conditions with crashrates on in-service U. S. highways[J]. Transportation Research Record, 2016, 2672(2455): 19-28.

[4] 中华人民共和国交通运输部. 公路技术状况评定标准:JTG 5210—2018[S]. 北京:人民交通出版社,2019.

[5] KOCH C,GEORGIEVA K,KASIREDDY V,et al. A review on computer vision based defect detection and condition assessment of concrete and asphalt civil infrastructure [J]. Advanced Engineering Informatics,2015,29(2):196-210.

[6] FUJITA Y,HAMAMOTO Y. A robust automatic crack detection method from noisy concrete surfaces[J]. Machine Vision and Applications,2011,22(2):245-254.

[7] HEIDEKLANG R, SHOKOUHI P. Multi-sensor image fusion at signal level for improved near-surface crack detection[J]. NDT & E International,2015,71:16-22.

[8] ILIOPOULOS S,AGGELIS D G,PYL L,et al. Detection and evaluation of cracks in the concrete buffer of the Belgian Nuclear Waste container using combined NDT techniques[J]. Construction and Building Materials,2015,78:369-378.

[9] 沙爱民,童峥,高杰. 基于卷积神经网络的路表病害识别与测量[J]. 中国公路学报,2018,31(1):1-10.

[10] MAJIDIFARD H,ADU-GYAMFI Y,BUTTLAR W G. Deep machine learning approach to develop a new asphalt pavement condition index[J]. Construction and Building Materials,2020,247:118513.

[11] MANDAL V,UONG L,ADU-GYAMFI Y. Automated road crack detection using deep convolutional neural networks[C]//2018 IEEE International Conference on Big Data(Big Data). December 10-13,2018,Seattle,WA,USA. IEEE,2018:5212-5215.

[12] XIE D F,ZHANG L,BAI L. Deep learning in visual computing and signal processing [J]. Applied Computational Intelligence and Soft Computing,2017,2017(1):1320780.

[13] DAI J G,LI C C,ZUO Y Q,et al. An OSM data-driven method for road-positive sample creation[J]. Remote Sensing,2020,12(21):3612.

[14] 戴激光,王杨,杜阳,等. 光学遥感影像道路提取的方法综述[J]. 遥感学报,2020,24(7):804-823.

[15] 刘宪明,辛公锋.国内基于深度学习的道路路面病害检测研究综述[J].电子世界,2021(8):96-98.

[16] 罗会兰,彭珊,陈鸿坤.目标检测难点问题最新研究进展综述[J].计算机工程与应用,2021,57(5):36-46.

[17] ARYA D,MAEDA H,GHOSH S K,et al. RDD2022:a multi-national image dataset for automatic road damage detection[J]. Geoscience Data Journal,2024,11(4):846-862.

[18] 卢海根.公路路面病害检测与治理方案研究[J].运输经理世界,2024(30):144-146.

[19] 杜磊,陈曦,白朋朋,等.基于改进 YOLOv5 的沥青路面裂缝检测方法[J].科学技术与工程,2024,24(31):13579-13591.

[20] 王敏娟.高速公路路基路面病害的科学检测及预防养护[J].黑龙江交通科技,2021,44:(4):67-68.

[21] 黎克超.公路路基路面病害的科学检测与预防养护探讨[J].黑龙江交通科技,2021,44(3):202-203.

[22] 付景泽,吕伏.基于部分可变形卷积的多尺度路面缺陷检测算法[J].测绘科学,2024,49(10):36-49.

[23] 马建,赵祥模,贺拴海,等.路面检测技术综述[J].交通运输工程学报,2017,17(5):121-137.

[24] 杨炫琪.基于多模态深度核学习的图像标注方法研究[D].郑州:郑州大学,2022.

[25] 喻翔,彭其渊.公路路面检测技术的发展[J].交通标准化,2004(12):78-80.

[26] WANG K C P. Designs and implementations of automated systems for pavement surface distress survey[J]. Journal of Infrastructure Systems,2000,6(1):24-32.

[27] PERJU V,CASASENT D,MARDARE I. Image complexity matrix for pattern and target recognition based on Fourier spectrum analysis [C]//Optical Pattern Recognition XX. Orlando,Florida,USA. SPIE,2009:1212-1223.

[28] 啜二勇.国外路面自动检测系统发展综述[J].交通标准化,2009(17):96-99.

[29] LAURENT J, TALBOT M, DOUCET M. Road surface inspection using laser scanners adapted for the high precision 3D measurements of large flat surfaces[C]//Proceedings of International Conference on Recent Advances in 3-D Digital Imaging and Modeling. May 12-15,1997,Ottawa,ON,Canada. IEEE,1997:303-310.

[30] WANG K C P. Elements of automated survey of pavements and a 3D methodology [J]. Journal of Modern Transportation,2011,19(1):51-57.

[31] WANG K C,GONG W G. Real-time automated survey system of pavement cracking in parallel environment[J]. Journal of Infrastructure Systems,2005,11(3):154-164.

[32] HUANG Y X. Automatic inspection of pavement cracking distress[J]. Journal of Electronic Imaging,2006,15(1):013017.

[33] CHENG H D, MIYOJIM M. Automatic pavement distress detection system[J]. Information Sciences,1998,108(1/2/3/4):219-240.

[34] 张翔,唐小林,黄岩军.道路结构特征下的车道线智能检测[J].中国图像图形学报,

2021,26(1):123-134.
[35] 初秀民,严新平,郝静.多功能高等级公路路况数据自动采集车设计[J].武汉理工大学学报(交通科学与工程版),2007,31(3):438-441.
[36] 赵吉广.基于视频图像的路面性能参数采集方法研究[D].南京:东南大学,2006.
[37] 樊瑶.基于图像处理的路面裂缝检测关键技术研究[D].西安:长安大学,2016.
[38] 李刚.基于灰色系统理论的路面图像裂缝检测算法研究[D].武汉:武汉理工大学,2010.
[39] 孙晓明.基于结构光的公路路面裂缝检测关键技术研究[D].哈尔滨:哈尔滨工业大学,2012.
[40] 张磊.路面自动检测装置中的结构光三维检测标定技术研究[D].哈尔滨:哈尔滨工业大学,2007.
[41] 黄建平.基于二维图像和深度信息的路面裂缝检测关键技术研究[D].哈尔滨:哈尔滨工业大学,2013.
[42] CHEN F C,JAHANSHAHI M R. NB-CNN: deep learning-based crack detection using convolutional neural network and Naïve Bayes data fusion [J]. IEEE Transactions on Industrial Electronics,2018,65(5):4392-4400.
[43] MAEDA H,SEKIMOTO Y,SETO T,et al. Road damage detection using deep neural networks with images captured through a smartphone[EB/OL]. 2018:1801.09454. https://arxiv.org/abs/1801.09454v2.
[44] LEE P H,WU S W,HUNG Y P. Illumination compensation using oriented local histogram equalization and its application to face recognition[J]. IEEE Transactions on Image Processing,2012,21(9):4280-4289.
[45] MD SHUKRI D S,ASMUNI H,OTHMAN R M,et al. An improved multiscale retinex algorithm for motion-blurred iris images to minimize the intra-individual variations[J]. Pattern Recognition Letters,2013,34(9):1071-1077.
[46] HASIKIN K,MAT ISA N A. Adaptive fuzzy intensity measure enhancement technique for non-uniform illumination and low-contrast images[J]. Signal,Image and Video Processing,2015,9(6):1419-1442.
[47] 王殿伟,王晶,许志杰,等.一种光照不均匀图像的自适应校正算法[J].系统工程与电子技术,2017,39(6):1383-1390.
[48] 李清泉,胡庆武.基于图像自动匀光的路面裂缝图像分析方法[J].公路交通科技,2010,27(4):1-5.
[49] 何靓俊.基于图像处理的沥青路面裂缝检测系统研究[D].西安:长安大学,2008.
[50] 马常霞.基于图像分析的路面裂缝检测的关键技术研究[D].南京:南京理工大学,2012.
[51] 田恩杰.高等级公路路面病害自动检测方法研究[D].长春:吉林大学,2007.
[52] 张娟,沙爱民,孙朝云,等.基于相位编组法的路面裂缝自动识别[J].中国公路学报,2008,21(2):39-42.
[53] ZUO Y X,WANG G Q,ZUO C C. Wavelet packet denoising for pavement surface

cracks detection[C]//2008 International Conference on Computational Intelligence and Security. December 13-17,2008,Suzhou,China. IEEE,2008:481-484.

[54] 李晋惠. 公路路面裂缝类病害图像处理算法研究[J]. 计算机工程与应用,2003,39(35):212-213.

[55] 唐磊,赵春霞,王鸿南,等. 路面图像增强的多偏微分方程融合法[J]. 中国图象图形学报,2008(9):1661-1666.

[56] 王兴建,秦国锋,赵慧丽. 基于多级去噪模型的路面裂缝检测方法[J]. 计算机应用,2010,30(6):1606-1609.

[57] KIM Y T. Contrast enhancement using brightness preserving bi-histogram equalization[J]. IEEE Transactions on Consumer Electronics,1997,43(1):1-8.

[58] KAREEM S,KALE I,MORLING R C S. Automated malaria parasite detection in thin blood films:- A hybrid illumination and color constancy insensitive, morphological approach[C]//2012 IEEE Asia Pacific Conference on Circuits and Systems. December 2-5,2012,Kaohsiung,Taiwan,China. IEEE,2012:240-243.

[59] ZHANG D Q,QU S R,HE L,et al. Automatic ridgelet image enhancement algorithm for road crack image based on fuzzy entropy and fuzzy divergence[J]. Optics and Lasers in Engineering,2009,47(11):1216-1225.

[60] KOUTSOPOULOS H N, EL SANHOURI I, DOWNEY A B. Analysis of segmentation algorithms for pavement distress images[J]. Journal of Transportation Engineering,1993,119(6):868-888.

[61] CHENG H D,CHEN J R,GLAZIER C,et al. Novel approach to pavement cracking detection based on fuzzy set theory[J]. Journal of Computing in Civil Engineering,1999,13(4):270-280.

[62] CHENG H D,SHI X J,GLAZIER C. Real-time image thresholding based on sample space reduction and interpolation approach[J]. Journal of Computing in Civil Engineering,2003,17(4):264-272.

[63] LI Q Q, LIU X L. Novel approach to pavement image segmentation based on neighboring difference histogram method[C]//2008 Congress on Image and Signal Processing. May 27-30,2008,Sanya,China. IEEE,2008:792-796. [LinkOut]

[64] OLIVEIRA H,CORREIA P L. Automatic road crack detection and characterization [J]. IEEE Transactions on Intelligent Transportation Systems,2013,14(1):155-168.

[65] YUN S, HAN D, CHUN S, et al. CutMix: regularization strategy to train strong classifiers with localizable features[C]//2019 IEEE/CVF International Conference on Computer Vision(ICCV). October 27-November 2,2019. Seoul,Korea(South). IEEE,2019:6022-6031.

[66] 黄建平. 基于二维图像和深度信息的路面裂缝检测关键技术研究[D]. 哈尔滨:哈尔滨工业大学,2013.

[67] CANNY J. A computational approach to edge detection[J]. IEEE Transactions on Pattern Analysis and Machine Intelligence,1986,PAMI-8(6):679-698.

[68] 王刚,贺安之,肖亮. 基于高速公路裂纹局部线性特征内容的脊波变换域算法研究[J]. 光学学报,2006,26(3):341.

[69] YAMAGUCHI T,NAKAMURA S,SAEGUSA R,et al. Image-based crack detection for real concrete surfaces[J]. IEEJ Transactions on Electrical and Electronic Engineering,2008,3(1):128-135.

[70] 马常霞,赵春霞,狄峰,等. 自然环境下路面裂缝的识别[J]. 工程图学学报,2011,32(4):20-26.

[71] YANG L,ZHOU Y,YANG J,et al. Variance WIE based infrared images processing[J]. Electronics Letters,2006,42(15):857.

[72] ZOU Q,CAO Y,LI Q Q,et al. CrackTree:Automatic crack detection from pavement images[J]. Pattern Recognition Letters,2012,33(3):227-238.

[73] 贾迪,宋伟东,戴激光,等. 面向线阵列 CCD 道路影像的裂缝识别[J]. 中国图象图形学报,2016,21(12):1623-1633.

[74] 马涛,李程程. 基于航空影像的停车线识别[J]. 测绘与空间地理信息,2023,46(S1):306-308.

[75] MAXWELL A E,WARNER T A,FANG F. Implementation of machine-learning classification in remote sensing:an applied review[J]. International Journal of Remote Sensing,2018,39(9):2784-2817.

[76] LI N N,HOU X D,YANG X Y,et al. Automation recognition of pavement surface distress based on support vector machine[C]//2009 Second International Conference on Intelligent Networks and Intelligent Systems. November 1-3,2009,Tianjian,China. IEEE,2009:346-349.

[77] 周丽华,周纪勤,柏正尧. 基于图像信息熵的商标图像检索[J]. 计算机应用,2000,20(2):21-23.

[78] AI D H,JIANG G Y,KEI L S,et al. Automatic pixel-level pavement crack detection using information of multi-scale neighborhoods[J]. IEEE Access,2018,6:24452-24463.

[79] HOANG N D. An artificial intelligence method for asphalt pavement pothole detection using least squares support vector machine and neural network with steerable filter-based feature extraction[J]. Advances in Civil Engineering,2018,2018(1):7419058.

[80] WANG X L,HU Z Z. Grid-based pavement crack analysis using deep learning[C]//2017 4th International Conference on Transportation Information and Safety(ICTIS). August 8-10,2017,Banff,AB,Canada. IEEE,2017:917-924.

[81] EISENBACH M,STRICKER R,SEICHTER D,et al. How to get pavement distress detection ready for deep learning? A systematic approach[C]//2017 International Joint Conference on Neural Networks(IJCNN). May 14-19,2017,Anchorage,AK,USA. IEEE,2017:2039-2047.

[82] BRAY J,VERMA B,LI X,et al. A neural network based technique for automatic

classification of road cracks[C]//The 2006 IEEE International Joint Conference on Neural Network Proceedings. July 16-21,2006,Vancouver,BC,Canada. IEEE,2006:907-912.

[83] LIN J,LIU Y Y. Potholes detection based on SVM in the pavement distress image [C]//2010 Ninth International Symposium on Distributed Computing and Applications to Business,Engineering and Science. August 10-12,2010,Hong Kong,China. IEEE,2010:544-547.

[84] SHI Y,CUI L M,QI Z Q,et al. Automatic road crack detection using random structured forests[J]. IEEE Transactions on Intelligent Transportation Systems,2016,17(12):3434-3445.

[85] LEE B J,LEE H ". Position-invariant neural network for digital pavement crack analysis[J]. Computer-Aided Civil and Infrastructure Engineering,2004,19(2):105-118.

[86] LECUN Y,BENGIO Y,HINTON G. Deep learning[J]. Nature,2015,521(7553):436-444.

[87] 朱洪波,张在岩,秦育罗,等.农村路面多类型病害检测方法研究[J].测绘科学,2022,47(9):170-180.

[88] MENG D,ZHANG L B,CAO G T,et al. Liver fibrosis classification based on transfer learning and FCNet for ultrasound images[J]. IEEE Access,2017,5:5804-5810.

[89] 马涛,李程程.基于遥感影像及 OSM 数据的道路提取方法[J].测绘与空间地理信息,2022,45(S1):155-159.

[90] HE K M,ZHANG X Y,REN S Q,et al. Deep residual learning for image recognition [C]//2016 IEEE Conference on Computer Vision and Pattern Recognition(CVPR). June 27-30,2016,Las Vegas,NV,USA. IEEE,2016:770-778.

[91] 张在岩,宋伟东,陈兆雪.复杂场景下多类型路面病害分割方法[J].测绘通报,2023(12):63-69.

[92] ZHANG L,YANG F,ZHANG Y D,et al. Road crack detection using deep convolutional neural network[C]//2016 IEEE International Conference on Image Processing(ICIP). September 25-28,2016,Phoenix,AZ,USA. IEEE,2016:3708-3712.

[93] CHA Y J,CHOI W,BÜYÜKÖZTÜRK O. Deep learning-based crack damage detection using convolutional neural networks[J]. Computer-Aided Civil and Infrastructure Engineering,2017,32(5):361-378.

[94] LI B X,WANG K C P,ZHANG A,et al. Automatic classification of pavement crack using deep convolutional neural network[J]. International Journal of Pavement Engineering,2020,21(4):457-463.

[95] REDMON J,FARHADI A. YOLO9000:better,faster,stronger[C]//2017 IEEE Conference on Computer Vision and Pattern Recognition(CVPR). July 21-26,2017,Honolulu,HI,USA. IEEE,2017:6517-6525.

[96] LI N N,HOU X D,YANG X Y,et al. Automation recognition of pavement surface distress based on support vector machine[J]. Road Materials and Pavement Design, 2017,15(6):1324-1339.

[97] REN S Q,HE K M,GIRSHICK R,et al. Faster R-CNN:towards real-time object detection with region proposal networks[J]. IEEE Transactions on Pattern Analysis and Machine Intelligence,2017,39(6):1137-1149.

[98] MANDAL V,MUSSAH A R,ADU-GYAMFI Y. Deep learning frameworks for pavement distress classification:a comparative analysis[C]//2020 IEEE International Conference on Big Data(Big Data). December 10-13,2020. Atlanta,GA,USA. IEEE, 2020:5577-5583.

[99] JENKINS M,CARR T A,IGLESIAS M I,et al. A deep convolutional neural network for semantic pixel-wise segmentation of road and pavement surface cracks[C]//2018 26th European Signal Processing Conference(EUSIPCO). September 3-7, 2018, Rome,Italy. IEEE,2018:2120-2124.

[100] TONG Z,GAO J,HAN Z Q,et al. Recognition of asphalt pavement crack length using deep convolutional neural networks[J]. Road Materials and Pavement Design, 2018,19(6):1334-1349.

[101] ZOU Q,ZHANG Z,LI Q Q,et al. DeepCrack:learning hierarchical convolutional features for crack detection[J]. IEEE Transactions on Image Processing,2019,28(3):1498-1512.

[102] SONG W D,JIA G H,JIA D,et al. Automatic pavement crack detection and classification using multiscale feature attention network[J]. IEEE Access,2019,7: 171001-171012.

[103] ESCALONA U,ARCE F,ZAMORA E,et al. Fully convolutional networks for automatic pavement crack segmentation[J]. Computación y Sistemas,2019,23(2) 451-460.

[104] LAU S L H,CHONG E K P,YANG X,et al. Automated pavement crack segmentation using U-net-based convolutional neural network[J]. IEEE Access, 2020,8:114892-114899.

[105] LUK R,RIID A,PIHLAK R,et al. Pavement defect segmentation in orthoframes with a pipeline of three convolutional neural networks[J]. Algorithms,2020,13(8): 198.

[106] ZHANG C,NATEGHINIA E,MIRANDA-MORENO L F,et al. Pavement distress detection using convolutional neural network(CNN):a case study in Montreal, Canada[J]. International Journal of Transportation Science and Technology,2022, 11(2):298-309.

[107] YANG F,ZHANG L,YU S J,et al. Feature pyramid and hierarchical boosting network for pavement crack detection[J]. IEEE Transactions on Intelligent Transportation Systems,2020,21(4):1525-1535.

[108] CHAMBON S,MOLIARD J M. Automatic road pavement assessment with image processing:review and comparison[J]. International Journal of Geophysics,2011,2011(1):989354.

[109] MAEDA H,KASHIYAMA T,SEKIMOTO Y,et al. Generative adversarial network for road damage detection [J]. Computer-Aided Civil and Infrastructure Engineering,2021,36(1):47-60.

[110] SU B Y,ZHANG H,WU Z H,et al. FSRDD:an efficient few-shot detector for rare city road damage detection[J]. IEEE Transactions on Intelligent Transportation Systems,2022,23(12):24379-24388.

[111] LIU H J,YANG C H,LI A,et al. Deep domain adaptation for pavement crack detection[J]. IEEE Transactions on Intelligent Transportation Systems,2023,24(2):1669-1681.

[112] MAJIDIFARD H,JIN P,ADU-GYAMFI Y,et al. Pavement image datasets:a new benchmark dataset to classify and densify pavement distresses[J]. Transportation Research Record:Journal of the Transportation Research Board,2020,2674(2):328-339.

[113] 徐鹏,祝轩,姚丁,等.沥青路面养护智能检测与决策综述[J].中南大学学报(自然科学版),2021,52(7):2099-2117.

[114] ELDIN N N,SENOUCI A B. A pavement condition-rating model using backpropagation neural networks[J]. Computer-Aided Civil and Infrastructure Engineering,1995,10(6):433-441.

[115] FATHI A, MAZARI M, SAGHAFI M, t al. Parametric study of pavement deterioration using machine learning algorithms [J]. Journal of Infrastructure Systems, 2018, 32(3):31-41.

[116] PIRYONESI S M, EL-DIRABY T E. Data analytics in asset management: cost-effective prediction of the pavement condition index[J]. Journal of Infrastructure Systems, 2020, 26(1):04019036.1-04019036.23.

[117] SHAHNAZARI H,TUTUNCHIAN M A,MASHAYEKHI M,et al. Application of soft computing for prediction of pavement condition index [J]. Journal of Transportation Engineering-asce, 2012, 138(12):1495-1506.

[118] 唐磊,赵春霞,王鸿南,等.基于图像分析的路面裂缝检测和分类[J].工程图学学报,2008,29(3):99-104.

[119] 李刚,贺昱曜.多方位结构元素路面裂缝图像边缘检测算法[J].计算机工程与应用,2010,46(1):224-226.

[120] CUBERO-FERNANDEZ A,RODRIGUEZ-LOZANO F J,VILLATORO R,et al. Efficient pavement crack detection and classification[J]. EURASIP Journal on Image and Video Processing,2017,2017(1):39.

[121] 田苗,林岚,张柏雯,等.深度学习在神经影像中的应用研究[J].中国医疗设备,2016,31(12):4-9.

[122] 张新钰,高洪波,赵建辉,等. 基于深度学习的自动驾驶技术综述[J]. 清华大学学报(自然科学版),2018,58(4):438-444.

[123] 张飞云. 基于深度学习的车辆定位及车型识别研究[D]. 镇江:江苏大学,2016.

[124] FERDOWSI A,CHALLITA U,SAAD W. Deep learning for reliable mobile edge analytics in intelligent transportation systems: an overview[J]. IEEE Vehicular Technology Magazine,2019,14(1):62-70.

[125] ZHAO Q,GE S S,YE M,et al. Learning saliency features for face detection and recognition using multi-task network[J]. International Journal of Social Robotics,2016,8(5):709-720.

[126] ANDREARCZYK V,WHELAN P F. Using filter banks in Convolutional Neural Networks for texture classification[J]. Pattern Recognition Letters,2016,84:63-69.

[127] HU W,HUANG Y Y,WEI L,et al. Deep convolutional neural networks for hyperspectral image classification[J]. Journal of Sensors,2015,2015(1):258619.

[128] WANG Q Q,ZHANG J F,HU X H,et al. Automatic detection and classification of oil tanks in optical satellite images based on convolutional neural network[C]//Image and Signal Processing. Cham: Springer International Publishing, 2016: 304-313.

[129] LEE B,ERDENEE E,JIN S G,et al. Efficient object detection using convolutional neural network-based hierarchical feature modeling[J]. Signal,Image and Video Processing,2016,10(8):1503-1510.

[130] LEE C Y,GALLAGHER P,TU Z W. Generalizing pooling functions in CNNs: mixed,gated,and tree[J]. IEEE Transactions on Pattern Analysis and Machine Intelligence,2018,40(4):863-875.

[131] WANG T,WU D J,COATES A,et al. End-to-end text recognition with convolutional neural networks[C]//Proceedings of the 21st International Conference on Pattern Recognition(ICPR2012). November 11-15, 2012, Tsukuba, Japan. IEEE, 2012: 3304-3308.

[132] CLEVERT D A,UNTERTHINER T,HOCHREITER S. Fast and accurate deep network learning by exponential linear units(ELUs)[EB/OL]. 2015:1511. 07289. https://arxiv. org/abs/1511. 07289v5. [LinkOut]

[133] WANG T,WU D J,COATES A,et al. End-to-end text recognition with convolutional neural networks[C]//Proceedings of the 21st International Conference on Pattern Recognition(ICPR2012). November 11-15, 2012, Tsukuba, Japan. IEEE, 2012: 3304-3308.

[134] SANDLER M,HOWARD A,ZHU M L,et al. MobileNetV2:inverted residuals and linear bottlenecks[C]//2018 IEEE/CVF Conference on Computer Vision and Pattern Recognition. June 18-23, 2018, Salt Lake City, UT, USA. IEEE, 2018: 4510-4520.

[135] SHIN H C,ROTH H R,GAO M C,et al. Deep convolutional neural networks for

computer-aided detection: CNN architectures, dataset characteristics and transfer learning[J]. IEEE Transactions on Medical Imaging,2016,35(5):1285-1298.

[136] WANG Q, LI B, XIAO T, et al. Learning deep transformer models for machine translation[C]//Proceedings of the 57th Annual Meeting of the Association for Computational Linguistics. Florence, Italy. Stroudsburg, PA, USAACL, 2019: 1810-1822.

[137] EVERINGHAM M, VAN GOOL L, WILLIAMS C K I, et al. The pascal visual object classes(VOC) challenge[J]. International Journal of Computer Vision,2010, 88(2):303-338.

[138] KEYS R. Cubic convolution interpolation for digital image processing[J]. IEEE Transactions on Acoustics,Speech,and Signal Processing,1981,29(6):1153-1160.

[139] 郭小英,李文书,钱宇华,等.可计算图像复杂度评价方法综述[J].电子学报,2020,48(4):819-826.

[140] 张欣阳.基于信息熵的全参考图像质量评价研究[D].天津:天津科技大学,2022.

[141] 周丽华,周纪勤,柏正尧.基于图像信息熵的商标图像检索[J].计算机应用,2000,20(2):21-23.

[142] CHEN C K, SUN Q Q, YANG J Y. Binary trademark image retrieval using region orientation information entropy [C]//2007 International Conference on Computational Intelligence and Security Workshops(CISW 2007). December 15-19, 2007,Harbin,China. IEEE,2007:295-298.

[143] CAO Z J, GE Y C, FENG J L. Fast target detection method for high-resolution SAR images based on variance weighted information entropy[J]. EURASIP Journal on Advances in Signal Processing,2014,2014(1):45.

[144] PAN S J, YANG Q. A survey on transfer learning[J]. IEEE Transactions on Knowledge and Data Engineering,2010,22(10):1345-1359.

[145] BUSLAEV A, SEFERBEKOV S, IGLOVIKOV V, et al. Fully convolutional network for automatic road extraction from satellite imagery[C]//2018 IEEE/CVF Conference on Computer Vision and Pattern Recognition Workshops(CVPRW). June 18-22,2018,Salt Lake City,UT,USA. IEEE,2018:197-1973.

[146] 李程程,马涛.基于 OSM 数据和遥感影像的道路正样本制作方法[J].黑龙江科技大学学报,2023,33(2):159-166.

[147] 阙云,季雪,蒋子平,等.GAN 数据增强下路面裂缝语义分割算法[J].吉林大学学报(工学版),2023,53(11):3166-3175.

[148] SONG W D, ZHANG Z Y, ZHANG B, et al. ISTD-PDS7: a benchmark dataset for multi-type pavement distress segmentation from CCD images in complex scenarios [J]. Remote Sensing,2023,15(7):1750.

[149] GIRSHICK R, DONAHUE J, DARRELL T, et al. Rich feature hierarchies for accurate object detection and semantic segmentation[EB/OL]. 2013: 1311. 2524. https://arxiv.org/abs/1311.2524v5.

[150] HASSANIN M, ANWAR S, RADWAN I, et al. Visual attention methods in deep learning: an in-depth survey[J]. Information Fusion, 2024, 108: 102417.

[151] HU J, SHEN L, ALBANIE S, et al. Squeeze-and-excitation networks[J]. IEEE Trans Pattern Anal Mach Intell, 2020, 42(8): 2011-2023.

[152] WOO S, PARK J, LEE J Y, et al. CBAM: convolutional block attention module [C]// Computer Vision-ECCV 2018. Cham: Springer International Publishing, 2018: 3-19.

[153] HOU Q B, ZHOU D Q, FENG J S. Coordinate attention for efficient mobile network design [C]//2021 IEEE/CVF Conference on Computer Vision and Pattern Recognition (CVPR). June 20-25, 2021, Nashville, TN, USA. IEEE, 2021: 13708-13717.

[154] WANG X L, GIRSHICK R, GUPTA A, et al. Non-local neural networks[C]//2018 IEEE/CVF Conference on Computer Vision and Pattern Recognition. June 18-23, 2018, Salt Lake City, UT, USA. IEEE, 2018: 7794-7803.

[155] SELVARAJU R R, COGSWELL M, DAS A, et al. Grad-CAM: visual explanations from deep networks via gradient-based localization[C]//2017 IEEE International Conference on Computer Vision (ICCV). October 22-29, 2017, Venice, Italy. IEEE, 2017: 618-626.

[156] WANG J Q, CHEN K, XU R, et al. CARAFE: content-aware ReAssembly of FEatures[C]//2019 IEEE/CVF International Conference on Computer Vision (ICCV). October 27-November 2, 2019, Seoul, Korea (South). IEEE, 2019: 3007-3016.

[157] LIN T Y, GOYAL P, GIRSHICK R, et al. Focal loss for dense object detection[C]// 2017 IEEE International Conference on Computer Vision (ICCV). October 22-29, 2017, Venice, Italy. IEEE, 2017: 2999-3007.

[158] REZATOFIGHI H, TSOI N, GWAK J, et al. Generalized intersection over union: a metric and a loss for bounding box regression[C]//2019 IEEE/CVF Conference on Computer Vision and Pattern Recognition (CVPR). June 15-20, 2019, Long Beach, CA, USA. IEEE, 2019: 658-666.

[159] DUAN K W, BAI S, XIE L X, et al. CenterNet: keypoint triplets for object detection [C]//2019 IEEE/CVF International Conference on Computer Vision (ICCV). October 27-November 2, 2019. Seoul, Korea (South). IEEE, 2019: 6568-6577.

[160] ZHANG X Y, ZHOU X Y, LIN M X, et al. ShuffleNet: an extremely efficient convolutional neural network for mobile devices[C]//2018 IEEE/CVF Conference on Computer Vision and Pattern Recognition. June 18-23, 2018, Salt Lake City, UT, USA. IEEE, 2018: 6848-6856.

[161] ZHAO H S, SHI J P, QI X J, et al. Pyramid scene parsing network[C]//2017 IEEE Conference on Computer Vision and Pattern Recognition (CVPR). July 21-26, 2017, Honolulu, HI, USA. IEEE, 2017: 6230-6239.

[162] CHEN L C, ZHU Y K, PAPANDREOU G, et al. Encoder-decoder with atrous separable convolution for semantic image segmentation[M]//Computer Vision-ECCV 2018. Cham: Springer International Publishing, 2018: 833-851.

[163] SUN K, XIAO B, LIU D, et al. Deep high-resolution representation learning for human pose estimation[C]//2019 IEEE/CVF Conference on Computer Vision and Pattern Recognition (CVPR). June 15-20, 2019. Long Beach, CA, USA. IEEE, 2019: 5686-5696.

[164] RAJAMANI K T, SIEBERT H, HEINRICH M P. Dynamic deformable attention network (DDANet) for COVID-19 lesions semantic segmentation[J]. Journal of Biomedical Informatics, 2021, 119: 103816.

[165] WANG W H, XIE E Z, LI X, et al. Pyramid vision transformer: a versatile backbone for dense prediction without convolutions[C]//2021 IEEE/CVF International Conference on Computer Vision (ICCV). October 10-17, 2021, Montreal, QC, Canada. IEEE, 2021: 548-558.

[166] 王晓杰,陈少康,闫皓炜,等. 融合注意力机制的 SegFormer 遥感影像道路识别[J]. 计算机系统应用,2024,33(11):186-193.

[167] DUMOULIN V, VISIN F. A guide to convolution arithmetic for deep learning[J]. ArXiv e-Prints, 2016: arXiv: 1603.07285.

[168] 井景,赵广明,赵作鹏. 面向路面抛洒物检测的多任务学习算法研究[J]. 许昌学院学报,2024,43(5):111-117.

[169] LIN T Y, GOYAL P, GIRSHICK R, et al. Focal loss for dense object detection[C]//2017 IEEE International Conference on Computer Vision (ICCV). October 22-29, 2017, Venice, Italy. IEEE, 2017: 2999-3007.

[170] BADRINARAYANAN V, KENDALL A, CIPOLLA R. SegNet: a deep convolutional encoder-decoder architecture for image segmentation[J]. IEEE Transactions on Pattern Analysis and Machine Intelligence, 2017, 39(12): 2481-2495.

[171] CAO H, WANG Y Y, CHEN J, et al. Swin-unet: unet-like pure transformer for medical image segmentation[M]//Computer Vision-ECCV 2022 Workshops. Cham: Springer Nature Switzerland, 2023: 205-218.

[172] ZHANG Z Y, SONG W D, ZHUANG Y Y, et al. Automated multi-type pavement distress segmentation and quantification using transformer networks for pavement condition index prediction[J]. Applied Sciences, 2024, 14(11): 4709.

[173] LEONOV E A, POLBIN A V. Numerical search for a global solution in a two-mode economy model with an exhaustible resource of hydrocarbons[J]. Mathematical Models and Computer Simulations, 2022, 14(2): 213-223.

[174] YAMASHITA N, FUKUSHIMA M. On the rate of convergence of the levenberg-marquardt method[C]//Topics in Numerical Analysis. Vienna: Springer Vienna, 2001: 239-249.

[126] 王庆有,尚可可,逯力红. 图像传感器应用技术[M]. 3 版. 北京:电子工业出版

社,2019.

[127] 刘妍妍,李国宁,张瑜,等. 可见光面阵 CCD 响应非均匀性的检测与校正[J]. 液晶与显示,2010,25(5):759.

[163] YANG C L,WANG Y L,ZHANG J M,et al. Meticulous object segmentation[EB/OL]. 2020:2012. 07181. https://arxiv. org/abs/2012. 07181v1.

[164] RAMER U. An iterative procedure for the polygonal approximation of plane curves [J]. Computer Graphics and Image Processing,1972,1(3):244-256.

[173] REDMON J,DIVVALA S,GIRSHICK R,et al. You only look once: unified, real-time object detection[C]//2016 IEEE Conference on Computer Vision and Pattern Recognition(CVPR). June 27-30,2016,Las Vegas,NV,USA. IEEE,2016:779-788.

[174] BOCHKOVSKIY A,WANG C Y,LIAO H M. YOLOv4:optimal speed and accuracy of object detection [EB/OL]. 2020: 2004. 10934. https://arxiv. org/abs/2004. 10934v1.